本书为北京市社会科学基金青年项目"性其情：玄学向理学的演进与转化"（20ZXC008）的结项成果

本书的出版获得"中央高校建设世界一流大学（学科）和特色发展引导专项"资助

中央民族大学哲学与宗教学文库（乙种）第四册

李浩然 著

性其情

玄学向理学的演进与转化

人民出版社

纠葛千年辨性情

——序李浩然《性其情：玄学向理学的演进与转化》

人性论为中国哲学之根柢，而性、情及其关系则是其中的核心议题。在历史上，人们对这个议题的看法虽然千变万化，但主要目的皆在于树立伦理道德等价值并以之调节、疏导、驾驭、制约情感和情欲。

众所周知，北宋大儒张载将人性分为义理之性和气质之性两种基本类型。事实上，早在殷周之际，人们就已经发现了这两种基本类型，而中国人性论的宏大叙事，也由此揭开了序幕。

中国人对人性的探索，是在中国思想发展演变的大背景下发生的。在我看来，中国早期思想是沿着三条主线而展开的。一是人道，即人生、伦常、社会、政治等人间之事的准则和规范；二是神道，即宗教性的神明之道；三是天道，即自然界及其规律。它们既是三类认识对象，也是三种认识世界的方式和途径，由此形成了人道主义、神道主义和天道主义三个思想传统。虽然在早期经典中"神道"和"天道"都兼有自然和宗教二义，但为了分析的方便，在这里我们是按照后世通常的用法来使用这对概念的。

然而，在这三者中，作为人事准则和规范的人道虽然与人性息息相关，甚至可以说是人性的反映，但它毕竟只是外在现象，与作为内在属性的人性不在一个层面上，也就是说它本身不是人性。因此，古人是通过另外两个领域即神道和天道来探索人性问题的。

古人相信，人性来自宇宙本原，而神道主义和天道主义对宇宙本原的看法

1

完全不同,前者认为是神,而后者则认为是自然事物。因此,中国人性论肇始于神道和天道两个源头,并由此形成了双流并进的局面,一是神道主义人性论,一是天道主义人性论;前者持义理之性说,后者持气质之性说。

神道主义人性论用"德"字来表达人性的概念。"德"的本义是"得",在早期特指得自至上神即天帝之天的"命"。也就是说,所有得自天的"命"都叫"德"。其中,得自天而外在于生命的"德"以王权、人伦为主;得自天而内在于生命的"德"则包括年寿、天赋尤其人性等内容。《诗经·大雅·皇矣》曰:"维此王季,帝度其心。貊其德音,其德克明。克明克类,克长克君。王此大邦,克顺克比。……帝谓文王,予怀明德。"《诗经·周颂·维天之命》亦曰:"维天之命,于穆不已。于乎不显,文王之德之纯。"这里的"德"字,都是指王季、文王得自上天的善性。这种作为善性的"德",当然是价值性、道德性的,故属于后世所说的义理之性。可以说,这是可考的中国历史上最早对义理之性的发现与描述。准此,则此处之"天"为义理之天,只是它当时还从属于天帝之天,而不具有独立的地位。换言之,作为至上神的天帝之天具有价值的、道德的属性。

不过,不管外在之德还是内在之德,都是自在的、客观的,如果不能体现出来,则其对提升和改善人的现实生活来说,就毫无意义,而体现的唯一途径是人心,为此周人提出了"好德""敬德""明德"等观念来表达心对"德"的正确态度。至于桀纣,则"惟不敬厥德,乃早坠厥命"(《尚书·召诰》)。从上下文看,这个用来表达亡国之君桀纣的"德"字,当指其所得自天的王权。人的一切行为受制于心,因而心对"德"的认识和态度必然会表现在行动上,转化为行为,故由对待"德"的态度而自然表现出来的行为,周人也称为"德"。善的行为为"吉德",恶的行为则为"凶德"。美善的行为连续不断地积累与坚持,便自然转化为习惯,凝结为品行,提升为美德。故西周之"德"又衍生出品行之义,尤其指美德。就这样,"德"字拥有了其通常的含义,即品德、操守、道德。追根溯源,与人伦一样,道德的最终源头也是作为至上神的天帝之天。这

2

是中国历史上第一次探索伦理道德的超越根源。

与此不同,天道主义人性论则用"性"字来表达人性的概念。不过,这个从"心"的"性"字到秦代以后才出现。从现有文献看,在先秦时期,"性"字或写作"生",或写作"眚"。《说文》云:"生,进也。象草木生出土上。"可见,"生"本来也是一个动词,本义是生出、产生。就像本为动词而用于名词的"命""德(得)"义为所"命"者和所"德(得)"者一样,用于名词的"生"义为所"生"者、被"生"者、与"生"俱来者、"生"而即有者,包括生命本身和与生俱来的素质、功能和属性,后者也就是"性"。因此,"生"用作性,属于引申本义的假借。至于"眚"用作性,则是纯粹借音的假借。

从其本义看,"生"是一种自然现象,因而作为其引申义的"性"也是一种自然现象。这意味着,"性"是一个天道主义范畴,而与作为神道主义范畴的"德"大相径庭。从"不虞天性"(《尚书·西伯戡黎》)等表述方式看,与之相应的是,"性"的本源,虽然也是天,但不是天帝之天,而是直接从"天"的本义天空之天引申出来的自然之天。

那么"性"的内涵是什么呢?根据我的考察,两周之际以前的"性",其实是情性,以情感、情欲为内涵,这当然属于宋人所谓气质之性的范畴。王充有言:"情性者,人治之本,礼乐所由生也。故原情性之极,礼为之防,乐为之节。性有卑谦辞让,故制礼以适其宜;情有好恶喜怒哀乐,故作乐以通其敬。礼所以制,乐所为作者,情与性也。"(《论衡·本性》)西周初年周公制礼作乐是中国历史上的一件大事,而礼乐的一个重要功能是对人的情感加以限制、疏导、规范或提升,因而情理应成为殷周之际以降中国思想界的一个重要议题。作为人伦之德,礼乐与道德互为表里,因而礼乐与性的关系,实质上是德与性的关系,或者说是人伦道德与情感、情欲的关系。

作为本能,情性、情感、情欲本身是没有善恶之分的,但这并不影响依其自然趋势可以导致善和导致恶的倾向。当时的人们已经意识到,作为情的性,有积极和消极之别;前者可以导致善,后者则容易引向恶。因而,对于前者,需要以"德"加以促进、培育和发扬,所以祭公谋父谏周穆王曰:"先王之于民也,懋正其德而厚其性。"(《国语·周语上》)对于后者,则需要以"德"加以节制、控制和抑制,这就是《尚书·召诰》所说的"节性,惟日其迈。王敬作所,不可不敬德"。这两种人性观,可以分别称为性可善论和性可恶论。在这里,我把以"德""厚性"和以"德""节性"这两种对待性的方式统称为以德御性。

尽管作为情的性如此重要,但当时的人们对其产生和运行的机制并未深究。直到春秋末期,郑国大夫子大叔游吉才意识到这个问题,并提出了一个著名论断:"民有好、恶、喜、怒、哀、乐,生于六气,是故审则宜类,以制六志。"这是中国人性论史上首次将作为情的"性"分为内在、外在或未生、已生两种状态或两个阶段,并分别以"六气""六志"表达之,其中"六志"就是六种情感。从此,情才从"性"中分离出来,开始真正成为一个独立的范畴。不过,游吉的"审则宜类,以制六志"之说,则是对以德御性传统的继承。

大约与游吉同时的老子创造性地建构了以道为本原的宇宙论。他虽然依据天道主义原则抛弃了传统神道主义宇宙论的宗教色彩,但继承了其以价值、义理为本原特性的理路。更为重要的是,他还延续了传统神道主义以"德"为性的传统。因此,老子的道本原论一方面是传统天道主义发展的新阶段,另一方面也是传统神道主义的蝉变,可谓之义理性天道主义。为了便于区别,可以把传统天道主义称为气质性天道主义。

作为宇宙本原,道的本性为"自然",这也是老子哲学的核心价值。"自然"的本义是开始的样子,本来的样子,故老子用"无为""朴""素""虚""弱""中""寂寥,独立,不改"等加以描述。就像传统神道主义宇宙论中的"德"得自天并拥有天的本性一样,在老子哲学中,"德"得自道并拥有道的自然本性。因此,按照宋人的概念,这个作为性的"德",属于义理之性的范畴。

如何对待传统天道主义中作为情欲的"性"呢?老子主张,以"道""德"或者说价值去驾驭、制约、消解情欲,即以"道"制"欲"、以"德"制"欲"。鉴于"德"为"道"在人性中的化身,故"道"制"欲"和以"德"制"欲"其实一也。从以"德"制"欲"的角度而言,就是以义理之性去对付气质之性,以一种性去对付另一种性。在他看来,初生的婴儿最充分地体现了人的"自然"本性,因而那些充分拥有人之"自然"本性的人如同婴儿:"含德之厚者,比于赤子。"欲望则是破坏人之"自然"本性的罪魁祸首:"罪莫厚乎甚欲,咎莫憯乎欲得,祸莫大乎不知足。"因此,老子主张:"化而欲作,将镇之以无名之朴。"这种以"道"制"欲"、以"德"制"欲"从而回归本性的理路,用后人的说法,就是"复性"。在这个意义上,老子是"复性"说的鼻祖。

在各种情感中老子之所以特别强调"欲",那是因为它是"自然"本性最严重的破坏者。这个思路与传统天道主义的以德节性说是一脉相承的,只是老子的"德"为性,而非伦理道德。

稍晚于老子的孔子也极其重视性情。令人庆幸的是,根据现有史料,我们可以大致厘清孔子思想发展演变的过程。以晚年"学《易》"为界,前期的孔子主要继承了传统天道主义人性论以德御性的传统,其代表性的观点就是"性相近也,习相远也"。正如程子、朱子所说,这个"性"是气质之性,"习"则指后天的习染、教化,因而这句话体现了以德御性的精神。和老子一样,孔子对情欲也十分警惕,提出"克己复礼"的主张,包括"非礼勿视,非礼勿听,非礼勿言,非礼勿动"。这里的"己"主要指私欲,"礼"为人伦。可见,"克己复礼"同样体现了以德御性尤其以德节性的精神。

以牟宗三、徐复观等为代表的现代新儒家认为,《论语》中的"仁"已然是性善了。但从孔子以"爱人"来描述"仁"的情况看,它属于心的范畴,尚未达到性的层面。至于以"仁"为性,那是孔子"学《易》"以后的事情了。

晚年孔子对性的看法主要见于今、帛本《易传》。同传统神道主义与老子一样,晚年孔子也是通过宇宙生成论来探索人性的秘密:"易有太极,是生两仪,两仪生四象,四象生八卦,八卦定吉凶,吉凶生大业。"作为宇宙本原的"易"是如何作用于天地万物的呢?孔子说:"天地设位,而易行乎其中矣。成性存存,道义之门";"一阴一阳之谓道。继之者,善也;成之者,性也。仁者见之谓之仁,知者见之谓之知。"当天地一旦形成,"易"便运行于其中了,而它便构成了"性"。"性"既然是"道义之门",它当然是善的,其具体内容则是"仁者"和"知者"在其中所发现的"仁"和"知"。在《说卦》首章,孔子更明确地说:"昔者圣人之作《易》也,将以顺性命之理。是以立天之道,曰阴与阳;立地之道,曰柔与刚;立人之道,曰仁与义。"所谓"性命之理",我以为指"易""命""性"于天地万物之理。正因为这里所讨论的是"性命之理",所以下文的"天之道""地之道""人之道",可以分别理解为"天之性""地之性""人之性"。也就是说,孔子已经以"仁与义"为"人之性"了。

显而易见,这种人性论同早期神道主义人性论和老子的人性论都有密切的关系。和老子的"道"一样,作为宇宙本原,"易"也是一个天道主义概念,其本性也是价值性、义理性而非宗教性的。与老子不同的是,孔子并不以"自然"而是以"善"为"易"乃至人的本性,因而在这一点上与传统神道主义一脉相承。与二者都不同的是,孔子首次将这种义理性质的性称为"性"。就这样,"性"开始拥有义理之性的含义,而除了成于太史儋的今本《老子》和《庄子》还继续沿用之外,"德"则开始退出了性的角色。

从现存文献看,孔子的另一个重要贡献是最早明确提出"情"的概念,这就是见于《礼记·礼运》的"七情"之说:"何谓人情?喜、怒、哀、惧、爱、恶、欲,七者弗学而能。"在这里,孔子把游吉的"六志"之"志",确定为"情"。除了这段文字之外,在该篇中孔子对"情"还多有讨论,兹不赘述。

在《中庸》一书中,孔子的嫡孙子思开宗明义:"天命之谓性,率性之谓道,修道之谓教。"和传统神道主义一样,子思也以"天"为宇宙本原,只是剥掉了其宗教的外衣,使之成为天道主义范畴而已。因而,与老子的"道"、孔子的"易"一样,子思的"天"也是价值性、义理性的,即天道主义的义理之天,其"率性之谓道"也与乃祖"成性存存,道义之门"的表达方式如出一辙,故"率性"之"性",也是义理之性,也是善性。

那么,如何对待传统天道主义中作为情欲的性呢?子思说:"喜怒哀乐之未发,谓之中;发而皆中节,谓之和。中也者,天下之大本也;和也者,天下之达道也。致中和,天地位焉,万物育焉。"喜、怒、哀、乐之未发,谓之中"一语,不禁令人想起游吉所说的"民有好、恶、喜、怒、哀、乐,生于六气",只是子思将"生"换成了"发"而已,其实质是一样的。就是说,子思也把作为情欲的性分为两个阶段,已发为"喜、怒、哀、乐","未发"为"中"。此"中"字,相当于游吉"六气"之"气"。至于"天下之达道"的"达道",指核心价值与行为准则,而"中节"之"节",为礼节、准则,属于"达道"之类。因此,"发而皆中节,谓之和""和也者,天下之达道也"等语,所表达的是以"道"制情的思想,这当然是对传统天道主义以德御性、老子以"德"制"欲"以及早年孔子"克己复礼"思想的继承和发展。尤其值得注意的是,子思的"道"为"率性"的结果。如此看来,归根结底气质之性是受义理之性制约的。因而,这个思路又打上了老子人性论的烙印。

并见于郭店楚墓竹简和上海博物馆藏战国楚竹书中的《性自命出》自公布以来,一直深受海内外学界的关注。此奇文开篇便对"性"和"情"两个概念做了更明确的界定:"凡人虽有性,心无定志。待物而后作,待悦而后行,待习而后定。喜、怒、哀、悲之气,性也。及其见于外,则物取之也。性自命出,命自天降。道始于情,情生于性。"显而易见,作者接受了游吉和子思的思路,也把传统天道主义人性论的"性"分为内外两个阶段。相比之下,其独到之处表现在三个方面。其一,把游吉的"生"、子思的"发"改为"见(现)"来表达由内而外呈现的过程。其二,用游吉的"气"而非子思的"中"来描述内在状态。与游吉不同的是,确认此"气"就是"性",这样就和游吉的"性"兼"气""志"的观念拉开了距离。其三,把外在状态,也就是游吉的好、恶、喜、怒、哀、乐"六志"和子思的喜、怒、哀、乐,明确为"情",这显然是接受了孔子的方案。

《性自命出》最值得重视的创见还表现在对"道"与"情"关系的处理方式上。许多学者据"道始于情,情生于性"断言"道"产生于"情",我期期以为不可。《性自命出》的"情"为喜、怒、哀、悲之类的情感,是没有任何道德意义的,如果说将它转化出来便形成了"道",那是不可思议的,甚至是荒诞的。所以,作者用一个"始"字而非"生"字来表达"道"和"情"的关系,可谓煞费苦心!我以为,此说是在子思的启发下形成的。依《中庸》,喜、怒、哀、乐之"发",有"中节"和不"中节"的区别。只有"发而皆中节"者,才可"谓之和",从而谓之"道"。这在《性自命出》看来,就意味着"道始于情"。鉴于"情生于性",因而"道始于情"的表达方式,便透露出了以德御性的精神。

不过,《性自命出》虽然也像子思那样主张"性"来自"天",认为"性自命出,命自天降",但此"天"并非义理之天,而是自然之天。就是说,对"天"的理解,《性自命出》回到了传统气质性天道主义的老路上了。作为自然之天,《性自命出》的"天"不可能成为价值的本源。这意味着,来自"天"的"性"不可能是义理之性,只能是气质之性,即"喜、怒、哀、悲之气"。正如上文所述,作为气质之性,情性虽然本身是无善无恶的,但依其自然趋势,又可善可恶,而这正是《性自命出》"善不善,性也"所要表达的意思。

既然如此,作为价值总称的"道"是如何产生的呢?《性自命出》说:"《诗》《书》《礼》《乐》,其始出皆生于人。《诗》,有为为之也。《书》,有为言之也。《礼》《乐》,有为举之也。圣人比其类而论会之,观其先后而逆顺之,体其义而节度之,理其情而出入之,然后复以教。"就字面看,这里是谈"教"的,但"教"总是以"道"为内容的,所谓"修道之谓教"是也。因而,这段文字事实上是在讨论《诗》《书》《礼》《乐》之"道"的产生。"其始出"之"始",正是"道始于情"之"始"。所谓"有为为之""有为言之""有为举之",皆人为也,非自然也。可见,"情"已是经验之物,因而"始于情"的"道",只能是经验的,是圣人"有为"制定出来的。

据孟子弟子公都子讲,孟子之前存在若干关于人性善恶的观点:"告子曰:'性无善无不善也。'或曰:'性可以为善,可以为不善。是故文武兴,则民好善;幽厉兴,则民好暴。'或曰:'有性善,有性不善。是故以尧为君而有象,以瞽瞍为父而有舜,以纣为兄之子,且以为君,而有微子启、王子比干。'"(《告子上》)我以为,这三种观点所讨论的性,皆为气质之性。如上所述,其中第二种即"性可以为善,可以为不善",已见于《性自命出》。关于告子的观点,《孟子·告子上》还有两条具体论述:"性犹杞柳也,义犹桮棬也;以人性为仁义,犹以杞柳为桮棬";"性犹湍水也,决诸东方则东流,决诸西方则西流。人性之无分于善不善也,犹水之无分于东西也。"显然,告子的意思是说,虽然如第二种观点所说,"性可以为善,可以为不善",但性本身是"无善无不善"的。至于第三种观点,则强调了个体天赋的差别性,有的人可善之性占主导,有的人可恶之性占主导,故在这个意义上,"有性善,有性不善"。

宋代以来,思孟同属一个学派,而《易传》《中庸》《孟子》的人性论堪称义理之性的典范,似乎已成不易之论。是的,和子思一样,孟子的"天"也是义理之天;和子思一样,孟子的"性"也来自"天";和子思一样,孟子的"道"也出自"性"。然而,论者有所不察,和子思不同的是,孟子的"性"具有义理之性和气质之性的双重身份,其中后者是第一性的。

在这个问题上,孟子已经交代得十分清楚:"无恻隐之心,非人也;无羞恶之心,非人也;无辞让之心,非人也;无是非之心,非人也。恻隐之心,仁之端也;羞恶之心,义之端也;辞让之心,礼之端也;是非之心,智之端也。人之有是四端也,犹其有四体也。"(《公孙丑上》)既然"人之有是四端也,犹其有四体也",那么四端当然是性。正如朱子所说,"恻隐、羞恶、辞让、是非,情也"(《孟子集注》卷三),因而作为"情"的四端,无疑是气质之性。就其属性而言,恻隐、羞恶、辞让、是非都属传统天道主义人性论中那种可以导致善的"性",即可善论中的"性"。作为"情",恻隐、羞恶、辞让、是非虽然依其自然趋势可以导致善,但它们本身毕竟是无善无恶的,那么为什么孟子称之为性善呢?他自己的解释是:"乃若其情,则可以为善矣,乃所谓善也。"(《告子》上)"若",顺也。就是说,在"乃若其情,则可以为善矣"这个意义上,"乃所谓善也"。孟子只是在其可善的意义上才称之为性善的。"可以为善""乃所谓善"之"善",呈现为仁义礼智,也就是道。这个过程,仍然可以用子思的"率性之谓道"来表达,尽管孟子的"性"是气质之性,而子思的"性"为义理之性。

　　既然在"乃若其情,则可以为善矣"这个意义上"乃所谓善也",而"善"呈现为仁义礼智,那么自然就可以进一步推断四端也就是仁、义、礼、智了。故孟子接着说:"恻隐之心,仁也;羞恶之心,义也;恭敬之心,礼也;是非之心,智也。仁、义、礼、智非由外铄我也,我固有之也,弗思耳矣。"(《告子上》)作为"非由外铄我也,我固有之"的性,仁、义、礼、智分明与传统神道主义人性论中的善性并无二致,当然属于义理之性。可见,这段文字所昭示的是,以恻隐、羞恶、辞让、是非四种气质之性为仁、义、礼、智四种义理之性。这样,孟子就巧妙地将殷周之际以降神道主义和天道主义这两大人性论传统融汇到一起了。整个论证过程令人眼花缭乱,人谓孟子善辩,其虚言哉!然而,令孟子始料不及的是,正是他这种义理之性与气质之性合一的人性论及其论证方式,导致了宋代以后一直持续到韩国朝鲜时代有关四端七情的旷日持久的争论。

　　需要说明的是,孟子并没有忽略感官欲望,即传统天道主义人性论中那些可以导致恶的气质之性,只是贬之为"小体"以与作为四端的"大体"相区别而已。他主张"无以小害大,无以贱害贵",认为"先立乎其大者,则其小者弗能夺也"(《告子上》),具体做法就是通过心之"思"的能力"求放心"。显而易见,这是对老子"复性"说的继承与发展,尽管二者对人性内涵的理解有所不同。

　　至战国末期,荀子再次扭转乾坤,重新将中国人性论的火车头扳回到传统气质性天道主义的轨道。和《性自命出》一样,荀子也认为"性"来自天:"性者、天之就也"(《正名》);也认为"天"为自然之天:"天行有常,不为尧存,不为桀亡";正因如此,荀子的性也是气质之性:"生之所以然者谓之性;性之和所生,精合感应,不事而自然谓之性。"与《性自命出》所不同的是,荀子对"性""情""欲"等概念又做了新的界定。他说:"性之好、恶、喜、怒、哀、乐谓之情。"这表明,"好、恶、喜、怒、哀、乐"等"情"是"性"的一个方面,而不是全部。那么"情"是"性"的哪个方面呢?荀子说:"情者,性之质也。"就是说,"情"是

"性"的素地、质地、本质。这个判断，与传统天道主义人性论中的"性"大致吻合，也没有区分内外两个阶段。

在"情"和"欲"关系问题上，此前人们一直认为"欲"是"情"的一种，是一种可以导致恶的"情"。但荀子却认为："欲者，情之应也。""欲"是"情"的感应和回应，这样就把"欲"从"情"中独立出来了。既然"欲"是"情之应"，而"情"又是"性之质"，那么和"情"一样，"欲"也从属于"性"。三者的关系，可以概括为"性统情欲"。

从"欲者，情之应也"一语看，"欲"是"性""情"的外在呈现形式，而在传统天道主义人性论中，"欲"属于那种可以导致恶的"性"，是可恶论的"性"。作为一种情性，照理说"欲"虽然可以导致恶，但毕竟它本身不可谓恶，那么荀子又为什么说性恶呢？且看他自己的解释："今人之性，生而有好利焉，顺是，故争夺生而辞让亡焉；生而有疾恶焉，顺是，故残贼生而忠信亡焉；生而有耳目之欲，有好声色焉，顺是，故淫乱生而礼义文理亡焉。然则从人之性，顺人之情，必出于争夺，合于犯分乱理，而归于暴。"（《性恶》）看来，荀子只是在"顺是"即顺应"性"的自然趋势便可导致恶的意义上才说性恶的，其思维方式和孟子论四端为性善如出一辙，甚至其"顺人之情"与孟子"乃若其情"的用语也是十分类似的。

在这种情况下，荀子提出了"化性起伪"的著名论断，指出："故必将有师法之化，礼义之道，然后出于辞让，合于文理，而归于治。"（《性恶》）可见，在"道"出于人为的问题上，荀子也接受了《性自命出》的方案。

综之，中国人性论起源于殷周之际神道主义和天道主义两个源头，二者分别开创了以善为性的义理之性——"德"和以情为性的气质之性——"性"两条人性论巨流。春秋末年，游吉沿着气质之性的潮流将作为情的"性"分为内外两个阶段和类型，老子则沿着义理之性的理路把作为善的"德"转化为作为自然的"德"并将其纳入天道主义的轨道，从而创造了义理性天道主义新理论。接着，早年孔子延续了传统气质性天道主义人性论，晚年孔子则接受了老子的义理性天道主义人性论,将义理之性改称"性",并恢复了神道主义以善为性的传统。其后,《性自命出》、告子、荀子等坚持早年孔子气质性天道主义人性论,而子思则接受了晚年孔子的义理性天道主义人性论。至于孟子,则将二者融为一体。

尽管如此,各家对一些具体问题的看法,纵横交织,错综复杂。就性的定义而言,各家皆以与生俱来的素地为性,如荀子所说"生之所以然者谓之性"(《荀子·正名》),董仲舒所说"如其生之自然之资谓之性"(《春秋繁露·深察名号》)。最近有学者主张荀子的人性论为性朴论。朴,质也,素也,就人性而言,即与生俱来者,故董仲舒有"质朴之谓性"(《汉书·董仲舒传》)之论。就此而言,所有人性论者皆持性朴论。然如谓性朴,犹言性就是性,当然这是同义反复,毫无意义。就性的名称而言,除了传统神道主义和老子称为"德"外,各家都名之曰"性"。就性的内涵而言,持义理之性者皆以价值为性,而除了道家以自然为性外,儒家皆以善为性。持气质之性者皆以血气心知尤其情为性,只是有的侧重情爱等积极的情,有的侧重于情欲等消极的情,有的则二者兼顾。就性的善恶而言,持义理之性者除了道家外,各家皆以性为善。持气质之性者,虽然看起来众说纷纭,各异其词,但各家并不本质区别,他们皆承认性本身无善无恶,也皆承认从其自然趋势看,则可善可恶,只是各家对这个事实有不同的价值判断而已。或因性可以为善故谓之"性善",或因性可以为恶故谓之"性恶",或因性本身无善无恶故谓之"性无善无不善也",或因性的自然趋势可善可恶故谓之"性可以为善,可以为不善",或因有的人自然趋善有的人趋恶故谓之"有性善,有性不善"。就性的性质而言,传统神道主义和各种义理性天道主义的"德""性"皆属内在超越,而传统天道主义和各种气质性天道主义的"性"皆在经验层面,不具有超越性。

就这样,先秦人性论为整个中国人性论的发展奠定了基础和规模。大致地说,诸如性善情恶、性三品等汉唐时期儒家人性论的代表性观点,不过是先秦人性论的余波,总体上缺乏理论创新性。先秦诸子之后,中国哲学最为辉煌的时代无疑是宋明时期。这个时期的理学可谓群星灿烂,学派林立,新说纷呈,而有关性情的讨论也跃上了新台阶,达到了新高度。在这个过程中,佛学扮演了一个重要的角色。对此,前人之述备矣。

不过,《宋史·程颢传》曾经说传主"慨然有求道之志。泛滥于诸家,出入于老、释者几十年,返求诸六经而后得之"。这其实是当时许多理学家共同的心路历程。就是说,他们不但重视佛学,而且也深受道家的影响。然而,对于道家对宋明理学的影响这个中国哲学史上的重大课题,学术界没有给予足够的重视,甚至至今鲜有论及。令人欣慰的是,李浩然博士的大著《性其情:玄学向理学的演进与转化》有望改观这一局面。

浩然博士的硕士论文以《颜氏家训》为题,由此熟知魏晋南北朝时期的文献和哲学。有了这个积淀,在攻读博士期间,他选《王弼性其情思想研究》作为学位论文题目,可谓驾轻就熟。"性其情"可谓王弼哲学的一个核心问题,但一直为学者所忽视。在这篇论文中,浩然博士对这一命题的内涵与结构进行了精心剖析与探索,发前人之未发,提出了一系列颇具创意的观点。不仅如此,出于对魏晋哲学是素养,他在论文中还结合嵇康、阮籍、向秀、郭象、张湛等玄学家有关性情的论述,进一步探讨了王弼"性其情"学说对整个魏晋性情论走向的深刻影响,向人们展示了广阔的学术视野。正因如此,他这篇优秀博士论文获得了答辩委员会的高度评价。

在博士论文写作的后期,浩然博士已经敏锐地意识到王弼"性其情"学说与宋明理学乃至韩国朝鲜时代的儒学之间存在着异乎寻常的关联,只是限于时间和篇幅,未及展开。不过,这也为他回母校中央民族大学工作期间提供了施展才华的空间。

早在三十年之前,我就在博士论文《尽心·知性·知天——老庄孔孟哲学的底蕴及其贯通》中指出,中国哲学各家各派体现根本宗旨的价值观虽然各有不同,但方法论却是相通的。就是说,他们为了达到不同的目的,可以采取相同的路径。这个现象从中国哲学建立之初就一直存在。因而,为了论证儒家的价值理念,作为新儒家的宋明理学不妨采用作为新道家的魏晋玄学的哲学方法。这样一来,宋明理学受到魏晋玄学的影响也就不足为怪了。

如上所述,虚静本来是老子"自然"概念的应有之义,因而放在历史发展的脉络中,王弼以虚静为性无疑是继承了老子以"自然"为性的价值观。在性情问题上,王弼对老子的新发展主要表现在两个方面。其一,正如浩然博士所说:"在王弼看来,'情'即使具有为恶的可能性,也由于其与生俱来的先验性而成为'自然'价值的一部分。"其二,在此前提下,王弼把老子以"德"(性)制"欲"的思想提升为"性其情"。按照皇侃的解释,所谓"性其情"就是"以性之静化情",即以性的虚静来转化情。因而,王弼与老子的不同,在于后者坚持以性制情,而前者主张以性化情。尽管如此,二者所达到的效果都是"复性",可谓殊途同归。这意味着,宋明理学的"复性"说除了孟子之外,还有老子、王弼一脉的道家资源。

王弼的"性其情"学说对宋明理学更根本的影响表现在本体论方面。从上面的讨论看,早期儒家多从善恶论本体。但浩然博士指出,许多理学家们却不约而同地把虚静纳入本体论,如周敦颐和张载皆以虚静为道德之善的根本,二程皆以虚静为天理的安顿和持守,如此等等。有意思的是,虚静在道家中为核心价值,但在宋明理学中,却成了论证其核心价值善的方法,从而构成了儒道融合的一道独特风景。

那么,王弼的"性其情"学说又是如何过渡到宋明理学的性情论的呢?浩然博士发现,在王弼的影响下,其后的玄学家们的性情论在保持"性其情"模式的前提下,衍化为"情"的自然化、"性"的分层和"心"的再立三条线索,而这三条线索在早期理学的形成中都有明显体现,以致"性其情"成为理学性情论的根本框架。

王弼的"性其情"学说是否真的像浩然博士所说的那样对宋明理学产生了如此深刻的影响呢?还是请理学家们自己来回答吧!程颐有言:"觉者约其情使合于中,正其心,养其性,故曰性其情。"朱子更明确指出:"'性其情',

乃王辅嗣语,而伊洛用之。"可以想见,程朱若能复生而获读浩然之见,必曰:然哉!然哉!

除此之外,浩然博士还在书中对相关问题提出了许多新见解,足以启人之思。欲知其详,请打开下一页,进入本书的正文。

郭　沂

2022 年 10 月 15 日

于首尔大学始兴校区寄庐

目　　录

绪论　理解玄学与理学的新范式 ………………………………………… 1

第一章　"性其情"的思想渊源 ………………………………………… 10

　　第一节　商周时代"性""情"概念的起源 ………………………… 10

　　第二节　春秋战国时代"性""情"概念的发展 ………………… 17

　　第三节　秦汉时代"性""情"概念的流变 ………………………… 26

第二章　"性其情"的哲学建构 ……………………………………… 38

　　第一节　"性其情"的提出 ………………………………………… 38

　　第二节　本性的状态:作为初始之无的虚静 …………………… 49

　　第三节　情感欲望的存有:作为应物而通无的动力 ………… 67

　　第四节　"性其情"的实践与政治旨趣 ………………………… 88

第三章　"性其情"的理论补充 ……………………………………… 105

　　第一节　"情"的自然化:竹林名士与张湛的性情论 ………… 105

　　第二节　"性"的分层:郭象、葛洪与成玄英的性情论 ……… 121

　　第三节　"心"的再立:般若学与玄学的理论映照 …………… 144

　　第四节　以情近性:皇侃对"性其情"理论的补全 …………… 161

第四章 "性其情"的体系新建 ·· 175

  第一节 性理之新:理学对道德义的重视 ··························· 175

  第二节 复诚主静:周敦颐"太极说"中的本性诠释 ············· 194

  第三节 尽性归虚:张载"气化论"中的心性建构 ················ 209

  第四节 一体持敬:二程"天理论"中的性情新说 ················ 228

结 语 ·· 253

参考文献 ·· 260

后 记 ·· 274

绪论　理解玄学与理学的新范式

　　魏文帝黄初七年(公元226年)，在中国北方山阳王氏的家中，一个男婴出生了。当时没人会料想到，这个男婴将在日后会成为一位深刻影响中国思想世界的哲学家，而更令人意想不到的是，他仅用了短暂的二十三年①的生命便成就了这一殊荣，这个人便是王弼。与古代大多数天资聪颖的人一样，王弼由于"幼而察慧"很早便进入了学问的殿堂，"年十余，好老氏，通辩能言"②，这也让他少年成名，在当时的曹魏知识分子集团中获得了颇高的肯认。其中对王弼最著名的评价来自当时不仅权倾一时且又把持着学术风向的礼部尚书何晏："仲尼称后生可畏，若斯人者，可与言天人之际乎。"③这些赞誉似乎注定预示着年轻的王弼终将走上当时的学术舞台，成为一个绚烂时代的伟大缩影。

　　王弼所处的时代，是一个两汉经学的价值逐渐贬黜，新兴的思想资源不断融入儒学的时代。在当时，一种以自由玄悟来探究天人之际的治学方式对受家法师承约束且拘泥于章句训诂的治学传统造成了极大冲击，后来这种打破经学樊笼的新学术形态被统称为玄学，而王弼也被视作玄学的创始者之一④。

---

　　① 《三国志·魏书》卷二十八《钟会传》裴松之注中引何劭《王弼传》记载："正始十年，曹爽废，以公事免。其秋遇疠疾亡，时年二十四，无子绝嗣。"《世说新语》卷二《文学篇》刘孝标注引《王弼别传》记载："正始中以公事免。其秋遇疠疾亡，时年二十四。"古人以虚岁论年龄，故王弼实际在世二十三年。见楼宇烈：《王弼集校释》下册，中华书局1980年版，第641、644页(以下引用只标注作者、书名、页码)。

　　② 《王弼集校释》下册，中华书局1980年版，第639页。

　　③ 《王弼集校释》下册，中华书局1980年版，第639页。

　　④ 此观点可参见冯友兰：《中国哲学史新编》中册，第三十八章第一节"王弼、何晏的生平与著作"，人民出版社2007年版，第356页。余敦康：《魏晋玄学史》第一章"魏晋玄学的产生"，北京大学出版社2004年版，第3页。方立天：《玄学的范围、主题和分期》，《文史哲》1985年第4期。以下引用只标注作者书名页码。

在新旧学术的抗衡中，玄学不仅在先秦以来所形成的儒家诠释学结构之外创建了新的诠释可能性①，还树立了五经之外的新的经典权威，产生了新的哲学问题意识，使得当时之思想世界以儒释道融合为标志，形成了中国哲学的基本框架。在这个过程里，王弼以其卓越的创见构造了一个精深的哲学体系，并以此奠定了整个魏晋时代的思想基础。从王弼的思想出发，尤其是以他提出的"性其情"观念作为参照，我们不仅可以看到一种新的哲学理念是如何在将近1800年前的中原土地上展开自身的，更可以窥见中国思想在两汉与唐宋之间是如何完成过渡而形塑出一套完整的概念的逻辑的。换句话说，王弼的思想中不仅流淌着天才少年的个人智识，更隐含着一段中国哲学的发展脉络，这便要求研究者既能入乎其内地考察王弼个人的思想观念，又能出乎其外地把这些观念安置在更广阔的哲学理路中。

以往学界对于王弼的研究，多集中在他的"贵无论"和易学思想上②，其他

---

① 先秦时代以孔子为代表的儒家对于经典的诠释是通过整理、删定原始材料凸显经典之微言大义，两汉则正是确立了"经—传"的诠释规格。参见景海峰：《儒家诠释学的三个时代》，收录于李明辉主编：《儒家经典诠释方法》，台湾大学出版中心2004年版。但经典的诠释与思想的创作并非完全相同，孔子的"述而不作"只是"不作"经典，并不影响先秦时代如《大学》《中庸》《荀子》《唐虞之道》、《忠信之道》等思想性的原创文本的出现。六朝时代玄学清谈的出现也并没有影响经学的继续发展，比如南北朝经学传承是"江左，《周易》则王辅嗣，《尚书》则孔安国，《左传》则杜元凯。河洛，《左传》则服子慎，《尚书》《周易》则郑康成。《诗》则并主于毛公，《礼》则同遵于郑氏。南人约简，得其英华，北学深芜，穷其枝叶"。见李延寿：《北史》卷八十一《儒林列传上》，中华书局1974年版，第2709页。玄学清谈只是构创了一种对于经典诠释的新的可能性，但并非像学界想象的那样，"结束了统治两汉时期达数百年之久的经学传统"见余敦康：《魏晋玄学史》，第3页。

② 关于王弼"贵无论"的讨论可参见（包括但不限于）：汤用彤：《贵无之学（上）——王弼》，收录于氏著：《魏晋玄学论稿》，人民出版社2015年版，第164—173页。任继愈：《中国哲学史》第二册，第二章第二节"以无为本的哲学体系"，人民出版社2010年版，第178—187页。冯友兰：《中国哲学史新编（中）》第三十八章"王弼、何晏的贵无论"，第356—383页。冯契：《中国古代哲学的逻辑发展》中册第六章第二节"王弼'贵无'说"，人民出版社1984年版，第485—504页。张丽珠：《中国哲学史三十讲》，第十六讲第二节"王弼'贵无'的正始玄学"，北京师范大学出版社2010年版，第191—187页。王晓毅：《王弼宇宙本体论新探》，《孔子研究》1990年第2期。康中乾：《论王弼"无"本论的哲学实质》，《中国哲学史》2000年第4期。王中江：《"无"的领悟及中西形上学的一个向度——王弼与海德格尔的视域比较》，《孔子研究》2005年第1期。李

方面,特别是王弼的性情论则没有受到足够的重视,更遑论以哲学史的整体视角对其作出考察①。这也使得在中国哲学史的论述脉络中,包括王弼思想在内的玄学研究总是以片段式的样貌出现,并且关于玄学与之后兴起的理学的关系问题,学界也没有找到一个充分的研究进路。本书正是针对此学术领域研究的不足,从玄学与理学的核心内容性情论上入手,通过对"性其

兰芬:《"体无"何以成"圣"?——王弼"圣人体无"再解》,《中山大学学报(社会科学版)》2008年第4期。[韩]金贤京(김현경,音译):《从王弼的有无论看道德的基础》,《温知论丛》2015年第43辑,第153—183页。白辉洪:《从"统物"到"通物"——王弼哲学中"无"的两个层面》,《哲学研究》2020年第1期,第76—85页。关于王弼易学思想的研究可参见(包括但不限于):[韩]严连锡(엄연석):《对王弼易学义理特性的考察》,《泰东古典研究》第13辑,1996年,第83—122页。[韩]林采佑:《王弼玄学体系中的〈老子〉〈周易〉关系》,《周易研究》第1辑,1996年,第231—261页。[韩]林采佑:《汉代象数易学与王弼易理易学的关系——天象和人事:象数与义理的天人关系》,《周易研究》第2辑,1997年,第207—230页。曾春海:《比较王弼与程颐的〈易〉注及本体论》,《哲学与文化》1998年第25卷第11期。陈鼓应:《王弼道家易学诠释》,《台大文史哲学报》2003年第5期。杨立华:《卦序与时义:程颐对王弼释〈易〉体例的超越》,《中国哲学史》2007年第4期。程旺、张淼:《近三十年中国大陆王弼易学研究述评》,《东方论坛》2010年第3期。林安梧:《〈易经〉现象学与道论诠释学刍论——以王弼〈明象〉与"存有三态论"为中心》,《周易研究》2020年第2期。王晓毅:《黄老"因循"哲学与王弼〈周易注〉》,《周易研究》2015年第6期。王晓毅:《何晏、王弼易学"时义"观差异及其原因》,《周易研究》2016年第6期。温海明、韩盟:《王弼〈周易注〉卦变说发微》,《周易研究》2020年第2期。刘震:《从"得意忘象"到"举本统末":由王弼〈周易注〉的特点看汉魏之际的学术更迭》,《哲学研究》2022年第1期。以下引用只标注作者书名页码。

①　纵观以往学界对王弼"性其情"研究来看,虽然在成果数量上呈现增加的趋势,但从学理来说却并没有创新性的突破,其原因在于以下四个问题。第一,在对"性其情"的研究中,只有极少数学者(如王葆玹、王晓毅)对于文本进行了考证分辨,在多数的研究中,学者不加区分地把皇侃《论语义疏》中对王弼"性其情"的诠释作为王弼本人的论述,这便会导致王弼思想的误判。第二,玄学研究从初期开始就被汤用彤、冯友兰等人安置在西方哲学的本体论话语体系中,体用关系成为研究包括性情论在内的玄学主要命题的基本概念范式,这一做法至今尚未做出彻底的反思与讨论。王弼哲学中虽然关涉着存在问题,但是与"性"关联紧密的"无"究竟是否可以被看作"本体",这是值得商榷的。第三,作为"性其情"中另一个重要的概念,"情"除去自然性之外是否还有其他的正面意义、它的应物与运动究竟具有怎样的哲学含义,在至今为止的研究中并没有被讨论。另外,关于王弼在《老子注》与《周易注》中是否表现出来"无情"与"有情"两种对立的立场的问题,学界似乎也没有给出定论。第四,至今为止对王弼的性情论研究只注意到它与先秦两汉的接续关系,而对"性其情"与魏晋性情论与宋代性情论的关系讨论却未给予足够的关注。这些问题说明关于王弼的"性其情"研究,尚有诸多理论上的空白需要填补。

情"观念产生、发展与转化的讨论,来回答玄学是如何转化过渡为理学这一问题。①

对于这个问题,以往学界几乎很少有专门的讨论,只有个别的几位学者在对理学性质做出总体判断时,笼统地指出了理学源自玄学。陈寅恪在冯友兰《中国哲学史》的《审查报告三》中认为,新儒家的产生与魏晋南北朝之道教、佛教密切相关。② 李泽厚也同样认为宋明理学改造了释道哲理,通过对二者的内在批判再建了孔孟传统。③ 这种观点指明了理学的产生与魏晋南北朝思想的关联,但还没有把理学与玄学直接联系起来。真正把理学的产生关联至魏晋南北朝的儒释道互动,再由三教关系上溯至玄学,从而建立了玄学与理学的演进理路的人是汤用彤。汤用彤认为魏晋南北朝的重要思想线索是本末之争,它不仅是玄学的主题,也是三教互动的重点。他特别强调,魏晋玄学时代,"本"是"本体",南北朝释道兴起之后,"本"是心性之

---

① 至今为止,只有极少数的专门针对王弼"性其情"的研究,其他涉及对此观念的讨论,一般都是专著或论文中零星语句。相关内容可参考以下文献:汤用彤:《王弼圣人有情义释》,收录于氏著《魏晋玄学论稿》,第64—68页。冯契:《中国古代哲学的逻辑发展》中册第六章"玄学盛行与儒、道、释的鼎力",第497页。侯外庐:《中国思想通史》第三卷第四章《魏代天人之学的"新"义首创者》,人民出版社1998年版,第108页。王葆玹:《正始玄学》第九章"正始玄学的人性论和人才论",齐鲁书社1987年版,第384—385页。许抗生:《魏晋玄学史》,第四节"王弼的玄学思想",陕西师范大学出版社1989年版,第123页。曾春海:《王弼圣人有情无情论初探》,《哲学与文化》1989年第16卷第9期。贺昌群:《魏晋清谈思想初论》,商务印书馆1999年版,第79页。余敦康:《何晏、王弼玄学新探》,第七章《王弼的〈论语释疑〉》,方志出版社2007年版,第263页。罗宗强:《玄学与魏晋士人心态》,浙江人民出版社1991年版,第80页。林丽真:《王弼"性其情"说析论》,《王叔岷先生八十寿庆论文集》,台北大安出版社1993年版,第599—609页。王晓毅:《王弼评传》,第三章第三节,南京大学出版社1996年版,第324—325页。周大兴:《王弼"性其情"的人性远近论》,《中国文哲研究集刊》,台湾"中央"研究院中国文哲研究所2000年版,第16期,第339—374页。何善蒙:《王弼"性其情"浅释》,《兰州学刊》,2006年第1期。[韩]李在权:《王弼的〈论语〉解说》,《东西哲学研究》第36号,2012年6月,第331—365页。以下引用只标注作者书名页码。

② 冯友兰:《中国哲学史》下册,华东师范大学出版社2015年版,第336页。以下引用只标注作者书名页码。

③ 李泽厚:《新版中国古代思想史论》,天津社会科学出版社2008年版,第176页。

源,而体用和心性也同样是理学要义。① 不过遗憾的是,汤用彤并未从理学家的具体观点上去进一步说明宋明理学是如何对魏晋玄学的本末概念做出回应和新诠的。

其他与汤用彤持类似观点的学者们,也同样只是直接点明理学的渊源在于玄学,而并没有展开论述二者的具体转化过程。比如,冯友兰认为"新儒家处理情感的方法,遵循着与王弼相同的路线,最重要的一点是不要将情感与自我联系起来"。② 后来他又指出,"道学的主题是讲'理'这是接着玄学讲的"。③ 任继愈也指出理学的问题意识均发端于玄学:"心性与体用皆为宋儒所注意之中心问题,导其来源仍应远溯于魏晋之际。""体用本末诸名相,屡见于宋儒书中而不见于先秦两汉,习焉不察,则以宋儒所独创,实则导源于魏晋玄学。"④金春峰从对《周易》的注释上注意到了玄学与理学的关联,他说:"理学在某种意义上是玄学的继续。程颐的《易传》就是接着王弼讲的,是对他的继承和发展,但是这两种哲学的性格却又不同。"⑤

这些观点虽然指出玄学与理学不是各自独立的两种思潮,并也注意到了个别玄学家和理学家的思想关联,但并没有提供更详尽的论述。可以说在新世纪之前,学界对玄学、理学关系的判断只有概括性的共识而没有具体的研究成果。直到 2011 年,朱汉民教授的《玄学与理学的学术思想理路研究》问世,学界对玄学与理学的关系问题才有了进一步的研究。在这部著作中,朱汉民教授以构建中国哲学的内在理路为旨趣,从思想建构与经典诠释两个层面论证了玄学与理学的关联性。但由于玄学与理学所涉及的问题十分庞杂,一部

① 汤用彤:《汤用彤全集》,第 1 卷,河北人民出版社 2000 年版,第 355 页;第 4 卷,第 101—102 页。
② 冯友兰:《中国哲学简史》,北京大学出版社 1996 年版,第 245 页。
③ 冯友兰:《中国哲学史新编》下册,人民出版社 2007 年版,第 22 页。
④ 任继愈:《理学探源》,收录于《燕园论学集》,北京大学出版社 1984 年版,第 313—314 页。
⑤ 金春峰:《从比较联系中考察玄学》,《文史哲》1985 年第 4 期。

著作的体量不可能涵盖对所有重要问题的回应,朱汉民教授自己也承认:"只是讨论了其中一部分内容,仍然还有不少问题值得进一步研究。"①

从以上的研究现状可以看到,目前学界对于玄学与理学关系的研究还有诸多空白,尚待后来者继续对此问题做出更为深化细致的探讨。本书便是以此为旨趣,试图从性情论这一视域入手,为玄学与理学关系的研究再添新证。之所以选择性情论,是因为宋明理学的要旨之一,亦在于构建一个层次分明的性情结构,从而去指明人的道德实践何以可能。在这一过程中,应物而发动的情欲必须符合纯然中正的本性这一观点成了理学家们的共识。而使情欲符合本性正是玄学中"性其情"这一命题的主要含义。北宋程颐便说:"是故觉者约其情使合于中,正其心,养其性,故曰性其情。"②南宋理学集大成者朱熹据此明确指出:"'性其情',乃王辅嗣语,而伊洛用之。"③朱熹此说,已足见理学与玄学之渊源。然而遗憾的是,学界尚未有人沿此线索进一步去探究二者之关联与演进历程。本书认为,王弼的"性其情"思想不仅深刻影响了之后玄学对于性情观念的论述方向,更是宋明理学构建其性情结构的重要理论来源。基于这种认识,本书的研究目标便是通过对"性其情"思想的哲学内涵的讨论与演进过程的分析,来回答玄学是通过怎样的性情论发展逻辑过渡为理学这一问题,从而证明中国哲学的发展有内在的连续理路,并以此来展现中国传统思想文化继往开来的过程。

围绕此研究目标,本书在内容上分为以下四章。

在第一章中,本书将会对商周至两汉的性情论述做出大致的梳理,以期说

---

① 朱汉民:《玄学与理学的学术思想理路研究》,台湾大学出版中心 2011 年版,第 368 页。以下引用只标注作者、书名、页码。值得注意的是,在 2011 年由台湾大学出版中心出版的这部著作中,朱汉民教授在结语的最后一段指出了此书写作上的不足,但在 2012 年由中国社会科学出版社刊行的版本中,结语的部分却删掉了这一段。是故正文所引之语只能在台版中看到。

② 程颢、程颐著、王孝鱼点校:《二程集》上册,中华书局 1981 年版,第 577 页。以下引用只标注作者书名页码。

③ 朱人求等编:《朱子全书》第 22 册,上海古籍出版社 2010 年版,第 2515—2516 页。以下引用只标注作者书名页码。

明王弼是基于怎样的哲学史资源提出自己的观点的。在这一部分我们将会看到商周时代出现的"性"字与"情"字在用来描述人的内在性的过程中,存在着含义上的孳乳。春秋战国时代,作为描述人天生本质的"性"开始有了多种诠释,孔子、子思和孟子以道德性为重,子思弟子和荀子以血气性为重,老子和庄子以自然性为重。到了秦汉时代,儒生们把道德性和血气性统一,认为"性"是一个兼有善恶的概念,道家则沿着老庄的思路继续把"自然"作为"性"的内涵,并且突出其"静"的属性,从而把人的本性表述成虚静无为的状态。"情"从"性"的含义中脱离后,在春秋战国时代获得了情感的意义,也开始与"欲"形成关涉,并由于放纵情欲的危险性而成为一种值得谨慎对待的性质。儒家在承认情欲的负面效果的同时,也相信它可以经过控制而达到中和的状态,这种观点在汉代进一步发展为圣人因情制礼作乐的主张。与此相比,先秦两汉的道家则从一开始便把情欲视作社会混乱和人性堕落的原因,并提出了"寡欲""断情去欲"等主张。

在第二章中,本书将会说明在荆州学派为探幽寻远的玄学谱下前奏之后,作为玄学肇始者的王弼如何通过"性其情"的提出而构建了一个自洽的哲学结构。王弼主张只有通过回溯时间上的原点才能从根本上理解人性。他认为万物在存在的初始阶段都处于一种不动的虚静状态,在这种状态中,"性"由于没有后天的干涉,也就不存在任何的规定性,因而也就不会陷入任何可能的缺陷中。这种不能被经验认识且没有实体性质的内涵被王弼称为"无"。王弼的创见在于,从根本上扬弃了"无"与"有"的生成关系,用"有始于无"的思路把两者描绘成时间上的相续关系。在王弼的哲学思想中,本性之"无"是不可再被追问前提的起点,它以否定的形式揭示出人性在根源上的超验性。由于超验的本性自身无法运动,"性其情"的动力便只能来自情欲。所以无论是把情感上升到圣人的高度,还是把情感具象为欲望,王弼对于"情"都具有一贯的肯定立场。在这个肯定中,既包含着他对情不可去的坚持,也包含着他对寡欲而近性的要求。不仅如此,"情"亦是圣人与普通人沟通的桥梁,在王弼看来，人的性情修养需要通过接受圣人的教化和效仿圣人的人格而得以实现。在这个过程中，圣人由于对众人的归正亦完成了治道上的目的，即社会秩序的确定，这也使得王弼性情关系的理论设计直接指向了现实上的政治考量。

在第三章中，本书将会勾勒出玄学兴起之后到理学正式出现之前的性情论发展图景，并试图以代表观点说明这一段时期的性情思想在"性其情"的逻辑下做出了哪些理论上的补充与发展。以嵇康、向秀、阮籍为代表的竹林名士以及以张湛为代表的玄学家为了说明"自然"作为一种价值天生存在于人的内在性之中，比王弼更加积极地肯定了人的情感与欲望。这一时期性情论的另一个发展是对"性"的先天内涵与现实内涵的分判。郭象、葛洪、成玄英等人把王弼所说的本性之虚静视作"性"的纯粹部分，在此之外，他们又提出人性中亦有后天驳杂的现实内容。在"性"概念的内涵趋向复杂的同时，六家七宗的般若学所强调的心识统一动静的能力又为魏晋及其后的性情论做出了以"心"为动力机制的理论铺垫。由这些内容出发，我们可以发现王弼之后的性情论虽然还保持着妄动之情欲向虚静之本性复归的"性其情"模式，但在具体理论上仍有"情"的自然化、"性"的分层和"心"的再立三条线索的演进。这种变化也部分反映在南北朝时期经学家皇侃对"性其情"的解读里。

在第四章中，本书将会论述北宋初期的理学家们如何通过独特的诠释而完成玄学向理学的性情论转向。在这一过程中，一方面，理学家们表现出对以往思想资源的继承与深化，比如周敦颐、张载、二程在分别以"主静""太虚""未发之静"等概念延续了王弼对本性的规定同时，又吸纳了玄学后期"性"分层的理论，并根据"太极""气""才"等概念解释了人性的现实层面。再比如周敦颐、张载和二程提出的"复诚""尽性""定性"等实践工夫在符合王弼"性其情"路径逻辑的同时，也引入了"心"的概念作为统合性情的能动要素，使得性情修养的对象与次第更为完整。另一方面，北宋理学家又在性情论的构造之中表现出不同于玄学的问题意识，这个问题意识的核心，是如何在人的内在性中找到道德价值的终极依据，也就是如何把儒家历来看重的仁德安置在自玄学起普遍承认的虚静本性中。为了解决这一问题,周敦颐、张载、二程分别由不同的理路对形而上学的创建做出了尝试,最终也分别形成了被本书称为本原宇宙论、本体宇宙论和道德形而上学的不同样式。随着理学家们对天人关系与性理结构的进一步探索,宋代的性情论实现了自身的羽化,中国哲学亦随之进入了新的阶段。

结合以上内容,本书希望通过对"性其情"思想的研究,不仅能使我们从新的视角发现玄学与理学的哲学特色和逻辑关联,更能让我们为中国哲学的当代建构找到一个可以依托的新的范式。

第一章　“性其情”的思想渊源

第一节　商周时代“性”“情”概念的起源

在“性”与“情”获得具体的概念指涉之前的相当长的一段时间内，先民对于人的内在性的认识充满着未经省察的混沌感。最早用来表现人的内在性的概念是“德”，它的出现标志着在殷周之际出现了对人的本质的表达，尽管这种表达在最初并没有进入哲学的层面。“德”在金文中的字形是，它是甲骨文中代表“徝”或“值”的①字与代表“心”的字的组合，这两部分也构成了“德”含义的两个层次②。的核心含义来自，后者被训作“省”③或“直”④，代表氏族首领巡视或者征服的行为⑤。“省”可理解为“省方”，《周易·观》的《象辞》说：

---

① 罗振玉在《殷契考释》中认为即是“德”字，郭沫若提出反对意见，认为此只是从彳从直，无“德”的含义在。参见郭沫若：《金文丛考·周彝中之传统思想考》，人民出版社1954年版，第33页。

② 偶尔，“德”也会依据中的“彳”而被理解为“上升”，如《说文》里说：“德，升也。”《周易·剥》里说：“君子德车”等。本文认为“上升”的含义包含在氏族首领巡视或者征服的行为中，故不单独列举。

③ 姜昆武认为把“德”理解成省心“可使得造字意义与使用意义得以统一。”见姜昆武：《诗书成词考释》，齐鲁书社1989年版，第178页。

④ 刘翔列举了汉代许慎、清代孙诒让和民国林义光的考证和郭沫若晚年的定论，并做了更加详尽的分析，认为：“德字最主要的构型，一是从心从徝，一是从心从直，后者是前者的讹变，实为同字异构。”见刘翔：《中国传统价值观诠释学》，生活·读书·新知三联书店1996年版，第90—92页。

⑤ 李泽厚对于“德”的解释便偏重的含义，他认为“‘德’似乎首先是一套行为，但不是一般的行为，主要是以氏族部落首领为表率的祭祀、出征等重大政治行为”。见李泽厚：《新版中国古代思想史论》，第73页。

风行地上,观;先王以省方,观民设教。①

《周易·复》的《象辞》说:

先王以至日闭关,商旅不行,后不省方。②

这里面的"省方"就是《尚书·舜典》中所说的巡守之礼③:

五载一巡守,群后四朝。敷奏以言,明试以功,车服以庸。④

"直"在某些情况下可以被理解为和"省"相似的含义,比如《周易·坤》的六二爻说:"直方,大,不习无不利"⑤,这里的"直方"似乎就是"省方"⑥。而在另一些情况下,"直"可被理解为比"巡视"更加激进的"征服",因为甲骨文中"直"与"挞"相通,"直"很可能代表战争过后被砍下而悬挂起来的头颅。⑦

仲的这些含义均指向氏族首领的统治行为⑧以及在这种行为之下族群的运作方式,但这个含义尚不能成为"德"字意义的核心,使"德"真正开始关涉人的内在性的是ꝏ的含义。作为输血器官的ꝏ,它在甲骨文中的出现表达了先人对于生命本身的探寻,当这种探寻发生在氏族共同体中,对个体生物特征的关注就扩大到对族群的血缘特征的关注⑨,这个过程体现在字形的变化中,就

---

① 黄寿祺、张善文撰:《周易译注》,上海古籍出版社 2004 年版,第 161 页。以下引用只标注作者书名页码。

② 黄寿祺、张善文撰:《周易译注》,第 191 页。

③ 此观点见王襄《簠考·游田》,收录于于省吾编:《甲骨文字诂林》第三册,中华书局 1996 年版,第 2251 页。

④ 李民、王健撰:《尚书译注》,上海古籍出版社 2004 年版,第 14 页。以下引用只标注作者书名页码。

⑤ 黄寿祺、张善文撰:《周易译注》,第 26 页。

⑥ 此观点见闻一多:《古典新义·周易义证类纂》,《闻一多全集》第二册,生活·读书·新知三联书店 1982 年版,第 41 页。

⑦ 这种理解可参见金春峰:《"德"的历史考察》,《陕西师范大学学报》2007 年第 6 期。

⑧ 侯外庐说:"德的原意是事物的属性,而在西周文献中是指奴隶主贵族所持有的权力以及由此反映出来的一种品性。"见侯外庐:《中国思想史纲》,上海世纪集团出版社 2008 年版,第 24 页。

⑨ 李宗侗从人类学的角度用图腾和马那来解释这种血缘特征的关注,他说:"图腾同马那实即同性",并认为这种性是"并非实质的,为同图腾的一切人及物所公有,而不为任何人何物所私……"见李宗侗:《中国古代社会新研》,开明书店 1949 年版,第 129 页。

是金文中**❸**与**ⓙ**的结合。

换句话说,"德"字的出现,代表着先民对能够成为首领统治下的族群共同体一员的那种性质的思考的完成,而这种源自血缘的天生性质,也成了"德"最根本的含义。《国语·晋语四》中司空季子对重耳的一段话生动地描述了"德"的这个含义:

> 黄帝以姬水成,炎帝以姜水成。成而异德,故黄帝为姬,炎帝为姜,二帝用师以相济也,异德之故也。异姓则异德,异德则异类。异类虽近,男女相及,以生民也。同姓则同德,同德则同心,同心则同志。同志虽远,男女不相及,畏黩敬也。①

在这里,黄帝和炎帝由于氏族血缘("姓")的不同而导致了个体天生性质("德")的不同,最终演变为社会集团的不同归属("类")。

"德"字在具有"源自血缘的天生性质"这一含义后,渐渐由**ⓙ**的部分而开始偏重氏族首领天生性质中的优越和权力②,于是"德"被越来越多地用以形容君王的内在性,这其中既有积极层面的"德",如《尚书·尧典》所说的"克明俊德,以亲九族"、《尚书·舜典》所说的"濬哲文明,温恭允塞,玄德升闻,乃命以位""柔远能迩,惇德允元,而难任人,蛮夷率服"③,又有消极层面的"德",如《尚书·仲虺之诰》所说的"夏昏德,民坠涂炭,天乃锡王勇智,表正万邦,缵禹旧服"和《尚书·咸有一德》所说的"夏王弗克庸德,慢神虐民"等④。

由于君主的统治关涉到臣民的生活水平,君主身上的内在性就包含了向善的应然性,尽管现实中的君主不乏"昏德"与"庸德",但理想中君主的"德"

---

① 邬国义、胡果文、李晓路撰:《国语译注》,上海古籍出版社 2017 年版,第 307—308 页。以下引用只标注作者书名页码。

② 陈来便认为"早期文献中肯定的德及具体德目,大都体现于政治领域,或者说早期的'德'大都与'政治道德'(political virtual)有关"。见陈来:《古代宗教与伦理——儒家思想的根源》,生活·读书·新知三联书店 1996 年版,第 296 页。

③ 李民、王健撰:《尚书译注》,第 1、12、18 页。

④ 李民、王健撰:《尚书译注》,第 110、138 页。

只能是"俊德"与"惇德",这种品质同时也是社会共同体中的其他成员应该效仿的德性,这便使"德"的含义从人自然血缘的本质上升到了道德的品质①,而"德"所关涉的人的内在性,也完成了从事实到价值的转向。

在这样的转向中,"德"字那种基于自然的天生性质的含义被逐渐遮掩,"性"字的出现则使这个含义有了独立而清晰的表达。在"德"字已经出现的金文时代,并不见"性"字,只有代表"生长"含义的"生"字。在晚出的金文大篆中,"性"(쌀)字才被写成"生"字和"心"字结合,而后者也是"德"字字形中重要的组成部分🔮的变形体。在"性"字的构型中,"心"从生物性、物质性的层面,"生"从天生性、自然性的层面共同表达了"天生的性质"这个含义,后世哲人也大都从这个含义对"性"进行定义:比如告子说:"生之谓性"②,荀子说:"生之所以然者谓之性"③,董仲舒:"如其生之自然之资谓之性"④,刘向说"性,生而然者也"⑤等等。

和"德"字一样,在"性"字出现之后的很长时间内,它只是用以形容人情感、欲望、意志、精神、性格等内在性的总和⑥,并不具有绝对的善的价值。在某些情况下,"性"可被视作善的品质而加以发扬,如《国语·周语》所说的"先王之于民也,懋正其德而厚其性,阜其财求而利用其器用",《国语·晋语》所

---

① 在"德"之后的含义演变中,这种道德品质进一步被形而上学化,并用来描述一种获自于天的或者获自于终极本原的人的本性,这个本性是人是其所是的根据,也是道德文明的源头。《管子·心术》说的"德者道之舍,物得以生,生知得以职道之精。故德者,得也。得也者,其谓所得以然也",《礼记·乐记》说的"礼乐皆得,谓之有德。德者,得也"便是这种层面的含义。分别见黎翔凤撰、梁运华整理:《管子校注》,中华书局 2004 年版,第 770 页。杨天宇:《礼记译注》下册,上海古籍出版社 2004 年版,第 470 页。以下引用只标注作者书名页码。
② 杨伯峻:《孟子译注》,中华书局 2008 年版,第 196 页。以下引用只标注作者书名页码。
③ 方勇、李波译注:《荀子》,中华书局 2015 年版,第 357 页。以下引用只标注作者书名页码。
④ 张世亮、钟肇鹏、周桂钿:《春秋繁露》,中华书局 2012 年版,第 375 页。以下引用只标注作者书名页码。
⑤ 黄晖:《论衡校释》,中华书局 1990 年版,第 140 页。以下引用只标注作者书名页码。
⑥ 徐复观说:"由现在可以看到的有关性字最早的典籍加以归纳,性之原义,应指人生而即有之欲望、能力等而言,有如今日所说之本能。"见徐复观:《中国人性论史·先秦篇》,生活·读书·新知三联书店 2001 年版,第 6 页。以下引用只标注作者书名页码。

说的"懋穑劝分,省用足财,利器明德,以厚民性"①等。而在另一些情况下,"性"也可被视为恶的品质而加以控制,如《尚书·召诰》曰:"节性,惟日其迈。王敬作所,不可不敬德。"②

值得注意的是,无论是"厚性"还是"节性",都要围绕着"德"的修养而展开的,在"明德"或者"敬德"的过程中,"性"得到了正当的调节——这也说明了"性"与"德"在含义上的密切相关。证明"性"由"德"的含义孳乳而出的另外一个例子来自出土文献。在郭店楚简和上海博物馆藏战国楚竹书中,"性"被写作上"生"下"目"的"眚"(書/眚/眚),在睡虎地楚简中,"省"字也被写作上"生"下"目"的"眚"(眚)③,而"省"(眚)字也同样是构成"德"字的重要部分,这就说明在另外的书写方式中,"性"仍然与"德"字息息相关。

在"德"字中指代天生性质的含义分化出来成为"性"的本义之后,"性"的含义又一次分化,而有了"情"字。"情"字的出现晚于"德"与"性",在金文大篆中被写作从心从青的情。它左边的"心"和"性"字与"德"字中的"心"没有不同,代表一种自然的生物性。右边的"青"是本字,在金文中从生从日被写作青,不仅在字形上很像"性"的另一种书写形式"眚",在字义上也同"性"的本字"生"十分相近,因为"情"是指青草等植物生发的样子,而"生"是指青草从地下长出的过程,所以"情"和"性"一样,也代表着由于自然生长而获得的那种天生性质。

---

① 邬国义、胡果文、李晓路撰:《国语译注》,第1、324页。

② 李民、王健撰:《尚书译注》,第290页。汪中和王念孙把"厚性"的"性"训作"生",郭沂师并不认同这个观点,他举韦昭"性,情性也"的注释认为"此'性'字不必改读"。类似地,对于傅斯年把"节性"训作"节生",郭沂师也同样举《诗经》中《大雅·卷阿》的"性"的例子加以反驳,认为这里的"性"不是"生"。引自郭沂:《"节性"、"厚性"与"恒性":西周时期中国人性论之奠基》,未刊稿。而早在汉代的孔安国亦把"节性"解做"节制性情":"和比殷周之臣,时节其性,令不失中,则道化惟日其行",见李学勤主编:《十三经注疏·尚书正义》,北京大学出版社1999年版,第398页。

③ 关于"眚"的在出土文献中出现的详细介绍,可参见张杰:《先秦儒家性情思想研究》,武汉大学博士学位论文,第41—42页。

而"情"之所以从"性"的含义中发演出来,就是因为需要一个字去表达在这种由自然生长而具有的天生性质中更加外在的与表面的部分,这个部分就是情感。只是在早期"情生于性"的表达中,"情"字并没有出现,而是用具体的情感内容来代替表达。比如在《左传·昭公二十五年》所记载的子大叔和赵简子的谈话中,情("喜怒哀悲")被当作一种物质性的气,而气又被视作性的一部分:

> 则天之明,因地之性,生其六气,用其五行。气为五味,发为五色,章为五声。淫则昏乱,民失其性。……民有好、恶、喜、怒、哀、乐,生于六气,是故审则宜类,以制六志。哀有哭泣,乐有歌舞,喜有施舍,怒有战斗。喜生于好,怒生于恶。是故审行信令,祸福赏罚,以制死生。生,好物也,死,恶物也。好物,乐也;恶物,哀也。哀乐不失,乃能协于天地之性,是以长久。①

这里所说天"生其六气"的"六气"指自然的六种现象,《左传·昭公元年》中医和曾说:

> 天有六气,降生五味,发为五色,微为五声,淫生六疾。六气曰阴、阳、风、雨、晦、明也,分为四时,序为五节。②

而情感"生于六气"的"六气",指人在"则天"之后所形成的血气之性,属于"性"的范畴,把这种"性"称为"气"一是为了突出与天之气的对应,一是为了强调这种特性的质料性。③ 好恶喜怒哀乐生于六气,这是先人对于情生于性的初始表达,在这个表达中具体的情感还没有从性中独立分化出来。事实上"情生于性"作为一个正式的命题要在郭店楚简的《性自命出》中才被提出:

> 喜怒哀悲之气,性也。及其见于外,则物取之也。性自命出,命自天

---

① 杨伯峻:《春秋左传注》(四),中华书局1990年版,第1457—1459页。以下引用只标注作者书名页码。
② 杨伯峻:《春秋左传注》(四),中华书局1990年版,第1222页。
③ 郭沂师对这段材料有详细的分析,并第一次区分了天之六气与人之六气的不同,见郭沂:《元气与六情:子大叔的性情论》,《孔子研究》2021年第5期。

降。道始于情,情生于性。①

而真正用"情"字开始指代情感,则要等到在《荀子·正名》中才出现:

性之好恶喜怒哀乐谓之情。②

在那之前,"情"字一直被用来表达"情实"的含义,如《尚书·康诰》说:"天畏棐忱,民情大可见,小人难保"③,《左传·庄公十年》说:"小大之狱,虽不能察,必以情。"④这个含义在"情"开始指代情感之后也仍被沿用,比如《管子·明法解》说:"尺寸寻丈者,所以得长短之情也"⑤,《礼记·乐记》说:"礼乐之情同,故明王以相讼也。"⑥

在开始指代情感后,"情"成为与"性"相对的概念,"性情"也开始连用,比如《庄子·缮性》说的"然后民始惑乱,无以反其性情而复其初"⑦等。从这时起先人对于人天生性质的探讨也进入了新的阶段。从"德"到"性"、从"性"到"情",概念分化⑧的背后所反映的是对人的内在性认识的逐渐深入。先诸子时代"性"与"情"概念出现的同时,先人对于世界的本原、人存在的方式、生活的意义等诸多问题也有了进一步的思考,这些思考又作用于"性"与"情",使得二者在先秦诸子的不同解说中,获得了更丰富的内涵,这些内涵也

---

① 李零:《郭店楚简校读记》,人民大学出版社2007年版,第136页。以下引用只标作者注书名页码。
② 方勇、李波:《荀子》,第357页。
③ 李民、王健撰:《尚书译注》,第260页。
④ 杨伯峻:《春秋左传注》(一),第183页。
⑤ 黎翔凤撰、梁运华:《管子校注》,第1214页。
⑥ 杨天宇:《礼记译注》下册,第475页。
⑦ 方勇译注:《庄子》,中华书局2010年版,第52、204页。以下引用只标注作者书名页码。
⑧ 对于傅斯年在《性命古训辨证》中根据阮元的训诂方法而认为"性"字出于"生"字并把"生"字之本义当作"性"字之本义的主张,徐复观表达了反对的意见。徐复观通过举例分析来说明古代"性"字在很多情况下只能被解做"性",并表示傅斯年的错误在于"以语言学的观点解决思想史中之问题"。详细论述见徐复观:《中国人性论史·先秦篇》,第4—10页。本文亦同意徐氏观点。因为从文字学来看,"德""性""情"各有本字而来源不一,从概念的发展来看,则存在"德—性—情"的逻辑演变,文字训诂可以作为辅助材料证明这种概念的逻辑演变,但字形上的变化不能被直接视作与概念的变化一致。

为中国哲学的发展奠定了深厚的基础。

第二节 春秋战国时代"性""情"概念的发展

春秋战国时代百家争鸣，诸子在依据学门自身的旨趣展开论述的同时，又常常能够吸收不同的思想，学派内部的分化与学派之间的融合造成了思想上的激荡，"性"与"情"的概念也随之被赋予了更加复杂的内容。在这个过程中，儒家和道家对"性"与"情"做出的哲学形塑成了先秦时代重要的思想成就。

在《论语》中，"性"字凡见两次，除去子贡"夫子之言性与天道，不可得而闻也"的评价，孔子自己言性只有一处："性相近也，习相远也"[①]，但这句话却包含了一个重要的命题，即，人性在先天上具有一致性，而其差异性乃是由后天因素造成。在《易传》中，孔子进一步把这种观点发挥[②]，解释了"性相近"的原因在于人对天道的继承：

> 一阴一阳之谓道。继之者善也，成之者性也。仁者见之谓之仁，知者见之谓之知，百姓日用而不知，故君子之道鲜矣。[③]

① 分别见杨伯峻：《论语译注》，中华书局 2006 年版，第 52 页。以下引用只标注作者书名页码。

② 郭沂师曾经提出了"孔子易说"的主张，独具慧心地考证了孔子与《易传》的关系，为丰富孔子的研究资料做出了贡献，他的结论是："今本《易传》由四个部分构成。第一部分为孔子之前的《周易》文献，我称之为早期《易传》，包括《彖》《象》二传全部，《说卦》前三章之外的部分和《序卦》《杂卦》全部、《乾文言》的第一节。第二部分为孔门弟子所记孔子关于《周易》的言论，包括《系辞》的一部分，属《论语》类文献。第三部分为孔子的《易序》佚文，包括《系辞》的另一部分和《说卦》前三章。第四部分为孔子的另两篇佚文。一篇为《续乾文言》，包括《乾文言》的第二、三、四节；另一篇我名之为，《乾坤大义》，包括《乾文言》的第五六节和《坤文言》全部。后三部分全部为孔子易说。至于帛书《易传》，大致包括弟子所记孔子关于《周易》的言论和孔子《易序》佚文两部分，当然亦为孔子易说。"见郭沂：《从早期〈易传〉到孔子易说》，收入《国际易学研究》第 3 辑，华夏出版社 1997 年版，第 129—150 页。另外郭沂师还另撰文章，分别讨论历史上了"《易传》完全作于孔子""《易传》成书于战国以后""《易传》属于道家系统"三种观点的不当之处，见郭沂：《〈易传〉成书与性质若干观点平议》，《齐鲁学刊》1998 年第 1 期。

③ 黄寿祺、张善文撰：《周易译注》，第 503 页。

人禀受道的性质而成就自身的性质，天有道为阴阳，人有性为仁知，这种天与人的同质论的思维方式可以追溯到商代，如《尚书·盘庚上》记载："先王有服，恪谨天命。"①但是经过西周的原始宗教改革，天人关系逐渐脱离宗教意味而进入哲学的思考，在孔子晚年的易说中，这种天人关系完全被一套形而上学的结构表达出来：

> 昔者圣人之作《易》也，将以顺性命之理。是以立天之道，曰阴与阳；立地之道，曰柔与刚；立人之道，曰仁与义。②

在孔子看来，《易》的意义就在于阐释天命与人性的道理，这个道理被孔子诠释为天地人三者的对应关系，而这个对应之所以可能，就在于先验世界、现象世界和人内在世界都是围绕"道"而形成的。围绕道而产生的性的内容是仁与义，这说明孔子说讲的"性"是一种义理之性。在这种把人的内在性义理化的思路之下，孔子对于"情"的论述也大多是构建在与道德的关联中。

《论语》中"情"字凡见两次，一处是孔子论"民情"，另一处是曾子论"民情"③，《易传》的孔子易说中"情"也不做"情感"义出现，但《论语》中仍不乏孔子对"好""乐"等内容的讨论，如"已矣乎！吾未见好德如好色者也！"，"可也，未若贫而乐，富而好礼者也。"④但在这些描述中，情感似乎具有了道德价值上的取向，所以与其说"好"和"乐"是作为情感内容而出现，不如说它们是被义理化了的精神境界。

---

① 李民、王健撰：《尚书译注》，第 148 页。

② 黄寿祺、张善文撰：《周易译注》，第 571 页。

③ 孔子论"民情"见《论语·子路》："樊迟请学稼，子曰：'吾不如老农。'请学为圃，曰：'吾不如老圃。'樊迟出，子曰：'小人哉，樊须也！上好礼，则民莫敢不敬；上好义，则民莫敢不服；上好信，则民莫敢不用情。夫如是，则四方之民，襁负其子而至矣；焉用稼！'"曾子论"民情"见《论语·子张》："孟氏使阳肤为士师，问于曾子。曾子曰：'上失其道，民散久矣！如得其情，则哀矜而勿喜。'"杨伯峻：《论语译注》，第 151、229 页。

④ 杨伯峻：《论语译注》，第 185、10 页。

孔子这种关于性情的观点被子思及其后学所继承,在《中庸》①中,子思对"性"做了"天命之谓性,率性之谓道,修道之谓教"②的阐述,把孔子所说的天道与人性的对应塑造成一种"赋予—接受"的动态过程,并进一步把"诚"作为人根据天之所赋而彰显的真实无妄的状态:

> 诚者,天之道也;诚之者,人之道也。③

"诚者"与"诚之者"的划分似乎在暗示着后天人性上的差别,但是对于造成这种差别的原因,子思并没有提供哲学上的说明。在《中庸》中,子思还对"情"做了"喜怒哀乐之未发,谓之中;发而皆中节,谓之和。中也者,天下之大本也;和也者,天下之达道也。致中和,天地位焉,万物育焉"④的阐述。子思没有像孔子一样在道德境界上论"情",而是从具体情感不发动和发动的两种状态中寻找"情"的意义。在子思看来,对于"情"合乎中节的调节可以达到"天地位"和"万物育"的结果,这也使"情"具有了积极的价值,其立论之旨仍与孔子一致。

然而这种一致性被子思后学打破了,在《性自命出》中,子思的弟子⑤写道:

> 喜怒哀悲之气,性也。及其见于外,则物取之也。性自命出,命自

---

① 关于子思的著作,郭沂师认为有:"《天命》(今本《中庸》除以孔子语单独成章之外的部分)、《大学》、见于马王堆帛书和郭店楚简的《五行》、见于《淮南子·缪称训》的《累德》残卷",具体考证见郭沂:《〈中庸〉成书辨证》,《孔子研究》1995年第4期;郭沂:《子思书再探讨——兼论〈大学〉作于子思》,《中国哲学史》2003年第4期;郭沂:《〈淮南子·缪称训〉所见子思〈累德篇〉考》,《孔子研究》2003年第6期。李学勤亦认为《中庸》出于子思,但"《大学》确可能与曾子有关"见李学勤:《先秦儒家研究的重大发现》,《中国哲学》第二十辑,辽宁教育出版社1999年版,第13—17页。
② 杨天宇:《礼记译注》下册,第691页。
③ 杨天宇:《礼记译注》下册,第702页。
④ 杨天宇:《礼记译注》下册,第691页。
⑤ 郭沂师认为子思的弟子中有一个叫孟轲的人,和孟子同名,是郭店楚简《成之闻之》《性自命出》《尊德义》《六德》的作者。关于孟轲非孟子的考证可见郭沂:《孟子车非孟子说》,《中国哲学史》2002年第3期。

天降。①

子思的弟子仍然认同《中庸》中"天命之谓性"的天人框架,但以"气"来诠释"喜怒哀悲",则像上述子大叔的"六气说"一样,为"性"与"情"加入了质料性的内涵②,并特别强调在这种质料性的作用下"情"可以和经验世界的外物接触。这表明禀受于先验性天的性情并不只具有抽象的义理价值,人性之所以和天性不同,恰恰由于其具有血气的质料性。在这种血气情感中展开的人道,也和完满的天道不同,前者只有在把自身的开展彻底完成时才具有正当的可能性,所以《性自命出》又说:

　　道始于情,情生于性。始者近情,终者近义。③

子思和子思弟子关于性情论述的差异成了原始儒家性情论分化的源头,孟子继承了子思的观点以义理为内涵来塑造性之善,荀子继承了子思弟子的观点以血气为内涵来说明性在先天上的不足。孟子和荀子都认同天道与人性对应的框架,是故孟子说"知其性,则知天矣"④,荀子说:"性者,天之就也。"⑤

---

　　① 李零:《郭店楚简校读记》,第 136 页。

　　② A. C. Graham(葛瑞汉)认为汉代之前"情"都不具有"情感"的含义。参见:Angus Charles Graham, Appendix: *the meaning of ch'ing*, in *Studies in Chinese philosophy and philosophical literature*, New York: State University of New York Press, 1986, P59。Chad Hansen(查德·汉森)亦有类似观点,认为"情"字只表示一种实际性,参加:Chad Hansen, Qing in pre-buddhist Chinese thought, in Joel Marks and Roger T. Ames(ed.), *Emotions in Asian thought*, New York: State University of New York Press, 1995, P181。杜维明认为《郭店楚简》中"情"已经具有了"情感"含义,参见哈佛燕京学社编:《儒家与自由主义——和杜维明教授的对话》,生活·读书·新知三联书店 2001 年版,第 29 页。丁四新认为《性自命出》的"情"字与"情感"是体用关系,有响应性而无同一性。见丁四新:《论郭店楚简"情"的内涵》,《现代哲学》2003 年第 4 期。本文认为《性自命出》的"情"是一种质料性的情感,是"情实"和"情感"的中间形态:"君子美其情,贵其义,善其节,好其容,乐其道,悦其教,是以敬焉"这是偏情实,"凡至乐必悲,哭亦悲,皆至其情也",这是偏情感。李零:《郭店楚简校读记》,第 137 页。

　　③ 李零:《郭店楚简校读记》,第 136 页。汤一介中把《性自命出》"道生于情"的"道"解释成"人道",本文亦赞同。其与《语丛二》之"情生于性,礼生于情",《中庸》之"天命之谓性,率性之谓道"一样,都是天道赋予人性本质再根据人性本质建立人道这样的逻辑。见汤一介:《"道始于情"的哲学诠释——五论创建中国解释学问题》(《学术月刊》2001 年第 7 期)。

　　④ 杨伯峻:《孟子译注》,第 233 页。

　　⑤ 方勇、李波:《荀子》,第 369 页。

但孟子所言的"天"仍然是孔子和子思所说那种超验的运命之天①,它所赋予的人性自然具有义理价值。于是孟子反对告子"生之谓性"这种以"性"原始的含义来解读人性的方式,而主张赋予人性以道德的本质,所以"孟子道性善,言必称尧舜"②孔子和子思是把人性义理化,而孟子则更近一步直接以性为善,其根据是人生而具有四端:

> 恻隐之心人皆有之,羞恶之心人皆有之,恭敬之心人皆有之,是非之心人皆有之。恻隐之心,仁也;羞恶之心,义也;恭敬之心,礼也;是非之心,智也。仁义礼智非由外铄我也,我固有之也,弗思耳矣。③

"我固有之"说明四端是天生且必然地存在于人,任何固有的性质都属于"性",所以四端就是"性"。和孟子相比,荀子所说的"天"是没有善恶的自然之天④,它所对应的人性只具有自然性而不具有道德性,所以荀子恰恰是按照"性"的原始含义,把人性理解成"生之所以然者谓之性"。⑤ 荀子认为这样的"性"完全是以自然欲望为内涵,以它为行为的动机就会导致严重的负面结果:

> 今人之性,生而有好利焉,顺是,故争夺生而辞让亡焉;生而有疾恶焉,顺是,故残贼生而忠信亡焉;生而有耳目之欲,有好声色焉,顺是,故淫乱生而礼义文理亡焉。⑥

在这个意义上,荀子提出了和孟子完全相反的结论:

---

① 在《孟子·梁惠王下》中孟子曾引用《尚书·秦誓》中"天降下民,作之君,作之师,惟曰其助上帝,宠之四方,有罪无罪惟我在,天下曷敢有越厥志?"来说明圣王从上天接受使命保护人民。在同一篇中,孟子又把自己不遇鲁候归因于天命:"吾之不遇鲁侯,天也。"
② 杨伯峻:《孟子译注》,第84页。
③ 杨伯峻:《孟子译注》,第200页。
④ 在《荀子·天论》开篇,荀子就指出"天行有常,不为尧存,不为桀亡",从而分离了天的运行与人的命运。根据冯友兰的观点,荀子的天论很可能受到了老庄自然主义宇宙观的影响。见冯友兰:《中国哲学史》上册,第166页。
⑤ 方勇、李波:《荀子》,第357页。
⑥ 方勇、李波:《荀子》,第357页。

人之性恶,其善者伪也。①

荀子以性为恶的重要原因在于以情欲来理解人性,他把人性还原成情感,又用欲望来解说这种情感,在这种诠释路径下,"性""情""欲"三者是一体的:

情者,性之质也;欲者,情之应也。②

这就在某种程度上消弭了"性"与"情"的区别。荀子这种对性情的观点给了法家很大影响,韩非子说的"夫民之性,恶劳而乐佚"③,商鞅说的"民之性,饥而求食,劳而求佚,苦则索乐,辱则求荣,此民之情也"④都把人性的内涵规定为自然欲望。墨子虽然极力反对儒家的礼乐之奢,但在人性上似乎也采取了和荀子相似的立场:

古者王公大人,情欲得而恶失,欲安而恶危,故当攻战,而不可不非。⑤

但孟子以四端来理解人性,在他看来"性"和情欲是有本质不同的,这个不同就是"大体"和"小体"的区别:

体有贵贱,有大小。无以小害大,无以贱害贵。养其小者为小人,养其大者为大人。⑥

不过在对情感和欲望给人造成的负面影响上,孟子和荀子一样持批判的态度⑦,所以他说,"耳目之官不思,而蔽于物""生于忧患而死于安乐"⑧。孟

---

① 方勇、李波:《荀子》,第 375 页。

② 方勇、李波:《荀子》,第 369 页。

③ 高华平、王齐洲、张三夕译注:《韩非子》,中华书局 2010 年版,第 759 页。以下引用只标注作者书名页码。

④ 石磊译注:《商君书》,中华书局 2011 年版,第 59 页。

⑤ 方勇译注:《墨子》,中华书局 2015 年版,第 160 页。

⑥ 杨伯峻:《孟子译注》,第 207 页。

⑦ 公允地说,孟子对于情欲的批判程度不如荀子,在某些情况下孟子也像孔子和子思一样,认为情欲可以和道德相关,一些道德价值也可以作为情欲的对象。所以在《孟子·告子上》中他说:"生,亦我所欲也,义,亦我所欲也,二者不可得兼,舍生而取义者也","有天爵者,有人爵者。仁义忠信,乐善不倦,此天爵也。"杨伯峻:《孟子译注》,第 205、209 页。

⑧ 杨伯峻:《孟子译注》,第 208、231 页。

子和荀子论性之差异源自先秦儒家内部以义理诠"性"和以血气诠"性"的两
种进路,但他们对于情欲的谨慎和批判则显然不能从更早的儒家传统中找到
关联。战国时期所形成的那种对情欲否定的态度,很可能和道家的性情论有
密不可分的关系。①

先秦诸子中最早表达出欲望的忧虑并作出形而上的论述的人,是老子。
和儒家天人相应的论述框架相似,老子也构建了一个双层存有框架来表达先
验世界和经验世界的关系,只是老子认为比儒家所说的"天"更加纯粹的概念
是"道",后者为前者所取法。

《老子》中不见"性""情"二字,而以"德"和"欲"来讨论人的内在性,前者
代表得自于"道"的性质,后者代表人自身的欲望。老子把"德"与"道"连接,
使它获得了一种特别的属性而与作为世俗道德意义上的"德"区分开:

上德不德,是以有德;下德不失德,是以无德。②

"上德"的内涵是自然无为,这便与有为的欲望截然相反。老子没有说明
"欲"的来源,似乎在人的固有本性中天然地存在着"德"与"欲"的对立。老
子的解决办法是对欲望的缩减:

见素抱朴,少思寡欲,绝学无忧。③

值得注意的是,老子虽然提到了"常使民无知无欲""我无欲,而民自
朴"④,但"无欲"只是"寡欲"之后欲望不显现的状态,并非绝情去欲。郭店楚
简《老子》甲本里的"圣人欲不欲,不贵难得之货"⑤就说明当"不去欲求"作为

---

① 关于孟子的情论受到道家思想的影响这一点,郭沂师认为:"孟子不但接受了老子关于
情欲可以导致背离心之本然状态的看法,而且完全继承了老子关于反归心之本然状态的思维方
法。"见郭沂:《德欲之争——早期儒家人性论的核心问题与发展脉络》,《齐鲁学刊》2005 年第
2 期。

② 汤漳平、王朝华译注:《老子》,中华书局 2014 年版,第 142 页。以下引用只标注作者书
名页码。

③ 汤漳平、王朝华译注:《老子》,中华书局 2014 年版,第 73 页。

④ 汤漳平、王朝华译注:《老子》,中华书局 2014 年版,第 12、231 页。

⑤ 李零:《郭店楚简校读记》,第 6 页。

一种欲望本身时,这个欲望就脱离了原始的负面意义而进入圣人所具有的上德的层面。表面上"德"与"欲"是对立的,但通过"欲物"到"欲德"的转变,二者的差异是可以消除的。

老子不谈性情,而以"德"释"性"的目的是想把"道"的性质安置在人的本性之中,不把人与"道"看作截然二分的两个世界,这种思路进一步被庄子继承。由于庄子比老子更强调因任自然的境界体验①,在认同老子"道"概念的同时,庄子也强调"天",只是这个天和儒家的运命之天大相径庭,而代表一种不加矫饰的原始状态,也是人自在自存的存有状态。所以庄子淡化了老子思想中宇宙创生论的意味,使天和人在境界上可以处于同一层面:

　　　天与我并生,而万物与我为一。②

这样一来,人便不需在天之性之外树立人之性,所以在代表庄子本人思想的《庄子内篇》中,不见"性"字,仍以"德"述之③。而在《养生主篇》中,庄子又以"情"代替"性"字来说明不必为人的本质增加其他内涵的道理:

　　　是遁天倍情,忘其所受。④

因为人的本性就是天之自然,像儒家一样以仁义来规定人性则妨碍了人性回归本真,在这个意义上"倍情"就是"遁天"。在《大宗师篇》中,庄子借颜回之口描述了"忘仁义""忘礼乐"进而"离形去知,同于大通"⑤的"坐忘"方法,实际上就是从"遁天倍情"反向复归到自然本性的过程。

"倍情"的另一种表达是"益生",在《德充符篇》中庄子用"益生"来表达

---

　　① 陈德和认为:"庄子学说则是特就心灵境界的拓升开显以及精神理想的恢宏超越来定义老子的思想。"参见陈德和:《战国老学的两大主流——政治化老学与境界化老学》,《鹅湖学志》第 35 期,2005 年 12 月。

　　② 方勇译注:《庄子》,第 31 页。

　　③ 比如《德充符》篇中"'何谓德不形?'曰:'平者,水停之盛也。其可以为法也,内保之而外不荡也。德者,成和之修也。得不形者,物不能离也。'"所讲的"德"就是一种自然的性。方勇译注:《庄子》,第 86 页。

　　④ 方勇译注:《庄子》,第 49 页。

　　⑤ 方勇译注:《庄子》,第 119 页。

不恰当的情欲所造成的结果：

> 是非吾所谓情也。吾所谓无情者,言人之不以好恶内伤其身,常因自
> 然而不益生也。①

常被人误会②主张"人故无情"的庄子,实际上对"无情"做了清晰的界定,他像主张"可欲而不欲"的老子一样,并不否定人天生具有的情感和欲望③,只有当他们由于不正确地运用而导致对天性的戕害时,才应该被批判。

这种观点在庄子后学中仍然作为定论出现。在表现庄子后学思想的《外篇》和《杂篇》中,"性"与"情"字开始出现,不过经常被放在一起连用。这是因为在庄子以自然之真朴为人性的主张下,性情其实没有什么分别,两者指向的都是人纯粹的本质。一旦分别性情,这种纯粹本质就受到影响,所以《马蹄篇》提出了"性情不离"④的主张。这说明庄子后学仍然没有认为情感需要彻底被除去,而是主张不用过多的行为干涉性情的自然状态。《缮性篇》中说:

> 文灭质,博溺心,然后民始惑乱,无以反其性情而复其初。⑤

庄子及其后学认为一种根植于人性本质的情感本不涉善恶,唯有"纵情""任情"才会致恶。

实际上先秦道家论"情",大体上都没有超出这个思路。作为稷下道家,宋钘主张"以情欲寡浅为内"⑥,管子认为"是以明君顺人心,安情性,而发于

---

① 方勇译注:《庄子》,第92页。
② 王葆玹只摘取《德充符篇》庄子论情的前半部分"人故无情乎? 庄子曰:然。"来说明"屏除情欲是先秦两汉道家的共同主张",却没有注意到庄子之后说的"是非吾所谓情也"表明惠施问的"无情"与庄子说的"无情"并非是一个情,也没有注意到庄子在这段对话中并没有否认惠施作为情感的"情"。见王葆玹:《正始玄学》,齐鲁书社1987年版,第379页。以下引用只标注书名页码。
③ 类似地,同样在《德充符篇》,庄子还说了"有人之形,无人之情。有人之形,故群于人。无人之情,故是非不得于身。"方勇译注:《庄子》,第90页。这里的"情"也不是情感本身,按照陈鼓应的说法,是"世间人群纠葛于主观的是非判断而产生的'负累'之情。"见陈鼓应:《庄子论情:无情、任情与安情》,《中国哲学史》2014年第4期。
④ 方勇译注:《庄子》,第143页。
⑤ 方勇译注:《庄子》,第253页。
⑥ 方勇译注:《庄子》,第576页。

众心之所聚"①,都不是否定"情"本身。稷下道家在思想上杂糅了其他学派的观点,它像儒家一样,主张用外在的礼乐来节制不正当的情感,这是在方法上与老庄不同,但同时它又认为节制情感的根本目的在于使其返归朴素的本性,这是在宗旨上与老庄相同:

> 凡民之生也,必以正平,所以失之者,必以喜乐哀怒。节怒莫若乐,节乐莫若礼,守礼莫若敬。外敬而内静者,必反其性。②

总体来看,在春秋及战国早期,先秦道家对待"情"的态度比先秦儒家消极,同样反对情欲的泛滥,儒家的价值标准在于"和",而道家的价值标准在于"寡",儒家的手段偏于发挥更高级的道德理性来调和情,而道家的手段偏于直就"情"本身做消减工夫。这种分别在战国中后期由荀子带来的儒学转向中被逐渐消弭,因为儒家在这时也越发意识到情感和欲望所产生的负面效果的危害之大。与战国时代形成的对"情"的共识不同,对"性"的论述在整个先秦时代一直都处于分裂的状态之中,对于人的本性的偏重道德、偏重血气、偏重自然等不同的解读不仅发生在学派之间,也发生在学派内部。这些纷繁错综的意见构成了汉代的思想史前提,也拉开了两汉性情论论述的序幕。

第三节　秦汉时代"性""情"概念的流变

秦代和汉初的性情论总体上来说是对先秦诸子思想的综合。在这一时期的思想中,性情的来源仍被设定在超验的"天"或"道"中,比如《吕氏春秋·荡兵》说"性者,所受于天也,非人之所能为也"③,《新书·道德说》说"性者,道

---

① 黎翔凤撰、梁运华:《管子校注》,第565页。
② 黎翔凤撰、梁运华:《管子校注》,第786页。
③ 陆玖译注:《吕氏春秋》上册,中华书局2011年版,第195页。以下引用只标注作者、书名、页码。

德造物。物有形,而道德之神专而为一气,明其润益厚矣"①,就都是在强调人
的性情具有不可选择的先天属性。也正因为如此,人无法根据主观意愿去改
变或者去除这种天生的性质:

欲与恶,所受于天也,人不得与焉,不可变,不可易。②

另一方面,战国中晚期所形成的那种认为情欲危险的态度也被继承下来。
《吕氏春秋·仲冬纪》说的"君子斋戒,处必弇,身欲宁,去声色,禁嗜欲,安形
性,事欲静,以待阴阳之所定"③和《新语·资质》说的"凡人莫不知善之为善,
恶之为恶;莫不知学问之有益于己,怠戏之无益于事也。然而为之者情欲放
溢,而人不能胜其志也"④等就表达了对于放纵情欲所带来的负面结果的担
心。所以像先秦一样,秦代和汉初也表达了一种调节性情的意见,在这些意见
中,既有儒家思想的身影:

所以能统物通变,治情性,显仁义也。⑤

又有道家思想的痕迹:

若此则能顺其天,意气得游乎寂寞之宇矣,形性得安乎自然之
所矣。⑥

然而这种对于旧时代思想的综合很快就被新理论的出现打破了。在先
秦,无论是儒家还是道家,都试图以"纵情"来说明恶的来源,但实际上"纵情"
本身也面临着何以可能的问题。究竟在人性深处,或者在天赋的禀赋中,有没
有一种恶的先验根源,使我们有了放纵情欲的可能性?如果存在恶的根源,它
与情又是什么关系?如何在先地防止恶的根源发挥作用?这些未被先秦诸子
回答的问题给汉代众贤对性情论的探索提供了空间。

---

① 方向东译注:《新书》,中华书局 2012 年版,第 269 页。
② 陆玖译注:《吕氏春秋》上册,第 134 页。
③ 陆玖译注:《吕氏春秋》上册,第 310 页。
④ 王利器:《新书校注》,中华书局 1986 年版,第 114 页。
⑤ 王利器:《新书校注》,中华书局 1986 年版,第 24 页。
⑥ 陆玖译注:《吕氏春秋》下册,第 576 页。

这个探索就是通过把"性情"的概念与"阴阳"的概念连接的方式,在天人关系的对应中内置善与恶的先天来源。这种以阴阳比附性情而论善恶的思维范式肇始于董仲舒,然而一个普遍的误解①是,董仲舒把"阳阴""善恶""性情"这三对概念——对应,得出"性善情恶"的结论,但实际上董仲舒对于性情的讨论却远比后世的解读复杂得多。在《春秋繁露》中董仲舒所论之"阴阳"有"气"与"类属"之分,前者用以说明价值的物质性来源:

> 阳气暖而阴气寒,阳气予而阴气夺,阳气仁而阴气戾,阳气宽而阴气急,阳气爱而阴气恶,阳气生而阴气杀。②

后者用来阐释世界的对待秩序:

> 在上下,在大小,在强弱,在贤不肖,在善恶,恶之属尽为阴,善之属尽为阳。③

在第一个层面,恶是阴气,在第二个层面,恶属于阴,但在不同的对待关系中,德也可以属于阴:

> 知殷之德,阳德也,故以子为姓;知周之德,阴德也,故以姬为姓。④

董仲舒以"阴阳"比附"性情",是说性情分属于"阳"和"阴",但不能认为性是阳气⑤而善⑥,情是阴气而恶。董仲舒特意强调,性并非就是

---

① 这种误解似乎从东汉王充在《论衡·本性篇》对董仲舒的评价中便开始了:"董仲舒览孙、孟之书,作情性之说曰:'天之大经,一阴一阳;人之大经,一情一性。性生于阳,情生于阴。阴气鄙,阳气仁。曰性善者,是见其阳也;谓恶者,是见其阴者也。'"黄晖:《论衡校释》,第139—140页。当代学界在论述董仲舒思想时也多愿引用王充之文来说明其"性阳情阴""性善情恶"的观点(尽管董仲舒本人并没有明确提出过),见王葆玹:《正始玄学》,第366页。
② 苏舆撰、钟哲点校:《春秋繁露》,中华书局1992年版,第327页。以下引用只标注作者书名页码。
③ 苏舆撰、钟哲点校:《春秋繁露》,中华书局1992年版,第326页。
④ 苏舆撰、钟哲点校:《春秋繁露》,中华书局1992年版,第213页。
⑤ 陈来在分析董仲舒的人性观时说:"不仅仁是天心、天意,仁也是人性,而人性来自天之阳气",见陈来:《汉代儒学对"仁"的理解及其贡献》,《船山学刊》2014年第3期。
⑥ 冯友兰认为,董仲舒所言之性有广义狭义之分,前者为人之自然之质,后者为与情相对之性。然而弔诡的是,冯氏在论述其所谓"广义之性"时皆引用董仲舒原文,而说明其所谓"狭义之性"时却只引用《说文解字》对"性情"的解释和王充对董仲舒的评价。见冯友兰:《中国哲学史》下册,第15页。冯氏对于董仲舒性情论的不当理解首先在于,董仲舒《深察名号》的意旨之

善①,因为"善"概念的标准是圣人之善②,"性"概念的标准是中人之性③,中人之性只具有胜于禽兽的善端而不具有圣人之善,故不可以"善"论"性"。性只是"生之自然之资",其中有贪有仁,情也是性的一部分④,并不在性之外。

然而经过纬书的穿凿和白虎观会议的落实,性情和阴阳有了物质性的生发关系,并因阴阳之气的性质而有了确定的善恶性质。比如《孝经援神契》说:

> 情者魂之使,性者魄之使。情生于阴以计念,性生于阳以理契。⑤

《白虎通·性情》说:

> 性情者,何谓也? 性者,阳之施;情者,阴之化也。人禀阴阳气而生,故内怀五性六情。情者,静也,性者,生也,此人所禀六气以生者也。故《钩命决》曰:"情生于阴,欲以时念也;性生于阳,以就理也。阳气者仁,阴气者贪,故情有利欲,性有仁也。"

一就是要通过"性"的名称来分析"性"概念的本质,而对本质的说明不会再有狭义广义之分:"今世间于性,言之者不同,胡不试反性之名? ……性之名不得离质,离质如毛,则非性已,不可不察也。"其次,冯氏认为"狭义之性"为善,但董仲舒明确说以"善"释"性"是不准确的,因为有善端并不是善,圣人之善才是善,而后者是需要被教化的:"或曰:'性有善端,心有善质,尚安非善?'应之曰:'非也。茧有丝,而茧非丝也;卵有雏,而卵非雏也。比类率然,有何疑焉。'"最后,冯氏认为"狭义之性"可以禁"情",但董仲舒明确说明禁情的是"心",而非兼有贪仁的"性":"柱众恶于内,弗使得发于外者,心也,故心之为名,柱也。人之受气苟无恶者,心何柱哉?"。以上引文见苏舆撰、钟哲点校:《春秋繁露》,第291—292、303、293页。

① 《春秋繁露·深察名号》里说"如其生之自然之资,谓之性。性者,质也,诘性之质于善之名,能中之与? 既不能中矣,而尚谓之质善,何哉?"苏舆撰、钟哲点校:《春秋繁录》,第291—292页。董仲舒在这里把"性"视作一种天生的性质,并认为把这种天生的性质赋予绝对的善的价值是一种不中肯的表现。

② 《春秋繁露·深察名号》:"循三纲五纪,通八端之理,忠信而博爱,敦厚而好礼,乃可谓善,此圣人之善也。"苏舆撰、钟哲点校:《春秋繁露》,第303—304页。

③ 《春秋繁露·深察名号》:"名性不以上,不以下,以其中名之。"苏舆撰、钟哲点校:《春秋繁露》,第300页。

④ 《春秋繁露·深察名号》:"天地之所生,谓之性情,性情相与为一瞑,情亦性也。"苏舆撰、钟哲点校:《春秋繁露》,第298页。

⑤ 安居香山、中村璋八:《纬书集成》中册,河北人民出版社1994年版,第963页。以下引用只标注作者书名页码。

这种观点在不久之后就被王充当作董仲舒的观点,并多为学者所引用,但王充本人所赞同的世硕等人的观点,其实正是董仲舒所说的性中有善有恶:

> 周人世硕,以为人性有善有恶,举人之善性,养而致之则善长;性恶,养而致之则恶长。如此,则性各有阴阳,善恶在所养焉。故世子作《养书》一篇。密子贱、漆雕开、公孙尼子之徒,亦论情性,与世子相出入,皆言性有善有恶。……唯世硕、公孙尼子之徒,颇得其正。①

而这种与董仲舒相近的思路,在王充之前也并不罕见:从荀悦《申鉴》的引述来看,刘向便主张"性情相应,性不独善,情不独恶"②,而荀悦本人也同意这种主张,认为"情与善恶偕",而人有行恶不行善者,只是因为"是善恶有多少也,非情也"。③ 在王充之后,这种性中善恶并存的观点也仍然存在,比如刘劭就认为人性中仁慈和贪悖两种天性,当其中一方胜过另一方时,就成为人主导性的品质:

> 是故不仁之质胜,则伎力为害器;贪悖之性胜,则强猛为祸梯。亦有善情救恶,不至为害;爱惠分笃,虽傲狎不离;助善者明,虽疾恶无害也;救济过厚,虽取人不贪也。是故,观其夺救,而明间杂之情,可得知也。④

可以说,以王充等人为代表的汉代后期的儒生们所努力的方向是避免如《白虎通》所主张的那种直接把善恶分属性情的机械论调⑤,这种立场和董仲

---

① 黄晖:《论衡校释》,第132—133、141—142页。
② 关于性情中兼有善恶这一点,刘向和董仲舒、王充等人相似,但是在性情的阴阳属性上,他却有着独特的论断:"性,生而然者也,在于身而不发。情,接于物而然者也,出形于外。形外则谓之阳,不发者则谓之阴。"黄晖:《论衡校释》,第140—141页。刘向以"发"和"不发"来作为判断阴阳的标准,这也说明"善恶"不是关联"阴阳"的唯一标准。
③ 以上相关引文见黄省曾注、孙启治校补:《申鉴注校补》,中华书局2012年版,第198、203、206页。
④ 梁满仓译注:《人物志》,中华书局2014年版,第124—125页。以下引用只标注作者书名页码。
⑤ 在这样的努力之下,以王充为代表的"性有善恶"说实际是对传统性情论的综合,他在《论衡·本性》中说:"余固以孟轲言人性善者,中人以上者也;孙卿言人性恶者,中人以下者也;扬雄言人性善恶混者,中人也。"黄晖:《论衡校释》,第142—143页。

舒当初把"阴阳"的概念引入性情的考量也并不矛盾。"阴阳"只是在说明"恶"的先天来源,但这不意味着属于"阴"的"情"就是恶。事实上为大多数汉代思想家都认为善恶共存于"性"中,而通过对外显的"情"的把握,就可以发挥和控制本性中的善恶。具体来说,就是把性情中合理的部分外化成礼乐教化,再用这种教化反过来约束性情中不合理的成分,在这个过程中制作礼乐的只能是圣人。《吕氏春秋》里便有"天生人而使有贪有欲,欲有情,情有节。圣人修节以止欲,故不过行其情也"①的说法,这种圣人因情制作礼乐的主张也成为汉代士人论述如何修养性情最具代表性的观点。

比如董仲舒在《春秋繁露》里说:"故圣人之制民,使之有欲,不得过节"②,韩婴在《韩诗外传》中说:"礼者则天地之体,因人之情而为之节文者也。"③刘向在《说苑》中讲道:"乐者,圣人之所乐也,而可以善民心,其感人深,其移风易俗,故先王着其教焉。"④《礼记》里说:"何谓人情?喜怒哀惧爱恶欲,七者,弗学而能。……故圣人所以治人七情,修十义,讲信修睦,尚辞让,去争夺,舍礼何以治之?"⑤王充在《论衡》里说:"情性者,人治之本,礼乐所由生也。故原情性之极,礼为之防,乐为之节。性有卑谦辞让,故制礼以适其宜;情有好恶喜怒哀乐,故作乐以通其敬。"⑥王符在《潜夫论》里说:"先王因人情喜怒之所不能已者,则为之立礼制而崇德让。"⑦王肃在《孔子家语》中说:"以明王之功,不因其情,则民严而不迎。"⑧这些论述都在表明,一方面"情"作为节制的对象需要圣人施以礼乐控制,但另一方面圣人的教化又源自人情,故人

---

① 陆玖译注:《吕氏春秋》上册,第45页。
② 苏舆撰、钟哲点校:《春秋繁露》,第174页。
③ 许维遹注释:《韩诗外传集释》,中华书局1980年版,第178—179页。
④ 向宗鲁:《说苑校正》,中华书局1987年版,第502页。
⑤ 杨天宇:《礼记译注》上册,第275页。
⑥ 黄晖:《论衡校释》,第132页。
⑦ 马世年译注:《潜夫论》,中华书局2018年版,第262页。
⑧ 王国轩、王秀梅译注:《孔子家语》,中华书局2011年版,第266页。以下引用只标注作者书名页码。

之情感可节制而不可灭除。

汉代道家对于"情"的态度则正好与之相反。在汉初的道家著作中,受儒家、法家影响而对于仁义礼乐的教化的保留态度还可以见到。《文子·道德》①里说:"故德者民之所贵也,仁者民之所怀也,义者民之所畏也,礼者民之所敬也,此四者,文之顺也,圣人之所以御万物也"②,《淮南子·泰族训》里说:"民有好色之性,故有大婚之礼;有饮食之性,故有大飨之谊;有喜乐之性,故有钟鼓管弦之音;有悲哀之性,故有衰绖哭踊之节。故先王之制法也,因民之所好而为之节文者也"③,就都是在讲仁义礼乐对于社会秩序的重要性。

但是汉代道家并没有像董仲舒、王充等人一样由对社会治理的重视转入对情感的需要,在对待情欲的态度上,汉代道家比先秦道家更为激进,提出了彻底去除情欲的主张。这个主张在热衷社会政治的汉初黄老道家的文献中还呈现出模糊的面貌。一方面,汉初黄老道家把情欲当作人的超越性本质的对立面,如《文子·符言》中说"邪与正相伤,欲与性相害,不可两立,一起一废,故圣人捐欲而从性"④,《淮南子·原道训》中说:"夫喜怒者,道之邪也;忧悲者,德之失也;好憎者,心之过也;嗜欲者,性之累也。"⑤在这些表述中,情欲对人纯真本性有着根本的妨害作用,对情欲的去除就成为必然的结论。但是在另一方面,汉初黄老道家又暧昧地保留了儒家那种对于节制性情的希望,这似

---

① 关于《文子》的成书时间与其和《淮南子》的关系,学界一直有争论。1973年河北定县八角廊汉墓出土了《文子》,说明《文子》成书下限迟于汉初,但同时今本《文子》中又有大量语句与《淮南子》的内容重复,二者又存在是否存在抄袭的问题。李定生认为《文子》成书于先秦,早于《淮南子》。见李定生等脚注:《文子要诠》,复旦大学出版社1988年版,第11页。熊铁基认为《文子》成书于战国末年或者是秦末汉初,早于《淮南子》。见熊铁基:《秦汉新道家略论稿》,人民出版社1984年版,第55页。由于没有进一步资料证明《文子》成书之确切时间,本文以其下限时间,即汉代作为讨论范围。

② 王利器:《文子疏义》,中华书局2000年版,第225页。以下引用只标注作者书名页码。

③ 陈广忠译注:《淮南子》下册,中华书局2011年版,第1180页。以下引用只标注作者书名页码。

④ 王利器:《文子疏义》,第193—194页。

⑤ 陈广忠译注:《淮南子》上册,中华书局2011年版,第35—36页。以下引用只标注作者书名页码。

乎也使得去除情欲的决心大打折扣：

> 原天命即不惑祸福,治心术即不妄喜怒,理好憎即不贪无用,适情性
> 即欲不过节。①

但这种矛盾很快就在汉代的其他道家文献中消失,汉代道家的性情论也随之变成了彻底的绝情去欲论。这种绝情去欲论在汉代的三家老子注中表达得最为明显,比如河上公在《老子注》中说"除情去欲,一自归之也""涣者解散,释者消亡,除情去欲,日以空虚"。② 严遵在《老子旨归》中说:"涂民耳目,饰民神明。绝民之欲,以益民性。灭民之乐,以延民命。捐民服色,使民无营。塞民心意,使得安宁"③,张道陵在《老子想尔注》中说"情欲思虑,怒熹恶事;道不所欲,心欲规之,便即制止解散,令如冰见日散汋。"④

汉代的道家思想之所以之后发展成对情欲的绝对排斥,是因为"性"的内涵产生了细微的变化。先秦道家以"自然"来诠释人的天生性质,这在汉代的文献中仍然存在,比如河上公《老子注》说"教人反本实者,欲以辅助万物自然之性也"⑤,《老子旨归》说"性命同于自然,情意体于神明"⑥等。

但是汉代的道家给这种自然之性一个更细致的规定,就是"静"。"静"作为一种精神境界虽然早在《老子》和《庄子》中出现过⑦,但汉代之后"静"越发地开始指向人的内在性,换句话说,"静"所形容的已经不是一种修养层次,而

---

① 王利器:《文子疏义》,第 183 页。

② 王卡点校:《老子道德经河上公章句》,中华书局 1993 年版,第 54、58 页。以下引用只标注作者书名页码。

③ 严遵著、王德有点校:《老子指归》,中华书局 1994 年版,第 15 页。以下引用只标注作者书名页码。

④ 饶宗颐:《老子想尔注校正》,上海古籍出版社 1991 年版,第 18 页。

⑤ 王卡点校:《老子道德经河上公章句》,第 251 页。

⑥ 严遵著、王德有点校:《老子指归》,第 4 页。

⑦ 《老子》的十六章说"致虚极,守静笃","归根曰静,静曰复命",二十六章说"重为轻根,静为躁君"等。汤漳平、王朝华译注:《老子》,第 61、101 页。《庄子》内篇虽然没有出现"静"字,但是在表达庄子后学的外杂篇中,"静"字多次出现,比如《在宥》中说:"无视无听,抱神以静,形将自正。必静必清,无劳女形,无摇女精,乃可以长生。"《天道篇》说"夫虚静恬淡、寂漠无为者,天地之平而道德之至也,故帝王圣人休焉"等。方勇译注:《庄子》,第 166、206 页。

是人本质中的固有属性,所以河上公的《老子注》说"人精神好安静,驰骋呼吸精神散亡故发狂也","言安静者是为复还性命使不死也"①。不仅如此,在汉代"静"也开始直接作为"性"的谓词,比如《文子·道原》说:"人生而静,天之性也;感物而动,性之害也。"②

这样一来,感物而动的"情"自然就成为"性"的对立面③,这种以动静论性情而产生的对立也成为汉代道家对"情"具有更加激进态度的根本原因。这些观点也在某种程度上影响了之后道教理论的发展。比如《太平经·钞甲部》里出现的对神人"去情"的描述:

> 长生大主号太平真正太一妙气……行年二七,而有金姿玉颜,弃俗离情,拥化救世,精感太素,受教三元,习以三洞,业以九方。④

对这种无情无欲的超越性人格的想象,不仅在两汉的道家和道教文献中得以寻见,在同样作为新兴信仰的佛教中也可以找到。⑤ 而后者关于性情的

---

① 王卡点校:《老子道德经河上公章句》,第 45、63 页。

② 王利器:《文子疏义》,第 25 页。

③ 在汉代也可以找到儒家对"性静情动"的论述,其中最典型的就是《礼记·乐记》中"人生而静,天之性也;感于物而动,性之欲也。物至知知,然后好恶形焉。好恶无节于内,知秀于外,不能反躬,天理灭矣"的说法。杨天宇:《礼记译注》下册,第 471 页。但值得注意的是,《乐记》的写作目的是论述乐教对于社会秩序的作用,而乐教发生作用的前提是人性中具有"感物而动"的能力,所以《乐记》中的"情动"并不作为"性静"的对立面出现,而是作为"性静"的功能出现,只是由于"情动"会有负面影响,"情"也同时需要节制。另外在汉代的纬书中,也有"性静情动"的观点,比如《孝经援神契》中说:"性者,人之质,人所禀受产。情者,阴之数,内传着流,通于五藏。故性为本,情为末。性主安静,恬然守常,情则主动,触境而变。动静相交,故闲微密也。"安居香山、中村璋八:《纬书集成》,第 963 页。但也不同于道家动静对立的看法,纬书把性情的动静看成相交轮换的整体。

④ 王明编:《太平经合校》,中华书局 1960 年版,第 2 页。

⑤ 另外在作为汉代新兴学术的谶纬中,圣人经常被描述成一种具备异能的形象。比如《孝经右契》神化了孔子的行为:"孔子衣绛单衣,向星而拜,告备于天,曰:'《孝经》四卷,《春秋》《河》《洛》凡八十一卷,谨已备。'天乃洪郁起,白雾摩地,赤虹自上下,化为黄玉,长三尺,上有刻文。"《孝经钩命决》异化了孔子的外貌:"仲尼斗唇,舌理七重,吐授陈机授度。"安居香山、中村璋八:《纬书集成》,第 1001、1011 页。纬书中的超越性人格的塑造比先秦更近了一步,似乎圣人之所以为圣人,就一定要具备与众人不同的品质。东汉的牟子在《理惑论》中就引用纬书中关于圣人异象的描写来证明佛陀的神通:"问曰:'云佛有三十二相八十种好,何其异于人之甚也? 殆富

独特论述也同样影响了两汉性情论的走向。《后汉书》的《襄楷传》便有襄楷据佛教义理劝谏桓帝的记载：

> 又闻宫中立黄老、浮屠之祠。此道清虚，贵尚无为，好生恶杀，省欲去奢。今陛下嗜欲不去，杀罚过理，既乖其道，岂获其祚哉！或言老子入夷狄为浮屠。浮屠不三宿桑下，不欲久生恩爱，精之至也。天神遗以好女，浮屠曰：'此但革囊盛血。'遂不眄之。其守一如此，乃能成道。今陛下淫女艳妇，极天下之丽，甘肥饮美，单天下之味，奈何欲如黄、老乎？①

在襄楷的论述中虽然未把佛教与黄老明确地区别开，但还是点出了佛教"不欲久生恩爱"的思想特点，从而要求桓帝据此来去除奢欲。袁宏在《后汉纪》中也说："沙门者，汉言息心，盖息意去欲而归于无为也。"②这也说明了佛教在传入中国之处虽以方术之面目进行传播，但其去情断欲的主张还是可以被人明确地认识到。这个主张在作为第一部被译出的佛经《四十二章经》③中表达得更为明确。《四十二章经》一开篇就描述了成道的释迦牟尼无情无欲的状态：

> 世尊成道已，作是思惟，离欲寂静，是最为胜，住大禅定。④

接下来又借佛陀之口提出了舍欲离情的要求：

> 人以爱欲交错，心中浊兴，故不见道。汝等沙门，当舍爱欲，爱欲垢

耳之语，非实之云也。'牟子曰：'谚云少所见多所怪。睹馲驼言马肿背，尧眉八彩，舜目重瞳，皋陶乌喙，文王四乳，禹耳参漏，周公背偻，伏羲龙鼻，仲尼反宇，老子日角月玄鼻有双柱，手把十文足蹈二五，此非异于人乎？佛之相好奚足疑哉！'"刘立夫、魏建中、胡勇译注：《弘明集》，中华书局 2011 年版，第 22 页。以下引用只标注作者书名页码。以下引用只标注作者书名页码。这些思路也为后来圣人与"无情"的结合提供了一种想象的可能性。关于这一问题，本书将在后文论述。

① 范晔：《后汉书》第四册，中华书局 1965 年版，第 1082—1083 页。以下引用只标注作者书名页码。

② 袁宏著、周天游校注：《后汉记校注》，天津古籍出版社 1987 年版，第 276 页。

③ 关于《四十二章经》被译出的时间，汤用彤认为"则后汉时以有此经，实无可疑。"见汤用彤：《汉魏两晋南北朝佛教史》，北京大学出版社 2011 年版，第 20 页。

④ 尚荣译注：《四十二章经》，中华书局 2010 年版，第 4 页。

尽,道可见矣,夫为道者,如牛负重,行深泥中,疲极不敢,左右顾视,出离淤泥,乃可苏息。沙门当观情欲,甚于淤泥,直心念道,可免苦矣。①

这种对于情欲的出离和舍弃是彻底的,《四十二章经》以断四肢为喻说明了佛教对于情欲的强烈反对:

爱欲断者,如四肢断,不复用之。②

这也说明在两汉的思想世界中,无论是道家、道教,还是佛教,都表现出对于情欲的批判意识,再加上一部分儒生所崇信的阴阳谶纬也把"情"视作贪欲,汉代对于"情"的否定达到了前所未有的程度,这种情况直到魏晋的尚情风潮出现才有所扭转。

从以上对于性情论的回顾中可以发现,商周时代出现的"性"字与"情"字在用来描述人的内在性的过程中,存在着含义上的孳乳。"情"从"性"的含义中脱离后,在春秋战国时代获得了情感的意义,也开始与"欲"形成关涉,并由于放纵情欲的危险性而成为一种值得谨慎对待的性质。儒家在承认情欲的负面效果的同时,也相信它可以经过控制而达到中和的状态,并且认为人情是圣人教化的根本来源,这种观点在汉代进一步发展,形成了因情制礼作乐的主张。与此相比,道家则从一开始便把情欲视作社会混乱和人性堕落的原因,并在春秋战国时提出了"寡欲"的主张,在秦汉时提出了更加激进的"断情去欲"的主张,而后者不仅成为道教的性格之一,也成为契合佛教义理的连接点。儒道二家对于"情"的不同立场实际上是源自他们对于人本性的不同解读。

在春秋战国时代,作为描述人天生本质的"性"开始有了多种诠释,孔子、子思和孟子以道德性为重,子思弟子和荀子以血气性为重,老子和庄子以自然性为重,对人的内在性的思考也在这一时期进入哲学的领域。到了秦汉时代,以董仲舒、刘向、荀悦、王充等为代表的儒生们把道德性和血气性统一,认为"性"是一个兼有善恶的概念,并开始用"阴阳"来描述人性中的终极根源,不

①　尚荣译注:《四十二章经》,中华书局 2010 年版,第 38 页。
②　尚荣译注:《四十二章经》,中华书局 2010 年版,第 8 页。

过这种思想的一部分经谶纬的转化形成了机械的性善情恶论。秦汉时代的道家则沿着老庄的思路继续把"自然"作为"性"的内涵,并且突出其"静"的属性,从而把人的本性表述成虚静无为的状态。

儒家内部和儒道之间的对于"性"的不同解读使得对于人的本性的理解始终处在一种分裂的状态中。究竟有没有一种根源上的本质可以完整地描述人性,这种本质又如何能统摄人性的诸多面向,这是中国哲学在经过先秦两汉的发展之后留下的重大问题。另外一个需要解答的问题是,人行为和思想中的善恶与性情究竟是什么关系,是否可以通过对性情的某种把握而达到对善恶的控制? 在对这些问题的回应中,玄学作为一种新的学术形式在魏晋时代出现了,玄学中的性情论一方面在阴阳、天、道等概念之外继续寻找人性中的形而上的先验来源,另一方面又试图通过构建人性中"性"与"情"的互动机制来解决去恶从善的问题。在这样的背景下,对中国哲学的发展具有奠基作用的"性其情"理论终于登上了历史的舞台。

第二章 "性其情"的哲学建构

第一节 "性其情"的提出

魏晋时代的哲学思想之所以重要,是因为一方面它在脱离了谶纬的框架后继续着汉代以来对于本土思想的综合工作,另一方面佛教的渐昌又使得中国哲学在经历了文明对话的深刻震荡后而形成了维持至今的三教格局。是故每一次对魏晋思想的重新定义都可能引起对整个中国哲学崭新的认识,这其中不仅涉及对魏晋玄学隐含着从汉学到宋学学术风气转变的原因的寻找,更涉及对中国哲学在经历民族融合后从中原文化走向东方文明的关键进程的厘清。

在对这些问题的解答中,王弼的思想成为一个无法回避的研究起点。作为一个时代的哲学的领头人,王弼以其高超的玄悟能力建造了一个上至存在论下至政治哲学的思想体系,在这个体系中,性情论作为核心部分不仅关涉王弼个人思想的脉络,更涉及玄学发展的逻辑,所以在这个意义上来说,王弼的性情哲学像是一把打开哲学史大门的钥匙,通过它,我们便能知道性情理论何以能在这一时期大放异彩。

作为"性其情"这一观点的提出者,王弼颇具传奇色彩地用短暂的生命完成了《周易》《论语》和《老子》三部书的注释。从这三部经典所代表的思想来看①,

_____

① 《周易》所代表的是中国思想的源头,《论语》和《老子》则分别代表了中国思想分化之后所产生的儒家思想与道家思想的源头。陈鼓应在"道家主干说"的立场之下"对《易传》各传主要内容,逐篇论证其主体思想属道家学派",并认为"破除了《周易》经传专属儒家经典的神话"。见

王弼对于学术显然具有一种整合汇通的抱负。当代学者很少注意到王弼对于这些经典的选择背后的意义,甚至仍试图从学派归属上定义他的思想①,这不仅误判了王弼的学术旨趣,也对于整个魏晋时代的思想特点把握不足。

如若仔细推查两汉至魏晋这一段的学术史发展便会发现,王弼打破经学框架而融合儒道的治学目标是一个并不意外的结果。经学自今古文之争便一直存在着自我革新的内在要求,今文经学与古文经学之间的矛盾由最初文本来源上的差异演变为学术立场的分化大概是以西汉末刘歆请立古文经《毛诗》《左传》《逸礼》于学官而遭到太常博士群起反对为起点。在之后几百年内的几次交锋中,今文经学与古文经学分庭抗礼的同时也暴露了各自的不足之处,如今文经学对古文经学的攻击便集中在其考据训诂等治学方法的烦琐上:

> 后世经传既已乖离,博学者又不思多闻阙疑之义,而务碎义逃难,便辞巧说,破坏形体;说五字之文,至于二三万言。后进弥以驰逐,故幼童而

陈鼓应:《道家易学建构》,商务印书馆 2010 年版,代序,第 2 页。尽管《周易》与道家有密不可分的关系,梁启超、李镜池、冯友兰也都谈过《易传》与老子思想的关联,陈鼓应的这种说法仍难成为定论。具体论述见王晓毅:《黄老"因循"哲学与王弼〈周易注〉》,《周易研究》2015 年第 6 期。

① 苏联学者 A.A.Petrov 认为"王弼是道家的代表者",见 A.A.Petrov:《王弼哲学世界观的基本问题》,顾桂箐译,《文史哲》1957 年第 9 期。葛兆光也认为:"荀粲、何晏、王弼都敏锐地看到儒家学说在'性与天道'这种终极性本原的推求上,有止步不前的犹豫,于是他们都挪用了这块跳板,使思路由儒转道。"见葛兆光:《中国思想史》第一卷,复旦大学出版社 2011 年版,第 324 页。以下引用只标注作者书名页码。不过在当代的王弼研究中,学者更倾向在注经方法上来说明王弼的学派特点。比如冯友兰认为:"王弼之《易》注,大开以道家之学注经之风气",见冯友兰:《中国哲学史》下册,第 63 页。劳思光认为:"王弼之解老,大体与老子本义接近,解《易》则属张冠李戴,强以老子观点说《易》,不唯与《易》卦、爻辞之本旨相去甚远,且与所谓《易传》之思想亦有相当距离。"见劳思光:《新编中国哲学史》第二卷,广西师范大学出版社 2005 年版,第 136 页。以下引用只标注作者书名页码。韩国学者李在权在讨论王弼哲学中对终极存在的语言表现时,把其归为道家的思想。见[韩]李在权:《王弼哲学中的终极存在的语言表现》,《儒学研究》第 34 辑,忠南大学儒学研究所,2016 年 1 月,第 411—445 页。王弼以道家思想解经的判断,并非是当代学界的创见,北宋二程便说:"王弼注《易》,元不见道,却以老庄之意解说而已。"程颢、程颐著、王孝鱼点校:《二程集》上册,第 8 页。这些论断都是部分地看到了王弼思想的面向,却没有进一步探讨其援道入儒或以老解《易》的目的是什么。

守一艺，白首而后能言；安其所习，毁所不见，终以自蔽。①

而古文经学对于今文经学的反驳则是落在了后者与谶纬之学的结合上，原因是从东汉光武帝刘秀大兴谶语到东汉章帝建初四年召开白虎观会议，晦诞荒谬的谶纬之学一度借今文经学之推波助澜而成为国家法典化的宗教神学，"士之赴趣时宜者，皆驰骋穿凿整谈之也"②，这种隐诡的学术风气是和原始儒家"未知生焉知死"的实用理性大相径庭的，所以为古文经学所不能容。

就是在这样的矛盾之中，经学面临着学术转型的要求，于是全新的学术精神出现了，那便是对于"通人"身份的追求。无论是扬雄对汉代经师"呱呱之子，各识其亲，饶饶之学，各习其师"③的批判，还是东汉中后期对于贾逵、马融、郑玄等这批被看作"通人"的思想家的推崇，抑或是桓谭"非图谶，无仙道，综核古今，俪偻失得"④的治学目标，士大夫在今古文争辩之中对于百科全书式的学术领袖能够出现，从而重新规定学术标准的热切盼望是显而易见的。这种盼望随着东汉末年中央政权的分崩离析而成为一种更加迫切的现实社会需要，满足这种社会需要的便是三国时期荆州学派的出现，它的出现也影响了包括王弼在内的魏晋时代思想家的学术风格。

荆州学派的主导者是当时的荆州州牧刘表，他赴任荆州之后最首要的任务就是平定各方宗贼⑤，因为原荆州刺史王叡为孙坚所杀之后，南部各郡宗族力量趁势起兵欲反。在这样的现实下，作为儒生的刘表认为儒家的仁义思想

---

① 班固：《汉书》卷三十《艺文志》，中华书局 1962 年版，第 1732 页。
② 范晔：《后汉书》第十册，第 2705 页。
③ 汪荣宝：《法言义疏》上册，中华书局 1987 年版，第 217 页。
④ 严可均辑：《全后汉文》上册，商务印书馆 1999 年版，第 1509 页。
⑤ 《后汉书》中《刘表传》记："初平元年，长沙太守孙坚杀荆州刺史王叡，诏书以表为荆州刺史。时江南宗贼大盛，又袁术阻兵屯鲁阳，表不能得至，乃单马入宜城。"李贤注："宗党共为贼。"范晔：《后汉书》第八册，第 2419、2420 页。

并不能直接地解决问题,而选择用权谋之术来建立稳定的社会秩序①,这也从侧面说明了儒学在当时和现实之间的断裂与疏离。

然而在刘表权谋之治下的荆州出现了短暂的和平,这种和平反倒客观上为学术的发展提供了良好的环境,只是与其说刘表在荆州所倡导的学术活动是对儒学本身的推崇的话,不如说刘表看重的是发展学术对于社会建构的积极意义,这其中最重要的便是对于知识分子的招纳与任用。② 换句话说,刘表对于学术发展的支持更多的是由于一种实用主义的考量,这种态度也表现在他所提倡的经学上,因为对于急需建立标准的荆州学术来说,两汉烦琐枯燥的治学方法显然不能在短时间内形成一套可被学习运用的教育内容,而简约归宗的治学理路才是易于被操作实施的学术方向,于是伴随着荆州官学的建立,刘表组织了以宋忠、綦毋闿为首的学术集改定两汉五经章句而作《五经章句后定》,这也成为荆州标志性的学术事件。收录在《全三国文》中的《刘镇南碑》记载了当时荆州官学删定五经的情况:

① 参见《三国志》卷六《刘表传》裴松之注引司马彪《战略》:"表初到,单马入宜城,而延中庐人蒯良、蒯越、襄阳人蔡瑁与谋。表曰:'宗贼甚盛,而众不附,袁术因之,祸将至矣!吾欲征兵,恐不集,其策安出?'良曰:'众不附者,仁不足也,附而不治者,义不足也;苟仁义之道行,百姓归之如水之趣下,何患所至之不从而问兴兵与策乎?'表顾问越,越曰:'治平者先仁义,治乱者先权谋。兵不在多,在得人也。袁术勇而无断,苏代、贝羽皆武人,不足虑。宗贼帅多贪暴,为下所患。越有所素养者,使示之以利,必以众来。君诛其无道,抚而用之。一州之人,有乐存之心,闻君盛德,必襁负而至矣。兵集众附,南据江陵,北守襄阳,荆州八郡可传檄而定。术等虽至,无能为也。'表曰:'子柔之言,雍季之论也。异度之计,臼犯之谋也。'遂使越遣人诱宗贼,至者五十五人,皆斩之。袭取其众,或即授部曲。唯江夏贼张虎、陈生拥众据襄阳,表乃使越与庞季单骑往说降之,江南遂悉平。"陈寿:《三国志》第一册,第211—212页。

② 荆州短暂的和平也使得包括各地知识分子在内的人民纷纷前来避难,对于刚稳定不久的荆州政权来说,如何妥善安置这些知识分子便成为需要处理的问题。刘表通过设立学校、倡导学术的方法不仅使笼络安稳了知识分子的人心,也使得学术向社会教化的过渡产生了可能性。必须指出的是,刘表对于前来投奔的知识分子的礼遇并不能说明他对学问尤其是对儒学的信仰,事实上一些不符合儒家道德标准的"奸猾宿贼"之人也仍然被他出于实用的考虑而有所任用。所以《后汉书》中《刘表传》曾记载:"表招诱有方,威怀兼洽,其奸猾宿贼更为效用,万里肃清,大小咸悦而服之。关西、兖、豫学士归者盖有千数,表安尉赈赡,皆得资全。遂起立学校,博求儒术,綦毋闿、宋忠等撰立《五经》章句,谓之《后定》。爱民养士,从容自保。"范晔:《后汉书》第八册,第2421页。

洪生巨儒,朝夕讲诲,闾闾如也。虽洙泗之间,学者所集,方之蔑如也。深愍末学,远本离质,乃令诸儒,改定五经章句,删划浮辞,芟除烦重。赞之者用力少,而探微知机者多。①

这场被余英时先生称为"经学简化运动"的思潮与玄学的产生和王弼的思想都颇有渊源,因为作为荆州学派发起者的刘表与王弼的家族有着十分密切的关系。刘表年轻时曾受学于同郡的王畅②,王畅之孙王粲和王粲的族兄王凯后来到荆州投奔刘表,刘表把女儿嫁给王凯,生子王业。王粲因外貌"体弱通悦"而未受到重用,在刘表死后劝说刘表之子刘琮归附曹操,是客观上结束荆州政权的重要人物。但后来王粲的两个儿子因牵涉到魏讽谋反案而坐罪被诛,便以王凯之子王业为继嗣,而王业生有二子,长子为王宏,次子便是王弼。

这说明王弼的家庭亲历了当时中国思想世界正在酝酿新的学术风潮,而从这样的新学风中成长起来的王弼也必然会受到荆州学派删繁就简的治学风气的影响。一个明显的例子是,作为荆州学术集团核心的宋忠对于《周易》和扬雄的《太玄》十分重视,并为之作注,但宋忠的注释并不看重象数和占卜的层面,而是注重根本义理的发挥③,这种明理求义的治学特点也处处体现在王弼的学问中。

---

① 严可均辑:《全三国文》下册,商务印书馆1999年版,第571页。以下引用只标注作者书名页码。

② 《三国志·刘表传》裴松之注引谢承《后汉书》曰:"表受学于同郡王畅。畅为南阳太守,行过乎俭。表时年十七,进谏曰:'奢不僭上,俭不逼下,盖中庸之道,是故蘧伯玉耻独为君子。府君若不师孔圣之明训,而慕夷齐之末操,无乃皎然自遗于世!'畅答曰:'以约失之者鲜矣。且以矫俗也。'"陈寿:《三国志》第一册,第211页。这场对话也说明似乎刘表在年少之时便有了一种以中庸之道来弥合道德原则和现实经验的实用主义倾向——对于他来说,节俭本身由于可能导致"自遗于世"的结果而并不具有价值,只有当节俭处于一种可以被他人效仿的,即,通行于社会的恰当程度时,才可被认作是有价值的。

③ 东吴陆绩在《述玄》中评价宋忠之《太玄注》时曾说:"夫玄之大意,揲蓍之谓,而仲子失其指归,休咎之占,靡所取定,虽得文间义说,大体乖矣。"见严可均辑:《全三国文》下册,第690页。

但值得注意的是,荆州学派对于王弼的影响也仅限于治学的方法,而并不具有家学或师法意义上的紧密性和直接性。学界通行的意见是把王弼的思想追溯到宋忠①,但是这种观点忽视了这样几个事实。

第一,荆州学派的研究对象是五经,其学问之师承也自然在五经范围之内,但王弼的研究对象除了《周易》之外,尚有《老子》和《论语》,后两者与荆州学人无关,且王弼本人的思想归旨在于《老子》而不在于《周易》,《王弼传》记载:"弼幼而察惠,年十余,好老氏,通辩能言"②,也可说明王弼的思想世界的始于先秦道家而非五经之学③。

第二,王弼与宋忠弟子王肃在治《周易》的内容上有相同之处,这确实说明作为王弼思想一部分的《周易注》受到了当时作为魏国官学的王肃的《周易注》的影响,但这个影响是解《易》的知识上的,而非思想与哲学上的。尤其是对于王弼从道家的哲学概念"无"出发融合儒家思想而构建的性情论来说,并不能在包括王肃在内的荆州学人的学问中找到原型。

第三,荆州官学并没有因为刘琮投靠曹操而与魏国知识分子建立独占性的连接——事实上恰恰相反,荆州的学问在魏蜀吴三国皆有传承:同是作为宋忠的授业弟子,王肃的经学被列为魏国官学,尹默的经学被列为蜀国官学,李仁和李譔父子也把宋忠之学传到蜀地,潘濬把宋忠之学传到吴国,而宋忠之

① 张惠言认为:"王弼注易,祖述肃说,特去其比附爻辰者。此推论若确,则由首称仲子,再传子雍,终有辅嗣,可谓一脉相传者也。"汤用彤据此认为:"故王弼之家学,上溯荆州,出于宋氏。"两人观点见汤用彤:《魏晋玄学论稿》,第71页。王葆玹认为:"王弼家族与宋忠家族长期患难与共,其密切程度远胜过王弼与王肃的关系,王弼对荆州学派的继承是直接的,而不是通过王肃。"见王葆玹:《正始玄学》,第21页。
② 楼宇烈:《王弼集校释》下册,第639页。
③ 与王弼相比,作为荆州学派继承者的王肃,则拥有一个更加"正统"的童年求学历程,《孔子家语序》中记载:"自肃成童,始志于学,而学郑氏学焉。"见王国轩、王秀梅译注:《孔子家语》,第1页。尽管王肃后来在荆州的求学经历使他出离了郑玄的经学系统,如皮锡瑞在《经学历史》中说:"郑学出而汉学衰,王肃出而郑学亦衰",见皮锡瑞:《经学历史》,中华书局2008年版,155页。但王肃的求学始终在儒家的经学系统范围内,这和王弼从小研读道家哲学便有着根本不同。

《太玄注》在东吴也颇有影响①。这种学术上的散播也许使得荆州官学广泛影响了那个时代的治学风气，但不能把三国之内的哲学思想都视作荆州官学的成果，王弼也不必然因为在荆州生活过的祖父就成为荆州思想的继承者。

这就是说，荆州学派确实通过并不漫长的努力使得汉魏之间的学术完成了从隐诡繁琐到归本纳原的风气的转变，从而为探幽寻远的玄学的出现谱下了前奏，但玄学本身的问题意识和概念谱系并没有在荆州时代出现，学术方法上的影响并不一定导致哲学思想上的关联，实际上哲学上的创见往往是通过对既有思想的批判完成的。对于为中国性情哲学的构创做出贡献的王弼来说，包括性情论在内的他的哲学观念也同样是一种对当时思想的超越。

王弼的思想之所以具有超越性，是因为东汉"通人"的要求是对今古文经学的精通，从而综合两派、饱注群经；荆州时代"后定"的要求是剥落反腐，但求经文大义——这些学术上的进步仍然止于儒家的经学系统内部，而只有到了王弼，才跳出藩篱，出入孔老，把经学方法的改良转化成思想上的哲学构建。不仅如此，出离经学传统的王弼对儒道思想并非是在做简单的调和，而是希望通过吸收两家的思想来创造新的哲学体系。如果像后世学人一样，仅从注释技艺入手来研究王弼的注释是否符合本文原意，那么王弼的哲学创造性就会被大大地忽视掉。

尽管不少哲学史的论著把王弼收录在册，但是对于王弼究竟如何以新的哲学理论影响了之后中国哲学的发展的研究却是凤毛麟角。也正是由于这个

---

① 陆绩在《述玄》中："顾圣人有所不知，匹夫误有所达，加缘先王询于刍荛之谊，故遂卒有所述，就以仲子解为本，其合于道者，因仍其说，其失者，因释而正之。所以不复为一解，欲令学者瞻览彼此。"严可均辑、马志伟审定：《全三国文》下册，第689页。但《太玄》终究没有像《周易》那般历久弥新，在完成了激发人们探究玄远的启蒙任务之后，似乎迅速地退出了历史舞台，北齐颜之推说："且太玄今竟何用乎？不啻覆酱瓿而已。"王利器：《颜氏家训集解》，中华书局1993年版，第260页。

原因,王弼超越注释文本而提出的“性其情”理论很少被论及①,尽管王弼的性情论正是理解他哲学创造和哲学贡献的关键。因为通过“性其情”这一命题的提出,王弼颇具创新地把儒道两家关于性情的论述融合成一个相对自洽的结构,凝练而精准地树立了一种哲学上的理想人格,为后代哲人思考人性提供了重要的理论范式。

关于王弼“性其情”的直接文本材料,主要有两段,一段是来自他《周易注》中关于《文言》“乾元者,始而亨者也。利贞者,性情也”的注释:

> 不为乾元,何能通物之始无? 不性其情,何能久行其正? 是故始而亨者,必乾元也。利而正者,必性情也。②

另一段来自他《论语释疑》中对《阳货篇》“子曰:‘性相近也,习相远也’”的注释:

> 不性其情,焉能久行其正,此是情之正也。若心好流荡失真,此是情之邪也。若以情近性,故云性其情。情近性者,何妨是有欲。若逐欲迁,故云远也;若欲而不迁,故曰近。但近性者正,而即性非正,虽即性非正,而能使之正。譬如近火者热,而即火非热;虽即火非热,而能使之热。能使之热者何? 气也,热也。能使之正者何? 仪也,静也。又知其有浓薄者。孔子曰:性相近也。若全同也,相近之辞不生;若全异也,相近之辞亦不得立。今云近者,有同有异,取其共是。无善无恶则同也,有浓有薄则异也,虽异而未相远,故曰近也。③

第一段话确为王弼之言,没有什么歧义,但是第二段话出自皇侃《论语义疏》中所引,究竟哪些是王弼所说,哪些是皇侃所说,则成为学界讨论的焦点

---

① 更有甚者,认为王弼哲学属于早期中国哲学,而“这里所谓‘早期中国哲学’,当指魏晋以前之哲学。这一时期之哲学,主要是关切‘存在’问题,而非‘心性’问题。”见冯达文:《王弼哲学的本体论特征》,《中山大学学报(社会科学版)》1999年第6期。

② 楼宇烈:《王弼集校释》上册,第217页。

③ 楼宇烈:《王弼集校释》下册,第631—632页。

所在。学者们通行的观点是认为"王弼曰"后面的全部内容都是王弼《论语释疑》中的内容①,但也有学者认为只有"不性其情,焉能久行其正"是王弼的话,之后属于皇侃对王弼的评论。原因之一在于王弼在《周易注》中并没有说过后面的话,原因之二在于"此是情之正"与前文"此皆据事而谈"句型一样,是皇侃本人对于引文的评论,原因之三在于王弼提出"性其情"后不可能自己解释自己说"故云性其情"②。

这些意见都是从文本比对、句型结构的方面入手,但是对于文章的所涉及的内容并没有做出分析。本书的第三章将会对皇侃关于"性其情"的解释做出详细讨论,并以此讨论来提供内容上的新论据,以证明为什么《论语释疑》中"不性其情,焉能久行其正"之后的话确实不是王弼之言,而是皇侃进一步的解说,兹不赘述。

从这样的结论来看,作为"性其情"的提出者,王弼对这个命题的直接论述是极为有限的,不过我们还是能从有限的文字中分析出这一命题的基本含义。既然"性其情"是作为《周易·文言》中"乾元者,始而亨者也。利贞者,性情也"这句话的解读文本而出现,对乾卦卦辞"元亨利贞"的考察就成了理解"性其情"的前提。在《易传》的《文言传》中,"元亨利贞"被用来指代君子的四种德性③,分别与"体仁""合礼""和义"以及"干事"相对应:

① 比如楼宇烈在《王弼集校释》中把整段话看作是王弼对"子曰:'性相近也,习相远也'"的注释,见楼宇烈:《王弼集校释》下册,第631—632页。林丽真也把这一段话作为王弼的思想而用来探讨其性情关系,见林丽真:《魏晋人论"情"的几种面向》,《"语文、性情、义理——中国文学的多层面探讨"国际学术会议论文集》,1996年4月,第629—650页。

② 原因之一来自王葆玹的观点,见王葆玹:《正始玄学》,第387页。原因之二、之三来自王晓毅的观点。见王晓毅:《王弼〈论语释疑〉研究》,《齐鲁学刊》1993年第5期。

③ 尽管具体条目的内容会有不同,用"四德"来解释"元亨利贞"几乎是古代学人注释《周易》的通行做法。1899年河南安阳殷墟卜辞被发现后,现当代学者从古文字学的角度对《周易》进行了深入的研究,对"元亨利贞"的含义也形成了新的认识。其中的代表意见来自高亨,他认为四字应从中间断句,"元亨"是"大享之祭","利贞"是"利于占问"。见高亨:《周易大传今注》,齐鲁书社1998年版,第42页。后来朱伯崑亦持相同意见,认为"元亨利贞"的本义是说"举行大享之祭的时候,筮遇此卦,是有利的占问。"见朱伯崑:《易学基础教程》,九州出版社2002年版,第194页。除了这种意见之外,也有其他学者从古文字学的角度给出了另外的说法,比如李镜池、

"元"者,善之长也;"亨"者,嘉之会也;"利"者,义之和也;"贞"者,事之干。君子体仁足以长人,嘉会足以合礼,利物足以和义,贞固足以干事。君子行此四德者,故曰:"乾、元、亨、利、贞。"①

除了《文言传》之外,唐代的孔颖达在《周易正义》中引用了《子夏传》关于"元亨利贞"的解释,据此可知在先秦时代"乾之四德"还有另一种解释:

元亨利贞者,是乾之四德也,《子夏传》云:"元,始也;亨,通也;利,和也;贞,正也。"言此卦之德有纯阳之性,自然能以阳气始生万物,而得原始亨通,能使物性和谐,各有其利,又能使物坚固贞正得终。此卦自然令物有此四种使得其所,故谓之四德。②

《子夏传》和《周易正义》把"四德"解释为"初始""通达""和合""固正",这显然比《文言传》所说的"君子四德"更为抽象,也更能蕴含相对丰富的意涵,因此成为后世《周易》注释者重要的参考意见③,对于王弼来说也同样如

周振甫、高尚榘等人认为"元亨利贞"是"大通顺,有利于占卜";夏含夷认为"元亨利贞"是"初步接受(original receipt)并利于占卜(beneficial to divine)"等。分别见李镜池:《周易通义》,中华书局1981年版,第1页;周振甫:《周易译注》,中华书局1991年版,第1页。高尚榘:《〈周易〉"元亨利贞"歧解辨正》,《齐鲁学刊》2006年第3期;夏含夷:《〈周易〉"元亨利贞"新解——兼论周代习贞习惯与〈周易〉卦爻辞的形成》,《周易研究》2010年第5期。

① 黄寿祺、张善文撰:《周易译注》,第9页。《文言传》中的这个说法亦可在《左传·襄公九年》的记载中得到佐证:"穆姜薨于东宫,始往而筮之,遇艮之八,史曰:'是谓艮之随,随其出也,君必速出。'姜曰:'亡,是于《周易》曰:"随,元亨利贞。无咎。"元,体之长也;亨,嘉之会也;利,义之和也;贞,事之干。体仁足以长人,嘉德足以合礼,利物足以和义,贞固足以干事。然故不可诬也。是以虽随无咎,今我妇人而与于乱,固在下位,而有不仁,不可谓元;不靖国家,不可谓亨;作而害身,不可谓利;弃位而姣,不可谓贞。有四德者,随而无咎,我皆无之,岂随也哉,我则取恶,能无咎乎,必死于此,弗得出矣。'"杨伯峻:《春秋左传注(三)》,第964—966页。这里是说穆姜刚到东宫时占卜得到艮卦,爻变为随之八三,太史根据随卦有出行之义而认为穆姜很快会出去。但穆姜却根据随卦"元亨利贞,无咎"的卦辞认为只有具备了君子四德的人才能没有灾祸,而自己因为没有这四德所以不能不招致灾祸,所以一定死在东宫无法出去。

② 王弼、韩康伯注、孔颖达等:《周易正义》,中国致公出版社2009年版,第9页。

③ 比如北宋程颐在《易经程氏传》中说:"元亨利贞谓之四德。元者万物之始,亨者万物之长,利者万物之遂,贞者万物之成。"程颢、程颐著、王孝鱼点校:《二程集》下册,第695页。南宋朱熹在《周易本义》里说:"元,大也;亨,通也;利,宜也;贞,正而固也。"朱熹撰、廖明春点校:《周易本义》,中华书局2009年版,第30页。这些意见基本都可以视作在《子夏传》的解释之上稍做

此。从王弼"不为乾元，何能通物之始无？不性其情，何能久行其正？是故始而亨者，必乾元也。利而正者，必性情也"这个解释中，我们可以看到他对"元亨利贞"的解释基本和《子夏传》是一致的。不过同时我们也能发现，王弼在这个解释之上还加入了自己独特的论述。

首先，王弼把"元"所代表的"初始"进一步解读为"始无"，这意味着他把《文言》《子夏传》中未言明的万物的初始状态明确规定为"无"。[①] 其次，王弼对《文言》中本用来指代"利""贞"的"性"和"情"做了关系上的新阐释，把"性"字动词化而创造了"性"对"情"产生作用的动态性情结构"性其情"。再次，王弼通过"久行其正"的说法把《子夏传》中所说的"贞"之固正特别地指代为人行为上的价值属性，为人的行动树立了一种价值导向。

在王弼这样的论述下，"始无"说的是存在问题，"久行其正"说的是实践问题，而连接这两者的是"性其情"所代表的性情问题。在《文言》中，"利贞者，性情也"这句话只是借"性情"二字来表达"利"与"贞"是乾卦的两种性质，并没有真正涉及对人性情结构的讨论，但在王弼的注释中，"性其情"则完全是针对性情论而产生的个人创见。所以，与其说王弼是在解说《文言》，不

改动而形成的。值得注意的是，也有一些《周易》的注释者把《文言传》中提到的"仁义礼智"四德保留下来，并结合《子夏传》的解释，另配以"春夏秋冬"这样的时间维度，以万物的生长顺序来解释"元亨利贞"。如南北朝时期的周弘正在《周易义疏》中说："元，始也，于时配春，言万物始生，得其元始之序。发育长养，亨通也，于时配夏，夏以通畅，合其嘉美之道。利者，义也，于时配秋，秋以成实，得其利物之宜。贞者，正也，于时配冬，冬以物之终，纳干正之道。"其文本可参考孙新梅、周弘正：《〈周易义疏〉辑校》，《吉林广播电视大学学报》2011年第3期。北宋邵雍在《皇极经世·观物外篇》说："元者，春也，仁也。春者，时之始；仁者，德之长。时则未盛，而德足以长人，故言德而不言时。亨者，夏也，礼也。夏者，时之盛；礼者，德之文。盛则必衰，而文不足以救之，故言时而不言德。利者，秋也，义也。秋者，时之成；义者，德之方。万物方成而获利，义者，不通于利，故言时而不言德也。贞者，冬也，智也。冬者，时之末；智者，德之衰。正则吉，不正则凶，故言德而不言时也。"邵雍著、郭彧整理：《邵雍集》，中华书局2010年版，第148页。以下引用只标注作者书名页码。

① 从"乾元者，始而亨者也"这句话看，《文言》在用四德之"仁"形容"元"之外，也同时承认了作为"善之长"的"元"在时间顺序上优先性。《子夏传》中对"元"的解读似乎也是源自于此。从这点看，《子夏传》对"元亨利贞"的注释和《文言》是相关的，这也是为什么后来周弘正、邵雍等人能把《文言》和《子夏传》的注释结合起来去说明乾卦四德。

如说他是借解说《文言》来提出自己的理论——至少在"性其情"出现的这句话中,我们看到了王弼的注释带有强烈的文本互文性(intertextuality),即,在对原始文本的阐释中树立新义与提出新问题,而后这些新义和新问题可以脱离文本而存在,甚至反过来影响原始文本。换句话说,王弼所提出的"性其情"已经越过了经典注文的范畴而成为个人思想的表达。

当然,这个表达也为我们留下了足够多的问题。仅从字面上看,"性其情"的含义似乎是化情为性,即,使情感本性化。但在缺少对"性"与"情"的定义下,我们无法得知为什么王弼认为把情感化为本性才具有积极价值,更无法了解通过怎样的方法和路径才能完成情感的本性化。不仅如此,被王弼规定为万物初始状态的"无"与人的性情结构有何种关联,人的性情结构又是如何保证"久行其正"的行为实践,也同样是有待回答的重要问题。对于这些问题的厘清,仅靠《周易注》中简短的两句注释是无法完成的,必须结合着王弼其他论著中的相关文本才能全面理解"性其情"背后的理论架构。

第二节　本性的状态:作为初始之无的虚静

从上文的分析中可以知道,在"性其情"这个命题中,"性"作为"情"归化的目标,显然是处于上位的哲学范畴。本性究竟具有怎样的意涵而得以具有价值上的优先性,这是理解王弼性情思想的重要问题,也是接下来将要讨论的内容。

在王弼现存的文本中,对"性"直接作出的诠释来自他对《老子》第二十九章"不可为也,不可执。为者败之,执者失之"的注释:

> 万物以自然为性,故可因而不可为也。可通而不可执也。物有常性,而造为之,故必败也。物有往来而执之,故必失矣。①

王弼在这里强调,由于万物的本性是"自然",对于它只可因循而不能强

---

① 楼宇烈:《王弼集校释》上册,第77页。

为,只可通由而不可拘执。"自然"这一概念的哲学表述是"是其所是的样子",这里的"是"并非泛指一切的存在方式,而是特指存在者在初始时的存在状态。这是由于"自"这个字本有"初始""始源"的含义①。在先秦典籍中,如《韩非子·心度》说的"故法者,王之本也;刑者,爱之自也"②,《中庸》说的"知远之近,知风之自,知微之显,可与入德矣"③等就都是使用了"自"的这种含义。这也构成了"自"在后来所生发的"自我"含义的核心指涉:在诞生的时候认识自我,以最初的存在方式定义自我。所以对于"自然"这一概念更精确的表述应该为"是其开始时所是的样子"。

这样一来,王弼以"自然"论"性"就把共时性的人性探究转化成历时性的人性溯源——所谓"万物以自然为性"实际是说,万物以其最初的存在样态决定和型塑了本性。在《老子指略》中,王弼讲"论太始之原以明自然之性,演幽冥之极以定惑罔之迷"④,这也是试图说明只有通过回溯时间上的原点,才能从根本上理解包括人在内的万物的本性。

万物的本性在时间的原点上究竟是何种样态呢?王弼在《老子注》中给出了明确的阐释。老子提倡在纷繁的现象世界复归万物的根本,在《老子》第十六章中,他说道:"夫物芸芸,各复归其根",王弼认为这里的"归根"就是一种时间上的回溯,于是他注释说:"各反其所始也"⑤,即,返回时间上初始的存

---

① "自"这个字的甲骨文是🄰,表示人的鼻子。东汉许慎《说文》中说"自,鼻也。"段玉裁注:"许谓自与鼻义同音同,而用自为鼻者绝少也。"古人认为鼻子是生物体在发育时最先生长的器官,如西汉扬雄在其《方言》一书中说:"鼻,始也。兽之初生谓之鼻,人之初生谓之首。梁益之间,谓鼻为初,或谓之祖。"这说明"自"最初的含义便与时间上"初始"的概念相关,而对自我的指涉是后来含义的演化。
② 高华平、王齐洲、张三夕译注:《韩非子》,第758页。
③ 杨天宇:《礼记译注》下册,第712页。
④ 楼宇烈:《王弼集校释》上册,第196页。
⑤ 楼宇烈:《王弼集校释》上册,第36页。老子虽然同样使用"自然"的概念,却没有"自然之性"的提法,即,没有把"自然"作为"性"的内涵。陈鼓应对老子"自然"的解释是:"'自然'并不是指具体存在的东西,而是形容'自己如此'的一种状态",并认为"'自然'常是对天地的运行状态而说的。"见陈鼓应:《老庄新论》,上海古籍出版社1992年版,第25—26页。在这里陈氏对

在状态。结合上述王弼对"性"的讨论来看,"归根"就是返回自然的本性中。而在对《老子》第十六章接下来的论述"归根曰静,是曰复命。复命曰常,知常曰明。不知常,妄作凶"的注释中,王弼又通过"归根"这一概念把"性"和"静"联系到了一起:①

> 归根则静,故曰静。静则复命,故曰复命也。复命则得性命之常,故曰常也。常之为物,不偏不彰,无瞰昧之状,温凉之象,故曰知常曰明也。唯此复乃能包通万物,无所不容,失此以往,则邪入乎分,则物离其分,故曰不知常,则妄作凶也。②

在这段注释里,王弼试图说明在回溯人的本性的过程中,"静"是作为结果出现的,也就是说,"性"在时间上的起点是一种虚静的状态,而一旦回归到这种状态,也就完成了生命的复归,这时候便进入了"常"的境界。和把老子的"自然"概念解读成"性"的内涵一样,王弼也把"静""常"与人性相连,提出了"性命之常"的说法。所谓"性命之常"就是人回归本性之后所达到的虚静

于"自然"的解释是从"自我"这一含义展开的,无论是否符合老子本义,可以确定的一点是,老子本人确实没有关于"自然"的在时间层面的论述。而王弼的创见就在于把"自然"和人的本性相连,并且明确地构建出这种本性的时间向度。

① 把"性"与"静"联系到一起,并非是王弼的首创,两汉时这种观念已经出现。比如作为道家文献的《文子·道原》和《淮南子·原道训》与作为儒家文献的《礼记·乐记》和《史记·乐书》就都提到了"人生而静,天之性也;感而后动,性之害也;物至而神应,知之动也;知与物接,而好憎生焉"的说法,只是个别文字上略有出入。这说明为先秦原始道家所重视的本性之虚静到了汉代已经成为一种流行的观念,同样为儒家知识分子所接受。如刘向也认为:"性,生而然者也,在于身而不发;情,接于物而然者也,出形于外。"见黄晖:《论衡校释》,第140页。然而到了东汉,这种观念在儒家内部被修正,作为具有经学法典性质的《白虎通·性情》说:"性情者,何谓也?性者,阳之施;情者,阴之化也。人禀阴阳气而生,故内怀五性六情。情者,静也,性者,生也,此人所禀六气以生者也。"陈立撰、吴则虞点校:《白虎通疏证》上册,中华书局1994年版,第381页。这种想法的依据是把作为存在状态的动静与作为存在方式的主动被动联系起来,认为被动的情感不能是运动的,而只能是静止的。到了玄学兴起之时,士人跳出经学樊笼,不以阴阳论性情,性静之观念再兴,这个过程中,王弼的性情论述起到引领的作用。虽然王弼并没有最早提出"性静",但他通过自己独特的论述重新使这个观念登上思想舞台,并成为之后哲学史展开的重要前提。

② 楼宇烈:《王弼集校释》上册,第36页。

的恒常性①——这里王弼仍然在用时间的维度去描述本性。本性之静之所以具有时间上的恒常性，是因为作为本性在起点上的存在状态的"静"不能再被继续追溯下去，在它之前不存在时间的概念，本性回溯到虚静之后，只能永恒地止于此种状态之中。在这种状态中，"性"由于没有后天的干涉，也就不存在任何的具体规定性，所以王弼认为处在这一阶段的万物不会彰显出任何的如暾昧温凉般的质料性内容。而正是由于没有具体质料性的规定，虚静之性也就不会陷入任何可能的缺陷中，反之，当人的本性一旦脱离了虚静的状态而开始获得一种具体的规定性，"性"就离开了自己应有的分限而产生了未知的危险。所以王弼也是顺着老子的思路，认为违背虚静之本性而妄作的结果是凶险的。

如果本性是存在之初的虚静，那么"性其情"就意味着让发动的情感欲望向初始状态的复归，只有尽可能地减少由"情"而起的妄作，尽可能地使"情"接近"性"的虚静状态，人才能保证不陷入凶险的境地而"久行其正"。在这种把人的本性回溯成虚静，又以此虚静来讨论"凶""正"的论述逻辑中，我们可以发现王弼构造了一个从"始然"到"本然"再到"应然"的人性论结构（见图1）：

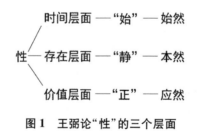

图1　王弼论"性"的三个层面

在这个结构中，"始"从时间的层面、"静"从存在的层面、"正"从价值的

---

① "常"与"恒"义相近，《老子》文本中"恒道"由避讳汉文帝之"恒"而作"常道"。具体论述可见徐梵澄：《老子臆解》，中华书局1988年版，第2页。

层面分别对人的本性做出了诠释,同时也因为这三个层面也互为彼此的条件,缺一不可。这个逻辑结构同时也说明,王弼虽然以时间之起点来论"性",但并非是真的要让人的本性退到时间上的过去,因为时间的单向度使得人性只能向前发展。只不过王弼向前发展的目标是复归初始,这个"复归"并不指代时间,而是指代存在层面的存在状态。也就是说要让"情"回到"性"的存在状态中。这也使得"性其情"这个动态性情结构的实质,是修养方法上的减损。换句话说,"性其情"的努力方向不是在人的性情结构之外树立某种客观实践准则,而是要减少性情结构中不当发作的成分而复归到其本有的初始状态中。

所以,这种本有的初始状态并非只存在于万物生成时的初始阶段。在对《老子》第十六章"万物并作,吾以观复"的注释中,王弼对此强调道:

> 动作生长,以虚静观其反复。凡有起于虚,动起于静,故万物虽并动作,卒复归于虚静,是物之极笃也。①

王弼在这里不仅认为虚静是事物变化之前的状态,更认为虚静也是事物变化之后终将成为的状态。这样一来,变化成为存在者暂时的存在状态,而虚静则成为存在者必然的状态,在应然性的论域所讨论的"正"也随之具有了必然性的意义。实际上正是由于这种必然性,虚静才能成为存在的根本状态,才能成为存在者出离本位后值得复归的价值。然而人不能因为虚静的必然性而放弃对它的追求——恰恰相反,虚静的必然性决定了人必须为它而追求。这是因为,按照王弼的论述,虚静的现实必然性体现在存在者的存在之初和存在之终,在存在之时,虚静的必然性是潜在的,需要人的实现才能转为现实(见图2):

以上的论述还原了王弼把本性规定为虚静的逻辑理路。虽然以"自然"论性在某种意义上是先秦两汉道家的定论,但在王弼的诠释中,自然具有了时间上的属性,他通过不断地探索万物在时间上的初始状态而确定了本性那种不含有任何具体内容的虚静。不过到目前为止,对王弼所论之"性"的考察工

---

① 楼宇烈:《王弼集校释》上册,第35—36页。

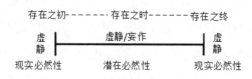

图2 "性其情"理论中"虚静"的必然性

作还远没有结束,因为从"性其情"的原始文本中,我们便可看到性情修养与"无"的关联已经出现:王弼在论述"性其情"时,把"何能通物之始无"与"何能久行其正"相对应,这就说明他认为情欲的归正与万物的初始之无相关。同样是对初始状态的描述,"无"与"虚静"究竟有何关联,这种关联中有体现着王弼对本性怎样的终极认识,这是接下来需要解决的问题。

作为道家思想的核心概念,"无"在王弼的哲学中也同样是十分重要的论述对象。在对《老子》纲领性的第一章①的注释中,王弼全面地表达出他对"无"概念的思考:

> 可道之道,可名之名,指事造形,非其常也。故不可道,不可名也。凡有皆始于无,故"未形""无名"之时则为万物之始,及其"有形""有名"之时,则长之育之,亭之毒之,为其母也。言道以无形无名始成万物,以始以成而不知其所以玄之又玄也。妙者,微之极也。万物始于微而后成,始于无而后生。故常无欲空虚,可以观其始物之妙。徼,归终也。凡有之为利,必以无为用。欲之所本,适道而后济。故常有欲,可以观其终物之徼也。两者,始与母也。同出者,同出于玄也。异名,所施不可同也。在首则谓之始,在终则谓之母。玄者,冥也,默然无有也。始母之所出也,不可得而名,故不可言,同名曰玄,而言谓之玄者,取于不可得而谓之然也。谓之然则不可以定乎一玄而已,则是名则失之远矣。故曰,玄之又玄也。众

① 《老子》第一章的原文是:"道可道,非常道。名可名,非常名。无名天地之始,有名万物之母。故常无欲,以观其妙;常有欲,以观其徼。此两者同出而异名,同谓之玄,玄之又玄,众妙之门。"见汤漳平、王朝华译注:《老子》,第2页。

妙皆从同而出,故曰众妙之门也。①

在这里王弼提出了一个重要的命题:有始于无。② 中国古代最早论述有无关系的是老子,在《老子》第四十章中,他说"天下万物生于有,有生于无",老子把经验世界杂多的具体存在视作"有",认为这种"有"由更高级的作为"有"的反面的"无"生成。③ 但倘若如老子所说,有无之间是生成与被生成的关系,对"无"的存在性的理解就成了问题:因为如果"无"是非存在,那么则需解答非存在如何能生成存在;如果"无"是存在,那么则需说明这种存在究竟在何种意义上能够摆脱存在本身的规定性而比"有"更加高级。从上述王弼的注释中可以发现,他对于"无"的创见在于从根本上扬弃了无与有的生成关系,用"有始于无"的思路把两者描绘成时间上的相续关系,这样一来,"无"便不是什么高级的超越性存在,而是"有"的初始阶段。

王弼认为,所谓"无"也就是"'未形''无名'之时",即,存在没有获得概念性也没有具有实体性④的阶段。换句话说,在这一阶段既不能对存在做出概念性

---

① 楼宇烈:《王弼集校释》上册,第1—2页。

② 王弼关于有始于无的论述,有如下几处:《老子注》第一章中的"凡有皆始于无","万物始于微而后成,始于无而后生";《老子注》第二十一章中的"言吾何以知万物之始于无哉,以此知之也"。另外和这一表述相似的论述尚有《老子注》第十六章中的"凡有起于虚,动起于静"和《周易注》的《文言注》:"不为'乾元',何能通物之始无"。分别见楼宇烈:《王弼集校释》上册,第1、53、36、217页。

③ 在《老子》第二章中,老子又谈到了"有无相生,难易相成,长短相形,高下相盈,音声相和,前后相随"。汤漳平、王朝华译注:《老子》,第8页。这里的"有无相生"看上去和"有生于无"似乎矛盾,实际上并非如此。"有生于无"中的"有无"是在存在论意义上强调具体存在和本原之间的关系,而"有无相生"中的"有无"和"难易""长短"一样,是在语言使用的意义上强调概念的成立要在相反概念的对照中完成。这就好像"母"与"子"的概念也是相生而成的,没有其中之一,另一个便不会成立,但这并不影响实际子生于母的关系。

④ 《周易·系辞》说"在天成象,在地成形",其中"象"是指抽象的含义模糊的征兆,而"形"则指具体的含义明确的实体。这种实体首先需要有本质(独特的属性)来保证自身的独立存在,其次需要具有广延来保证自身的现实存在。所以在中国古代"形"有些时候偏向本质义,如《孟子·尽心上》中"形色,天性也,惟圣人然后可以践形"所说的"践形"就是"实现自己的天赋本质";而在另一些时候则偏向广延义,如《史记·太史公自序》所说的"夫神者,生之本,形者,生之具也"。引文分别见黄寿祺、张善文:《周易译注》,第493页。杨伯峻:《孟子译注》,第249页。司马迁:《史记》第十册,中华书局1959年版,第3292页。

的描述,也不能由存在而得到经验性的感受,只有当存在"有形"和"有名"的时候,才完成从无至有的转变而进入可被语言述说的经验世界。而这个转变并不是两种存在之间的转变,而是存在自身不同阶段的转变,它随着人认识活动中的"指事造形"而完成——其中"指事"是说用语言概念赋予存在对象,而"造形"是说使存在获得实体的性质,后者必须依靠前者完成,因为只有当存在有了能定义自己的概念时,关于自身的本质才会出现,才会和其他存在区别开而独立存在。

在这样的对从无至有的论述中,王弼并没有构建一个先验的理论图示,而是试图把有无的转变放到人的认识中讲,但是在一般的认识逻辑中,实体具有了本质和特性后才可以被认识和定义,即人的认识要被认识对象所决定①,而王弼打破了这种逻辑,认为在人试图以语言概念("名")描述世界之后,天地万物才开始被分显而存在,即人的认识决定了认识对象。值得注意的是,这种决定并非是生成论意义上的造物——毕竟人不可能像神祇一样以意念造物——王弼强调有"名"之后才"形"、才有"有",是想说明客观世界的存在是靠着人认识的参与完成的,跳出人的认识视域去讲求一个悬空的、与人无涉的存在,既不可能也无必要。

在王弼这种以"名"来分判有无的论述中,"有"便成为在以概念认识世界的各阶段中存在具体而明确的状态,与此相对,"无"便成为在以概念认识世界之前的各阶段中存在浑然未分的状态。② 这个浑然未分的状态,老子叫作

---

① 韩国学者李在权对王弼的"形—名"思想有过专门的分析,他主张王弼认为形体是先存在的,名称是后赋予的,"形"来源于"道",为了区别开不同的形态,"名"才出现,如果没有"名",万物的实相和道理也就无法讨论,但同时,"名"又不是完满的。见[韩]李在权:《王弼的形名论——在哲学方法论的观点》,《东西哲学研究》第 77 号,2015 年 9 月,第 31—60 页。在另外一篇文章中,李在权认为谈到形名关系的名理论是王弼《老子指略》和《老子注》的主要理论依据。见[韩]李在权:《王弼的〈老子微旨例略〉分析》,《东西哲学研究》第 44 号,2007 年 6 月,第 211—239 页。但李在权似乎没有注意到王弼在对《老子》第二十五章"字之曰道"的注释中提到了"夫名以定形",所谓"名以定形"就是根据概念来确定存在的实体,从语法逻辑来看,"定形"的"名"当然要在先存在。

② 韩国学者刘东桓曾对中国哲学中的"有""无"概念做出讨论,认为其含义有三个层次:第一,指代存在与非存在。第二,指代实体与属性。第三,指代社会政治道德的有无。但他认为,老子和王弼所说的"有"与"无",主要内涵是第一个层次。见[韩]刘东桓:《王弼的政治哲学》,《中国哲学》第 3 卷,1992 年,第 243—272 页。

"玄",王弼把它解释成"冥",并作出了"默然无有"的描述,但同时王弼也强调,由于这种状态本质上不能被认识("不可得")也不能被分析("不知其所以"),所以用"玄"的概念来描述这种状态,已经会对其造成理解上的错误("是名则失之远矣"),"玄"只是在谈论这种状态时无可奈何不得不临时赋予的名字而已,它与被描述的对象之间不具有绝对的对应关系。

王弼之所要把存在的起点规定为这样一种不可认识、不可言说的状态,并加以推崇,是因为人在认识世界的时候由于自身的局限性而不可避免地会发生认识上的谬误①,在谬误中认识到的对象往往由于语言概念的影响而无法显现真实的本性,人只有努力减少这种偏差的认识,回到以语言概念干涉存在对象之前的阶段才能确切地把握存在对象的实质②,这个实质,王弼称之为"真"。在《老子指略》中王弼谈及了"名"对于"真"的影响:③

> 名之不能当,称之不能既。名必有所分,称必有所由。有分则有不兼,有由则有不尽,不兼则大殊其真。④

---

① 王弼这种思考可以在老子的思想中找到原型。原始道家同样对语言概念持有怀疑,并对人在这种认识世界的方式下所树立的价值加以抨击。《老子》第三章说:"不尚贤,使民不争;不贵难得之货,使民不为盗;不见可欲,使民心不乱。是以圣人之治,虚其心,实其腹,弱其志,强其骨。常使民无知无欲。为无为,则无不治。"这里"不尚贤""不贵难得之货"都是在强调强调一种价值上贬黜,而"虚其心""弱其志"则是强调要减少主观性地认识世界的心志活动。汤漳平、王朝华译注:《老子》,第12页。

② 王弼并没有进一步明确说明只能以"名"认识世界的人如何回归到"无名"的世界而去把握存在对象的实质,这个问题也是道家哲学乃至中国哲学的核心问题之一,即,有限的个人如何认识无限完满的对象。牟宗三在对康德"智的直觉"的研究中,认识到"但在中国哲学传统中,智的直觉却被充分彰显出来,所以我们可以断定说人类从现实上说当然是有限的存在,却可有智的直觉这种主题机能,因此虽有限而实可取得一无限的意义"。见牟宗三:《智的直觉与中国哲学》,《牟宗三先生全集》第20卷,台北联经出版社2003年版,第447页。若按照牟宗三的分析,处在"有名"世界的人也可以认识"无名"的世界,但必须公允地说,在王弼本人的思想中,这种与"智的直觉"类似的概念还尚未出现,这也便成为王弼留给后人的问题之一。

③ 在《老子指略》中还有另外一段同样是描述"名"对"真"的负面影响:"然则言之者失其常,名之者离其真,为之者则败其性,执之者则失其原矣。是以圣人不以言为主,则不违其常;不以名为常,则不离其真;不以为为事,则不败其性;不以执为制,则不失其原矣。"楼宇烈:《王弼集校释》上册,第196页。

④ 楼宇烈:《王弼集校释》上册,第196页。

这里说用语言概念来描述存在对象不能恰当地穷尽它的实质,因为概念是一种分别的思维方式,而存在一旦被分别,就会远离自己的实质。而这个实质在王弼看来不是别的东西,就是"性",只不过"真"是从存在的角度对不经语言概念影响的实质描述,而"性"是从性情的角度对包括人在内的万物的内在性结构中最为根本的实质的命名。所以,作为"性"的根本属性的"静"来说,它也同样是"真"的重要内涵,在《老子》第十六章"致虚极,守静笃"的注释中,王弼认为只有对于"静"的恪守才能全面彰显存在的"真":

> 言致虚,物之极笃;守静,物之真正也。①

而在对《老子》第二十一章"其精甚真,其中有信"的注释中,王弼用"真"这一概念说明了"性"的来源:

> 信,信验也。物反窈冥,则真精之极得,万物之性定。故曰,其精甚真,其中有信也。②

即,返回没有语言概念干涉和分别的阶段("冥")中而具备的真实的实质就是"性"。

在这样的分析下我们可以知道,万物的存在之上并没有一种更加根本或者更加高级的存在可以决定万物的本性,所谓"无",只是对"性"得以自然存在的那种阶段和状态的描述,而并非是在"性"之外独立存在的决定者。至此我们也可以看到,"无"概念不仅突出了"性其情"结构中本性不能被语言诠释以及没有实体性质的内涵,也从侧面反映着王弼对于本性之虚静何以可能问题的思考方式:以最小限度的语言单位和否定的逻辑形式揭示出人性在根源上不可被认识的超验性。在王弼的哲学思想中,本性之无是不可再被追问前提的起点,其他一切关于性情的论述都根据此命题展开,"虚静"亦是"无"的另一种表达,它通过对妄作的否定而强调了性情修养的价值指向。换句话说,"虚静"是对动态性情结构中复归目标的直接描述,而"无"则是对使这个复归

---

① 楼宇烈:《王弼集校释》上册,第35页。
② 楼宇烈:《王弼集校释》上册,第53页。

目标得以成立的抽象认识的描述。

在这个抽象认识下,王弼走出了以老子为代表的道家思想的创生论。在老子的思想中,"道"是凌驾于万物之上的最高存在,一个最显著的例子是《老子》第四十二章所说的"道生一,一生二,二生三,三生万物"①,在这里"道"作为世界的终极本原派生了万物。但王弼在《老子注》中刻意消解了这种在事物之上安置高级存在的思路,而仍从人以语言概念认识世界的角度去理解"道"与万物的关系:②

> 万物万形,其归一也,何由致一,由于无也。由无乃一,一可谓无,已谓之一,岂得无言乎。有言有一,非二如何,有一有二,遂生乎三。③

在王弼看来,"道"和"虚静"一样,不过是从某个角度对"无"做出的描述④,而无论是"无"还是"道",都不是"有"的对立面,也不是决定"有"的本体——后世对王弼思想的最大误解,就是用"本体论"视域下"本体"的概念去解读"无"的内涵。

虽然在解读王弼的本性论述时会不可避免地会关联到对万物存在问题的思考,但这并不意味着可以直接把他所说的"无"说成是"本体"。现代汉语中"本体"这一概念源自西方哲学"本体论(ontology)",后者从其希腊文的字源来看,表示"关于是者的学问",这里所说的"是者"即 onto,来自希腊文ὄν,可英译为 being。亚里士多德的经典论述中,"是者"的内涵是以它在语言中的

---

① 汤漳平、王朝华译注:《老子》,第 165 页。冯友兰认为:"对于《老子》的这几句话,可以作宇宙形成论的解释,可以作本体论的解释。"见冯友兰:《中国哲学史新编》上卷,第 242 页。

② 韩国学者李锡明指出王弼对这一章的注释不是从生成论的角度出发,而是从名相论的角度出发,说明语言对万物的分别作用。见[韩]李锡明:《汉代道家对〈老子〉第 42 章的理解——以〈淮南子〉的解说为中心》,《泰东古典研究》第 14 辑,1997 年,第 163—191 页。

③ 楼宇烈:《王弼集校释》上册,第 117 页。

④ 在《老子指略》中王弼说:"夫'道'也者,取乎万物之所由也;'玄'也者,取乎幽冥之所出也;'深'也者,取乎探赜而不可究也;'大'也者,取乎弥纶而不可极也;'远'也者,取乎绵邈而不可及也;'微'也者,取乎幽微而不可睹也。然则'道'、'玄'、'深'、'大'、'微'、'远'之言,各有其义,未尽其极者也。"楼宇烈:《王弼集校释》上册,第 196 页。这即是说,"道""玄""深""大""微""远"这些概念都是从不同的角度对事物在"无名"阶段的存在状态的描述。

逻辑功能展开的，它的指称功能预设了主词的存在，它的判断功能表达了主词的本质，它的连接功能呈现了主词与谓词的逻辑先后关系。所以为主词服务的"是者"至少具有"存在""本质"与"先在"三种性质。后来"是者"这一概念几经转变，本体论之内容也不断革新，但其作为语言系词的性质仍是讨论是者的基本落脚点。

然而，在王弼的思想中（甚至在整个中国古代思想中），"无"并不作为系词使用，这也使得"无"与"本体"的含义大相径庭。例如，"无"是唯一的，而本体可以为复数；"无"可以用以践履或体证，本体则不能被使用或者实践；"无"必须与"有"相互关联，本体可以不需要谓词的叙述而独立存在。这些差异都表明用作为是者的"本体"概念来称谓"无"是不恰当的。

必须指出的是，在中国古代思想中，亦有"本体"这一概念①，如京房所说："乾分三阳为长中少，至艮为少男，本体属阳，阳极则止，反生阴象"②，而在西方哲学传入中国的过程中，"本体"有时也用作其他术语的翻译——如康德的本体（nounmenon）概念——而不必然指代本体论（ontology）之"本体"。这样一来，要证明把王弼的"无"解释为"本体"是错误的，似乎还要证明"无"没有中国古代"本体"概念和西方哲学中其他对应的翻译术语的内涵。但这个担心显然是多余的，因为以"本体"释"无"的论断始于汤用彤先生，而汤用彤先生是明确在本体论（ontology）的意义上使用这一概念的。③

---

① 在作为玄学之后中国思想的下一个高峰的理性中，"本体"成为一个更加流行的概念而常与"工夫"对举。如朱熹说："然心之本体未尝不善，又却不可说恶全不是心。"黎靖德编、王星贤点校：《朱子语类》第 1 册，中华书局 1985 年版，第 86 页。以下引用只标注作者书名页码。王阳明说："功夫不离本体，本体原无内外"陈荣捷：《王阳明传习录详注集解》，华东师范大学出版社 2009 年版，第 171 页。

② 郭彧：《〈京氏易传〉导读》，齐鲁书社 2002 年版，第 889 页。

③ 德国学者瓦格纳认为，在汤用彤使用了"本体论（ontology）"来诠释王弼哲学后，"没有学者曾反省这一哲学问题：这里的'本体论'的所指何在，或者对将古希腊的演变框架移到 3 世纪的中国时的种种困境引起重视。"通过对王弼所使用的"所以"这个词的分析，瓦格纳认为王弼确实表达了那种对存在者的基础的探寻，这种探寻与本体论式相关，但直接把王弼的哲学用西方哲学中的 ontology 来定义还是不妥当的，因为"本体论可能有助于给出某种一般性的思想，但

在分判两汉与魏晋之思想殊异时,汤用彤先生便把探究本体作为玄学之特点:"汉代寓天道于物理。魏晋黜天道而究本体,以寡御众,而归于玄极;得意忘象,而游于物外。于是脱离汉代宇宙之论(Cosmology or Cosmogony)而留连于存存本本之真(ontology or theory of being)。"①这里的"ontology or theory of being"说明汤用彤先生直接承认自己使用的"本体"概念就是本体论中的"是者"。在这个基础上,他认为玄学对于本体的研究有"以寡御众"和"得意忘象"两个主要特征。尽管此二者精准地概括出玄学的两个重要思维方式,但它们并不能用来诠释本体论(ontology)。这是因为,首先,正如上述所言,本体论中并没有一与多的统摄关系;其次,"得意忘象"来自王弼的论述,在《周易略例·明象》中,他说:"然则,言者,象之蹄也;象者,意之筌也。……忘象者,乃得意者也;忘言者,乃得象者也。得意在忘象,得象在忘言。"②这是王弼顺着老庄思路的进一步延展。在这种中国传统思路中,语言恰恰是一个应该超越的对象,而意义是可以脱离语言而存在的,但这就与从语言逻辑中推导是者含义的西方本体论形成了根本性的区别。在忽视了本体论与玄学的这些差异后,汤用彤先生进一步认为玄学探究本体之风始于王弼,他说:"旧时所谓体,皆如身体之体。至王弼始以之为本体。"③根据这个结论,汤用彤先生总结道:"其(王弼)形而上学在以无为体。其人生之学以反本为鹄。"④

然而王弼提到的"体"概念其实也并不含有"本体"的含义。在王弼的现

王弼的思想步调是颇为不同的。"见[德]瓦格纳:《王弼〈老子注〉研究》,杨立华译,江苏人民出版社 2009 年版,第 797、855 页。尽管瓦格纳对汤用彤使用"本体论"的准确性表达了担忧,他还是对中国学者参照西方哲学范式来梳理中国思想这种做法给予了理解,这种相对温和的立场也使他没有在具体的概念上去分析王弼哲学与西方本体论的歧出。而本书接下来将会通过对"无""体"这些被学界普遍用以证明王弼哲学是本体论的概念的分析,来具体说明为什么这个普遍的学界共识并不能很好地成立。
① 汤用彤:《魏晋玄学论稿》,第 39 页。
② 楼宇烈:《王弼集校释》下册,第 609 页。
③ 汤用彤:《魏晋玄学论稿》,第 166 页。
④ 汤用彤:《魏晋玄学论稿》,第 40 页。

存文本中,"体"字大概有五种含义,一是"身体"义①,二是由"身体"义所引申的"形体"义②,三是把"体"动词化而具有的"体验"义③,四是把"身体"义指代化的"自身全体"义,五是把"自身全体"义专用化的"卦体义",即,《周易》某卦六爻之总和④。这其中与"无"相关的主要是第四个含义,王弼在对《老子》第三十八章的注释中说:

> 万物虽贵以无为用,不能舍无以为体也,舍无以为体则失其为大矣,所谓失道而后德也。⑤

这是王弼所有文本中唯一一次把"无"与"体"两个概念相关联,也是目前学界用"本体"来解读王弼"无"的唯一根据。但如果仔细考察"不能舍无以为体"的语境,就会发现这个"体"的含义仍然是围绕着"身体"而展开的。⑥

王弼提出"不能舍无以为体"的原因,是在于说明《老子》第三十八章中的"上德"与"下德"的区分。老子认为:"上德无为而无以为,下德为之而有以为,上仁为之而无以为,上义为之而有以为,上礼为之而莫之应,则攘臂而扔之。"这就是说"上德"无论在目的上还是方式上都是纯粹的无为,而"下德"中的仁、义、礼则由于方式上或者目上的有为而失去了无为的价值。王弼把老子

---

① 如《老子注》第十七章说的"夫御体失性则疾病生,辅物失真则疵衅作",《老子注》第三十八章说的"殊其己而有其心,则一体不能自全,肌骨不能相容"等。楼宇烈:《王弼集校释》,第41、93页。

② 如《老子注》第四章说的"形虽大,不能累其体",《老子注》第二十五章说的"寂寥,无形体也",《明爻通变》中说的"形躁好静,质柔爱刚。体与情反,质与愿违"等。楼宇烈:《王弼集校释》上册,第11、63页;下册第597页。

③ 如《老子指略》说的"听之不可得而闻,视之不可得而彰,体之不可得而知,味之不可得而尝"等。楼宇烈:《王弼集校释》上册,第195页。

④ 如《周易略例》中说的"凡彖者,通论一卦之体者也。一卦之体必由一爻为主,则指明一爻之美以统一卦之义,大有之类是也"等。楼宇烈:《王弼集校释》下册,第615页。

⑤ 王弼《老子注》原文中两处"舍无以为体"前均带有"不能"二字,楼宇烈根据文意认为第二个"不能"是"涉上文而衍"而删除,见楼宇烈:《王弼集校释》上册,第94页。此处引文从楼氏。

⑥ 当代学界只有极少数学者不把此处的"体"字解为"本体",其中之一就是王葆玹。他认为"不能舍无以为体"的"体"是身体义,见王葆玹:《正始玄学》,第275—276页。但是他没有说明,到作为"身体"之"体"如何能让圣人"体无"。

说的"无为"解释为"以无为用",认为它是充分实现"上德"的方式：

何以尽德？以无为用。以无为用则莫不载也。①

并认为天地与圣人之所以能够"以无为用",是因为具有"以无为心"的前提：

是以天地虽广,以无为心。圣王虽大,以虚为主。②

所谓"以无为心",在王弼看来就是指天地对万物、圣人对百姓没有那种统治、操纵、规定的主观意志,其结果是对具有私心的自我的消解。但如果不能消解这种私心,那么反而会因为与外物关联的具有倾向性的意志的发挥而影响自身完满性的存有：

故灭其私而无其身,则四海莫不瞻,远近莫不至。殊其己而有其心,则一体不能自全,肌骨不能相容。③

这里"无其身"与"一体不能自全"形成价值上的正反对照,前者为"使身无",即,去除私心带来的自性,使具有广延（占据空间的身体）的自我在意识上处于不做分辨的状态;后者是由于没有实现前者而导致的自身完满性的丧失。"自全其体"与"无其身"都是指向自我的要求,所以与"身"相应的"体"亦有"自身"之义,而从王弼"自全"的表述来看,"体"在应然性上具有"完满""完整""全部"的内涵,所以"体"又有"全体"之义。且从"体"与其之前的"身"和其之后的"肌骨"的文字对应来看,这种"自身全体"之义仍然没有脱离与"身体"义的关涉。

在完成"无用——无心——无身"的论述逻辑之后,王弼再一次把"以无为用"和"上德"关联,指出"上德"的真正内涵：

不德其德,无执无用,故能有德而无不为,不求而得,不为而成,故虽

---

① 楼宇烈:《王弼集校释》上册,第93页。
② 楼宇烈:《王弼集校释》上册,第93页。
③ 楼宇烈:《王弼集校释》上册,第93页。

有德而无德名也。①

王弼认为真正的"上德"是对一切有意识而为之的道德内容的超越,甚至连述说"德"本身的名字也可以扬弃。因为剥落了一切偏向的、特定的内涵,"上德"也具有一切可能性而无所不包。结合这种语境的分析,再去看王弼在同一段注释文中之后所说的"舍无以为体则失其为大矣,所谓失道而后德也"②,就会知道,这里"失道"之"道"对应"上德",即为"不德之德","后德"之"德"对应"下德"即为"有德名之德"。所以被王弼视为严重过失的"不能舍无以为体"对应"下德"之"一体不能自全",也就是"无其身"的反面"有其身"(亦即原文之"殊其己而有其心")。据此可知"舍无以为体"的真正含义是"舍弃无,以他者(有)而为自身全体",即"舍弃无为无用,以私心己意对处自身全体"。

从以上的分析可以看到,王弼是用"不能舍无以为体"来强调"以无为用"的重点仍然在"无"而不在"用"。但当代不少学者却把"不能舍无以为体"强行解作"以无为体",即以"无"来作为万物之本体,从而构建了一个本体论意义上的体用关系。但这样一来,"以无为体"这个命题就是和王弼所说的"以无为用"互相矛盾,因为本体不是同时是作用,作用也不能同时是本体,所以"无"不能既是"体"又是"用"。

对于这个矛盾,学界通行的解释是强调"体"与"用"的一致性,如汤用彤先生便评价玄学说:"玄学主体用一如,用者依真体而起,故体外无用。"③又赞许王弼"深之体用之不二。"④必须注意的是,"体用一如"或"体用不二"这些说法都是在讲本体与作用是一个整体,不能截然分开,但这种一致性并不意味着"体"与"用"的同一性,即,不能说"体"就是"用",两者就是同一个事物。

---

① 楼宇烈:《王弼集校释》上册,第93页。
② 楼宇烈:《王弼集校释》上册,第94页。
③ 汤用彤:《魏晋玄学论稿》,55页。
④ 汤用彤:《魏晋玄学论稿》,68页。

假如"以无为体"和"以无为用"这两个命题同时存在,王弼需要回答的其实不是"体"和"用"是否是一个整体的问题,而是如何使"体""用"共同为"无"的问题。而后者作为逻辑上的矛盾,显然无法解决。

冯友兰先生在《中国哲学史新编》中便诚实地承认了这一点——他在解释"不能舍无以为体"时,像汤用彤先生一样认为:"王弼在这里说'不能舍无以为体',那就是说,道是体,万物是道的体所发生的作用。这就是说,无是体,有是用。"但同时他也认为这个解释和王弼本人所说的"以无为用"相矛盾,于是他说:"'有'和'无'究竟哪个是体,哪个是用,(王弼)有点分别不清。"①这里冯友兰先生宁愿想象成王弼自己的理论不自洽,也没有突破体用关系之说而试图从其他的角度理解王弼的"无"与"体"。

在汤、冯二家之后,站在本体论的角度把王弼的"无"看作"本体"几乎成为学界定论②,这个定论也影响了域外的王弼研究,使得不少域外学者亦接受

---

① 冯友兰:《中国哲学史新编》中卷,第 365 页

② 与汤用彤先生把汉代的宇宙论与魏晋的本体论做出区分不同,刘大杰先生认为魏晋时代的本体论仍然是宇宙的本体论,即探讨万物如何生成的本体论。他根据王弼的思想说:"天地万物皆生于无,无就是本体。"见刘大杰:《魏晋思想论》,上海古籍出版社 1998 年版,第 46 页。与刘大杰先生持相似意见的是许抗生先生,他认为:"他(王弼)的学说仍然保留着唯心主义宇宙发生论的痕迹",并提出"王弼的本体论是以有无、本末在时间、空间上不可分离为特点的。"见许抗生:《魏晋玄学史》,第 92 页。不过汤先生对于两汉与魏晋的分判亦非没有继承者。比如李泽厚先生认为王弼和何晏主张的"以无为本"是说"从种种具体的、繁杂的、现实的从而是有限的、局部的'末'事中超脱出来,以达到和把握那整体的、无限的、抽象的本体。"同时李泽厚先生也意识到这个"本体"本非在宇宙生成论的意义上诠释的:"这个'无'的本体,与其说是宇宙的本体,还不如说是人格的本体。"见李泽厚:《新编中国古代思想史论》,第 155 页。杜维明先生也认为,"魏晋玄学同两汉思路相比,最突出的特色即是不谈宇宙的结构或自然的孕成,而直接证会天地万物的最后真实,也就是对本体自身的体会。"但是杜维明先生提到了用本体论意义上的"最后真实"来理解王弼的"无"好像自相矛盾,不过他立刻认为这种矛盾"并不是思考能力有问题,也不是运用逻辑不周全,而是自觉主动地采取一种像是自相矛盾而归根究底并无认知混淆的辨析方式"。见杜维明:《杜维明文集》第五卷,武汉出版社 2002 年版,第 70—72 页。不过对于更多数的学者来说,并没有讨论两汉与魏晋思想之差异,而是直接从本体论的角度对于王弼之"无"做了评述。牟宗三先生分析王弼所说的"孔子体无"时认为,孔子在第一序上的"体"是"仁",第二序上的"体"才是"无"。但同时他也承认:"但道家之言有无,并无第一序、第二序之分,两层混而为一,即以境界上的无之为体,视作存在上的无之为体。"见牟宗三:《才性与玄理》,广西师范大学出版社 2006 年版,第 103 页。汤一介先生认为"从王弼说,他的哲学的基本命题是'以无为本',

了这一主张①。然而这些主张最大的问题便是，在解释王弼唯一一处把"无"与"体"关联的文本时，没有注意到其所在语境的整体含义，从而把"体"字由"身体"义演变的"自身全体"义想当然地误解为"本体"义，"用"也因之被误会成"作用"义。实际上，由上述总结的分类可知，王弼论"无"最多的用例就是"以无为用"，可见他对于"以无为用"的重视远胜于"舍无以为体"。因为后者和"以无为心"一样，都是为了阐述如何无用无为而拟设的具体内容。所以，"体"不是和"用"平行或者对立的概念，而是包含于"用"之下的次级概念，并且在王弼的任何文本中，"无"都不具备 ontology 的"本体"含义。

则'有'从'无'生。'有'从'无'生，则'无'即是'道'，是'有'之本体。"见汤一介：《郭象与魏晋玄学》，北京大学出版社 2000 年版，第 287 页。余敦康先生认为："王弼的玄学把客观世界分为两个层次，一个是本体，一个是现象，以无来指称本体，以有来指称现象。企图通过有与无这一对哲学范畴的逻辑联结来把握客观世界。"见余敦康：《魏晋玄学史》，第 293 页。陈鼓应先生认为，"王弼之体用论即一方面就现象界之存在依据而言'以无为体'，同时就现象层面乃形上之道的作用及展现而言'以无为用'。"见陈鼓应：《王弼体用论新诠》，《汉学研究》2004 年 6 月第 22 卷第 1 期。按照陈鼓应先生的论述，现象层面是道的作用，其表述应为"无之用"或"因无而用"，但是在王弼"以无为用"的表述中，"无"就是用，就是现象层面可经验的对象。陈来先生认为："这个被玄学视作本体的无，相当于黑格尔所谓'纯无'的意义，即它是一个一般的、抽象的无。"见陈来：《魏晋玄学的"有""无"范畴新探》，《哲学研究》1986 年第 9 期。王晓毅先生认为把代表着实体与作用、本质与现象、根据与表现等关系的"体用"哲学范畴视作为王弼所首创，即正确又粗疏。这是因为王弼所谓"不能舍无以为体"之"体"不是"本体"而是"形体"，但在他的思想中确实具有以体用关系去探究本体与现象的特点。见王晓毅：《王弼评传》，南京大学出版社 1996 年版，第 232—234 页。

① 比如韩国学者朴敬姬先生认为"所谓'以无为用'即就'道'之为用而讲'无'，此'无'并非与'有'对立的逻辑观念，而是超言绝象之本体'无'。"见[韩]朴敬姬：《何晏·王弼"本末有无"浅析》，《中国学研究》1989 年第 6 卷。关于韩国学界以"本体"诠释王弼之"无"的研究，可参见：[韩]柳熙星：《王弼崇本息末之本体论》，《哲学论集》2005 年第 11 辑。[韩]李在权：《王弼的本末观》，《东西哲学研究》2009 年第 52 卷。[韩]李元英：《王弼的本末概念理解》，《哲学论究》1994 年第 20 辑。[韩]金周昌：《王弼周易言意象体系考察》，《中国学论丛》2003 年第 16 卷。[韩]朱光镐：《王弼的太极观》，《中国哲学》2003 年第 11 卷。其中值得特别一提的是，林采佑先生对学界关于王弼的传统观点"无体有用"论做出了批判，认为王弼对"无"的使用并没有本体的含义，而是"形体""个体"的意思，据此，他提出了王弼思想的"有体用无"论。见[韩]林采佑：《王弼的易哲学研究》，延世大学博士学位论文，1996 年。林氏的观点可谓是东亚学界对王弼"无"概念研究的重要突破，但是他的"有体用无"论似乎仍在本体论的体用关系中进行，这样一来对于作为现象世界存有的"有"如何又成为自身的本体便成为其理论的问题。

第三节 情感欲望的存有：作为应物而通无的动力

在上一节的讨论中，我们知道了用来形容本性之虚静的"无"并没有"本体"的含义，对于包括人在内的天地万物的本体究竟是什么以及天地万物如何在本体的作用下生成的问题，王弼并不关心。他真正的思想旨趣是试图说明，世界从浑然一体的"无名"状态到分化存在的"有名"状态的过渡，是伴随着人的认识（语言概念）的参与完成的，而从不完满的后者的状态回归到完满的前者的状态，则需要消解人的主观性的参与。这个消解体现在人的内在实践也就是性情修养中，便是通过对不恰当的情欲的减损来保持的虚静的本性状态。在这一过程中，本性既是修养的标准，又是修养的目标。

当然，在王弼的性情理论中，对虚静之本性的推崇并非是他想表达的全部内容，因为他认为性情修养的最终完成，还需要"情"来发挥作用，所以在"性其情"结构中处于下位的"情"概念由于自身的能动性而同样被他十分重视。即使"情"有为恶的危险，王弼仍然为之保留了位置。深入了解王弼"情"概念的哲学含义，也同样是研究其性情理论的题中应有之义。

从上一节对"性"的分析中可以知道，人的本性一旦达到初始状态的虚静，便有了是其所是的自然状态。在这种状态中的"性"为"情"的归正提供了一种参照，而情欲如果没有这样的参照就会有放纵为恶、"不能久行其正"的可能性。王弼这种对情欲的缺陷的判断符合先秦两汉以来先哲围绕"情"概念所形成的基本认识，然而从"性其情"这个命题来看，王弼并没有像两汉道家那般主张彻底的"去情"，而是为"情"保留了一个取得正面价值可能性的位置。换句话说，以情欲向本性复归意义下的"性其情"理论是以和"去情"完全相反的立场来主张通过保证情欲的存在来实现"情"的去恶。然而，这个主张是否能代表王弼对"情"的一贯立场，学界对此尚有不同的意见。

学界对于王弼情论之立场一个常见的观点认为他注《老子》时持"圣人无

情"的观点，而注《周易》时持"圣人有情"的观点。① 实际上在王弼的所有文本中，"无情"概念只出现过一次，即，在对《老子》第五章"圣人不仁，以百姓为刍狗。天地之间，其犹橐籥乎？"的注释中，王弼说：

> 圣人与天地合其德，以百姓比刍狗也。橐，排橐也。籥，乐籥也。橐籥之中，空洞无情无为，故虚而不得穷屈，动而不可竭尽也。天地之中，荡然任自然，故不可得而穷，犹若橐籥也。②

这段话中"空洞无情无为"所形容的对象并不是圣人，而是橐籥，在《老子》的原文中，橐籥用以比作"天地之间"，所以王弼在这里是说在万物存在的场域之间，并没有一种主观的意志或者神圣的命令去规整世界，正是因为能够对万物不加干涉，天地才能无穷尽地包容万物。这种包容性被王弼视为"正大"，在《周易注》中，王弼又说：

> 天地之情，正大而已矣。弘正极大，则天地之情可见矣。③

这就是说"空洞无情"不意味着天地之间没有任何内容，事实上对万物的包容本身就是天地的一种性质，为了突出这个最小限度上的性质，王弼用了"天地之情"的字眼，只是此处之"情"并非如一般人的主观情感，而是自然之情实——天地无情感而有情实，这才是王弼以情论天的观点，前者是对天人感应论和谶纬之学中认为天有人格属性的论调的破离，后者是对圣人得以则天④的可能性

---

① 如王葆玹认为"王弼老学应持'圣人无情'说，其易学应持'圣人有情'说"，见王葆玹：《正始玄学》，第380页。另外曾春海与吴冠宏已有类似观点，只是对于王弼注易老之论情差异，前者认为来自儒道立场之不同，后者认为来自学问阶段之不同。见曾春海：《王弼圣人有情无情论初探》，台北：《哲学与文化》1989年第69卷第九期；吴冠宏：《王弼思想历程的探析：从圣人无情到圣人有情》，台北：《台湾东亚文明研究学刊》2008年第5卷第1期。对此林丽真提出反对，认为"王弼年寿甚短，玄悟甚高，其出入儒道前后思想当不致有太大的不同"，林氏之推测是合理的，但可惜其观点并没有从文本或学理上加以证实。见林丽真：《王弼"性其情"说析论》，收入《王叔岷先生八十寿庆论文集》，台北大安出版社1993年版，第599—609页。
② 楼宇烈：《王弼集校释》上册，第14页。
③ 楼宇烈：《王弼集校释》下册，第387页。
④ 关于"圣人则天"的问题，王弼在《周易注》中复卦的《象辞》的注释中说："故为复则至于寂然大静，先王则天地而行者也。"在《论语释疑》中《泰伯》篇的注释中说："圣人有则天之德。所以称唯尧则之者，唯尧于时全则天之道也。"楼宇烈：《王弼集校释》上册，第336页；下册，第626页。

的建立——圣人通过天之情实而法天,又通过己之情感来化众,于是天人之间便形成了一条上学而下达的通道(见图3):

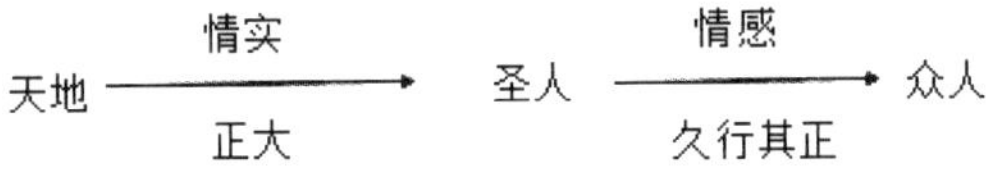

图3　王弼论天之"情"与人之"请"

按照王弼对老子的发挥,圣人之化众,是通过"不仁"来实现的,也就是"以百姓比刍狗也",但如果不了解王弼所说的"比刍狗"的意思,也同样容易把圣人之不仁看作是其无情的根据。王弼在对第五章第一句"天地不仁,以万物为刍狗"的解释中详细说明了"不仁"的含义:

> 天地任自然,无为无造,万物自相治理,故不仁也。仁者必造立施化,有恩有为,造立施化则物失其真,有恩有为,列物不具存,物不具存,则不足以备载矣。地不为兽生刍,而兽食刍;不为人生狗,而人食狗。无为于万物而万物各适其所,用则莫不赡矣。若慧由己树,未足任也。①

这就是说,"仁"在这段话中特指主观性的造法立俗、施恩有为,其结果是造成万物是去本真之性而不能长存。

王弼认为圣人需要"不仁"的原因是天地之间本有秩序,就像动物吃草、人吃狗肉一样自然,不必再去干涉,而天地把万物比作刍狗,就是让万物处在其应当处在的位置上发挥作用("各适其所用")②,圣人与天地合德之后同样

---

① 楼宇烈:《王弼集校释》上册,第13页。
② 河上公对《老子》第五章"比刍狗"的解释是:"天地生万物,人最为贵,天地视之,如刍草狗畜,不责望其报也。"王卡点校:《老子道德经河上公章句》,第18页。这里"刍草狗畜"为不名一文之物,但圣人以人比之的原因是不求其报,这尚属于对圣人正面的评价。在更流行的观点中,"刍狗"被解释成一种祭祀用品,而圣人"比刍狗"则有对百姓始用终弃之嫌。最早发挥这个意思的人是庄子,《庄子·天运篇》载师金之言曰:"夫刍狗之未陈也,盛以箧衍,巾以文绣,尸祝斋戒以将之。及其已陈也,行者践其首脊,苏者取而爨之而已。"方勇译注:《庄子》,第232—233页。《淮南子·齐俗训》也有类似观点:"譬若刍狗土龙之始成,文以青黄,绢以绮绣,缠以朱丝,尸祝袀袨,大夫端冕以送迎之。及其已用之后,则壤土草芥而已,夫有孰贵之?"陈广忠译注:《淮

把百姓比作刍狗，也同样是让百姓处在正当的社会关系中发挥作用。所以王弼通过对"比刍狗"的新诠，使得天地与圣人之"不仁"脱离了无情冷漠之规定性而具有积极正面的内容，即，因循万物而不施为。这个内容既是天地之情的情实，又是圣人之情的情感，而在王弼的思想中，二者之所以可以过渡，就是由于他对"情"赋予了一种自然性。

作为先天存在的人的内在机能，"情"从形式上来说是自然存在的，从质料上来说是充满喜怒哀乐的，当它减少质料上的内涵而只剩下形式时，情感就成了情实。但实际上由于形式上的自然必定对应着质料上的情感，即使是圣人也不能无情，而所谓"天地之情"的情实，也只是概念上的虚位。这即是说人可以向"天地之情"取法自然之道，但人的"情"永远不可能成为"天地之情"，因为自然就是情感的自然，人的情感随其自然性而必然存在，试图去除这种天生的属性反倒成了违背自然的做法。

在写给荀融的一封书信中，王弼说：

> 夫明足以寻极幽微，而不能去自然之性。颜子之量，孔父之所预在，然遇之不能无乐，丧之不能无哀，又常狭斯人，以为未能以情从理者也。而今乃知自然之不可革。①

孔子之神明足以茂于人而为圣，但仍不能去除哀乐情感的自然之性，这说明圣人之有情作为一种应然性的判断首先来自实然性的事实。总之，"情"的自然性决定了它具有先天的合理性，只有后天运用不当时，这个合理性才会破

南子》上册，第594页。今人朱谦之亦云："盖束刍为狗，与刍灵同，乃始用终弃之物也。老子此旨曰：天地之于万物，圣人之于百姓，均始用而旋弃，故以刍狗为喻，而斥为不仁。"见朱谦之：《老子校释》，中华书局1984年版，第22—23页。不过在"始用终弃"的解释下，也有认为圣人无心于爱物，"比刍狗"与对百姓好恶无关，如苏辙《老子解》："结刍为狗，设之于祭祀，尽饰以奉之，夫岂爱之，适时然也。既事而弃之，行者践之，夫岂恶之，亦适然也"；宋代林希逸《老子口义》也说："刍狗之为物，祭则用之，已祭则弃之，喻其不着意而相忘尔。……而说者以为视民如草芥，则误矣。"元代吴澄《道德真经注》说："刍狗，缚草为狗之形，祷雨所用也，既祷则弃之，无复有顾惜之意，天地无心于爱物，而任其自生自成；圣人无心于爱民，而任其自作自息，故以刍狗为喻。"此三家注释可见陈鼓应：《老子今注今译》，商务印书馆2003年版，第94页。

① 楼宇烈：《王弼集校释》下册，第640页。

坏,这就是王弼对"圣人有情"的一贯立场。

在确定这一点之后,另一个需要解决的问题是如何疏通其论述中"去欲""无欲""寡欲"与"有欲"等概念之间的表意冲突,因为王弼思想中不少关于"无欲"的主张也常被视作其"无情"之论的证据。

通过第一章的论述,我们可以知道欲望作为"情"的内涵之一,具有特殊的性质,和喜怒哀乐这样的心理现象相比,欲望指代的是关涉实践行为的意志,广义上讲,"情"包含欲望,故《礼记·礼运》说"何谓人情?喜、怒、哀、惧、爱、恶、欲,七者弗学而能"①;狭义上讲,"情"可单指喜怒哀乐而与"欲"并列,比如《庄子·天下》说:"以禁攻寝兵为外,以情欲寡浅为内"②,王充《论衡·道虚》说:"夫草木无欲,寿不逾岁;人多情欲,寿至于百。"③

魏晋之时,"情""欲"尚不能截然分开,故王弼情论之下也涉及对"欲"的看法。因为欲望总是伴随着与之相应的行为而直接作用于现实,它便一直都被视为"情"中十分危险的方面,一旦欲望的对象或者欲望的程度不能合理恰当,欲望的主体便会承受负面的结果。也正是这个原因,从老子开始便表达出一种对欲望的忧虑,在对《老子》的注释中,王弼也继承了对欲望的谨慎态度。表面上看起来,王弼似乎主张对欲望的去除,如《老子注》第十章说:"言任自然之气,致至柔之和,能若婴儿之无所欲乎,则物全而性得矣"④,第二十七章说:"常使民心无欲无惑,则无弃人矣"⑤,在《老子指略》中王弼也说:"绝盗在乎去欲,不在严刑"、"苟存无欲,则'虽赏而不窃'"⑥。但实际上王弼所说的"去欲"或者"无欲"并非是要在根本上去除作为人自然心理机能的欲望,而是使欲望处于最大限度的不发显的状态。

---

① 杨天宇:《礼记译注》上册,第275页。
② 方勇译注:《庄子》,第576页。
③ 黄晖:《论衡校释》,第335页。
④ 楼宇烈:《王弼集校释》上册,第23页。
⑤ 楼宇烈:《王弼集校释》上册,第7页。
⑥ 楼宇烈:《王弼集校释》上册,第198、199页。

在对《老子》关于小国寡民思想的第八十章的注释中，王弼只写了四个字："无所欲求"，我们可以借助老子原文来反向理解王弼的"无欲"：

虽有舟舆，无所乘之，虽有甲兵，无所陈之。使人复结绳而用之，甘其食，美其服，安其居，乐其俗。邻国相望，鸡犬之声相闻，民至老死，不相往来。①

从老子对小国寡民状态的描写中可以看到，在不使用过多的生产材料，不进行过多的社会关系的建构的情况下，就达到了王弼所谓"无欲"的标准，在这个标准下，人仍然可以对衣食住行有一定的情感反应（"甘""美""安""乐"），而并没有脱离现实社会。这样一来"无欲"和"去欲"实际上也就是王弼所说的"寡欲"："故令人有所属，属之于素朴寡欲。"②"故见素朴以绝圣智，寡私欲以弃巧利，皆崇本以息末之谓也。"③

王弼不能从根本上主张"去欲"的原因在于，首先，欲望作为一种意志，它的对象不全是负面的、戕害本性的，在人进行"性其情"的内在实践过程中，同样需要意志的参与，所以欲望同样可以"无"作为对象："务欲反虚无也，"④而圣人也同样可以众人的"无欲"作为自己所欲的对象："上之所欲，民从之速也。我之所欲，唯无欲而民亦无欲自朴也。"⑤

其次，和上述不能去除情感的原因一样，"欲"作为人的内在机能，是天生的，彻底地去除欲望也是一种违背自然的"有为"之举，这也是为什么王弼在主张"无欲"的同时又说"不害其欲也，使其无心于欲也"⑥——"无欲"就是"无心于欲"，是不发动主观意志进行不必要的行为，但不能因为对欲望的控制而损害人的自然性。

---

① 汤漳平、王朝华译注：《老子》，第299页。
② 楼宇烈：《王弼集校释》上册，第45页。
③ 楼宇烈：《王弼集校释》上册，第198页。
④ 楼宇烈：《王弼集校释》上册，第128页。
⑤ 楼宇烈：《王弼集校释》上册，第150页。
⑥ 楼宇烈：《王弼集校释》上册，第198页。

所以王弼对"欲"的处理包含着这样一种辩证:一方面,"性其情"的修养需要"欲"提供内在实践的动力;另一方面,"性其情"的实现又需要"欲"进行自身的减损。从这个角度也可以说,"欲"的存有保证了性情修养的实践在实际上的运作。由于"性"的虚静本性,"性其情"要靠"情"自身完成,而后者之所以能够完成,就是因为其内部含有"欲"作为动力,所以"欲"对自身的减损过程就是其复归本性的过程(见图4)。

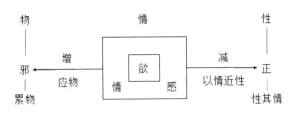

图4 "性其情"中"情"的动力机制

从图4可以看到,同样作为人的天赋性质,"情"不同于"性"的地方在于它的动态功能,即,通过与对象的接触而产生由内向外的发显。在这一过程中,"物"成为情感存在的外在条件,于是西汉刘向曾说:"情,接于物而然者也,出形于外"[1],后来唐代的韩愈也说:"情也者,接于物而生也。"[2]尽管在某些情境中,"观念"也可以成为情感的对象,但"观念"的存在也仍然要指向作为感性认识中的客观经验材料的"物"。在《周易注》对咸卦象辞和对萃卦象辞的解释中,王弼提到了"情"能感交于物的原因在于类别上的一致:

> 天地万物之情,见于所感也。凡感之为道,不能感非类者也,故引取女以明同类之义也。同类而不相感应,以其各亢所处也,故女虽应男之物,必下之而后取女乃吉也。[3]

---

① 黄晖:《论衡校释》,第141页。
② 《原性》,韩愈撰,马其昶校注:《韩昌黎文集校注》,上海古籍出版社1986年版,第20页。以下引用只标注作者书名页码。
③ 楼宇烈:《王弼集校释》下册,第374页。

　　　　方以类聚,物以群分,情同而后乃聚,气合而后乃群。①

　　这就是说,只有同类之间才能互相通过"情"感应,而决定是否同类的根据在于构成事物的元素"气"。在这里王弼没有进一步去讨论"气"的属性,以至于他对"类"没有进行详尽的规定,看上去,人和物不属于同类,按照"同类相感"的原则,似乎人就无法感应到物。但实际上,不同类别的事物之间,也可以具有一定的联系,这种联系,便是"情"的另一种功能,也就是王弼在《周易略例》中提到的"情伪":

　　　　夫爻者,何也? 言乎变者也。变者何也? 情伪之所为也。夫情伪之
　　动,非数之所求也;故合散屈伸,与体相乖。形躁好静,质柔爱刚;体与情
　　反,质与愿违。巧历不能定其算数,圣明不能为之典要;法制所不能齐,度
　　量所不能均也。为之乎,岂在夫大哉!②

　　在这段话中,王弼的主旨是在论述爻的功能在于展示变化③,在论述中他提到了一个重要观点,说"变化"是由"情伪"所造成的,而所谓"情伪"就是由于对自身并不具备(或与自身具备的相反)的属性的需求而产生的与外界的互动。换句话说,即使由于彼此"类"的不同而不能互相感应,也仍能够因为属性上的需求而产生联系,并从这个联系中获得对对象的认识。④ "伪"这个字说明"情"具有这样一种性质,它使得主体能与和主体性质不同的对象接触并产生关联,所以主体是躁却偏偏喜欢静、主体是柔却偏偏喜欢刚,落实在人事上,则成为王弼说的"陵三军者,或惧于朝廷之仪;暴威武者,或困于酒色之

————————

　　① 楼宇烈:《王弼集校释》下册,第445页。
　　② 楼宇烈:《王弼集校释》下册,第597页。
　　③ 王弼对易学的观点集中体现在《周易略例》中,戴琏璋认为王弼的易学创见在于提出"卦以存时""爻以示变""象以明礼""象以尽意"四个方面。具体论述见戴琏璋:《玄志、玄理与文化发展》,台北"中央"研究院中国文哲研究所,2002年,第31—56页。
　　④ "同类相感"的原因在于类别的相同,而"情伪相应"的原因在于由属性的不同(相反)而产生的需要,严格地说,这二者是两个层面的问题,因为不同类而不能相感并不必然意味着可以通过属性的不相同(相反)而相应。

娱"①——王弼把这些经验世界中看似奇妙的现象连接归结到"情",又从"情"的功能上指出了这样一个事实:包括人在内的存在者,都是不完满的存在,都是具有先天性缺乏的存在,这是世间人与万物变化而相应的第一前提。

在这个前提下,物作为他者,是人经验感受的对象,也是人由于缺乏而预设所需价值的客观载体。"情"使人能够与物接触,当接触的经验带来知识时便可以认识到他者对于"我"的固有缺乏的满足的具体可能性,人在选择物的时候便把这种可能性作为预设的价值。所以人需要物是由于人需要满足自己的缺乏,人与物的互动过程就是人实现预设价值的过程,在这一过程中往往伴有情感欲望被满足的愉悦。理性的作用之一是控制缺乏在一定的范围内被满足,但当理性的控制力不够强大时,满足缺乏的欲望便开始转换为获得愉悦的欲望,后者,便是道德哲学经常批判作为理性反面的对象。②

从以上论述中便可以判断,无论是把情感上升到圣人的高度,还是把情感具象为欲望,王弼对于"情"确实具有一贯的肯定立场,在这个肯定中,既包含着他对情不可去的坚持,也包含着他对寡欲而近性的要求。被保留下来的"情"还进一步指明了人与物的关系——在对人为什么可以与经验世界交感问题的解释上,王弼指出了"同类相感"和"情伪相感"两个模式(《周易略例》中归纳为"睽而知其类,异而知其通"),也同时通过这种对"情"深入的分析说明了人似乎具有这样两个先验的倾向:接近与自己类似的对象和接近能满足自己的对象。

公允地说,仅从结论本身来看,王弼对于"情"的保留主张是因袭着先秦两汉以性情论的主流观点而照着讲的,然而一旦深入到王弼的思想体系中去,

①　楼宇烈:《王弼集校释》下册,第597页。
②　在下一节的讨论中,我们会知道王弼把这种理性反面的对象称为"累于物",在《周易注》中对夬卦九三爻之象辞的注释中,王弼还提出了一个类似的概念,叫"情累":"君子处之,必能弃夫情累,决之不疑,故曰'夬夬'也。若不与众阳为群,而独行殊志,应于小人,则受其困焉。"楼宇烈:《王弼集校释》下册,第435页。

就会发现王弼关于"情"概念的创造性不在于提出新的结论，而在于为既有观点提出了新的辩护体系。在这个体系中，王弼首先从情感的自然性和欲望的能动性入手，说明了"情"不可去在理论上的原因，然后通过对物我关系的引入从更加深刻辩证的角度指出人的存在和"情"的存有的必然联系。这些论述极大地丰富了王弼性情论的哲学性，并且也使得在"性其情"的结构中出于下位的"情"概念对于人的存在与行动来说同样具有和"性"概念一样的重要性。这样一来，"性"与"情"便构成了人内在性修养结构的重要两环，前者提供价值，后者提供动力，而这种动态性也成为王弼性情学说和现实关联的重要依据。

王弼这种对于"情"的诠释与同时代何晏等人的情论形成了鲜明的对比。在接下来对王、何二人的论辩的讨论中，我们将会进一步认识到，"情"的存有就意味着人在修养过程中无论多大程度上去实现复归本性都不能脱离物而存在，"情"只有在现实层面保障了人与物的关联，才能在超越现实的层面确保对"道"的体认，而这也是"性其情"这个命题中"情"概念深层次的哲学内涵。

王弼与何晏这场论辩的主要内容被记载于何劭所作的《王弼传》中：

> 何晏以为圣人无喜怒哀乐，其论甚精，钟会等述之。弼与不同，以为圣人茂于人者神明也，同于人者五情也。神明茂故能体冲和以通无，五情同故不能无哀乐以应物。然则圣人之情，应物而无累于物者也。今以其无累，便谓不复应物，失之多矣。①

以往学界谈及这场圣人有情无情思想之渊源时，有着眼其学派之归属者，有强调其思想之接续或革新者。以前者检之，则多近儒近道②或兼综儒道之

---

① 楼宇烈：《王弼集校释》下册，第640页。
② 钱穆认为在宇宙观上何晏王弼谈"无"皆本于老子，但在人生论上"何晏主圣人无情，近道家，王弼主圣人有情，近儒家"。见钱穆：《中国思想史》，台湾学生书局1985年版，第122—123页。罗宗强认为何晏提倡圣人无情是要以"礼"来节制情感，而王弼提倡圣人有情是要用自然本性来节制情感，所以"何晏近孔，而王弼近老庄。"见罗宗强：《玄学与魏晋士人心态》，第78—80页。王葆玹认为何晏调和了"仁孝"与"无为"，而王弼的人性论"涉及儒家人性论阴阳善恶等说"又"吸收了道家人性虚静说"。见王葆玹：《正始玄学》，第388页。

谈;以后者视之,则何晏多为受先秦"以理化情"①或两汉"圣人法天"②"性善
情恶"③等观念影响的继承者的形象,而王弼多为发明体用一如④、统一有情
无情⑤、具有本体思维⑥的革新者的形象。这些讨论都试图从哲学史接续或
发展的角度,为何晏、王弼二人关于圣人有情与否的不同结论做出宏观的、外
在的说明。但对于这场论辩的逻辑层次则没有详细的分析,这便导致二人在
论辩过程中所展现出来的丰富的哲学意蕴并没有得到充分的阐释。

　　从文本分析的角度来看,何晏所主张的"圣人无情"实际上存在着两种程
度的诠释可能,一是把"无情"作为"不显情迹"来看待⑦,即,认为圣人本质上
具有情感,但由于不在任何时候显露而相当于无情;二是把"无情"作为"没有
情感"来看待,即,认为圣人确实不具有普通人一样的情感。前者是把圣人感
情之有无做折中式的处理,后者是使圣人彻底去情化。虽然何晏没有留下更
多的文本来让我们判断哪种解读更符合他的原意,但我们仍可以通过钟会的
论述来推断何晏的立场,因为从《王弼传》留下的线索来看,钟会十分赞成何
晏的圣人无情论,所以钟会对于圣人与情的观点应该与何晏一致。

　　钟会在对《老子》第十二章的注释中说道:

　　　　真气内实,故曰为腹,嗜欲外除,故曰不为目。五音令人耳聋,故圣人

---

　　①　冯友兰认为"圣人对于事物有完全底了解",何晏之"圣人无情"即是"其情为其了解所
融化",此即先秦道家之"以理化情"。见冯友兰:《三松堂全集》第五卷《新原道》,河南人民出版
社 2001 年版,第 90 页。以下引用只标注作者书名页码。

　　②　汤用彤认为"当时之显学均重自然天道……因此当时名士如何平叔、钟仕季等受当世
学说之濡染而推究性情之理,自得圣人无情之结论也。"见汤用彤:《魏晋玄学论稿》,第 61 页。

　　③　余英时认为:"何晏尚承汉儒旧说,以阴阳善恶分别性情,其结论是性为阳、为善,情为
阴、为恶。圣人既纯善而无恶,故无情。"见余英时:《中国知识阶层史论——古代篇》,台北联经
出版社 1980 年版,第 353 页。

　　④　汤用彤:《魏晋玄学论稿》,第 68 页。

　　⑤　冯友兰:《新原道》,第 90 页。

　　⑥　余敦康:《魏晋玄学史》,第 118 页。

　　⑦　吴冠宏便持这种观点认为:"唯'无情'方能不落入任何一情,而没有情之迹限,既然没
有任何一情的发露显迹,自当称为'无情',而成为人情表现最高境界的指称。"见吴冠宏:《何晏
"圣人无情说"试解——兼论关于王弼"圣人有情说"之争议》,《台大中文学报》1997 年第 9 期。

为腹不为目,诸相例也。①

在对《老子》第十六章的注释中又说道:

致,至也。除情虑至虚极也。心常寂守静笃也。②

这里有三点值得注意,首先,钟会用"真气内实"解释老子所说的"为腹",这就打破了圣人需要满足最低限度的生理需要的解读③而把圣人诠释成修炼真气的超越形象。其次,"嗜欲外除""除情虑"这些概念说明钟会并非站在相对温和的立场来对待情欲,而是彻底地主张去除情欲。最后,钟会认为"虚极"是值得标榜的价值,这种价值可以通过心的寂静实现。

钟会这种通过去除情欲来追求虚极的超越性的圣人形象的塑造,与何晏本来的思路十分相似。何晏认为圣人与道互相关涉,他在《无名论》中说:

若夫圣人,名无名,誉无誉,谓无名为道,无誉为大。④

而圣人若真正达到道的境界,则需借助"虚心"的修养,于是他在《论语·先进篇》第十八章的注释中赞扬颜回能够虚心而知道:

其于庶几每能虚中者,唯回。怀道深远,不虚心,不能知道,子贡虽无数子之病,然亦不知道者,虽不穷理而幸中,虽非天命而偶富,亦所以不虚心也。⑤

实际上在何晏"夫道者,惟无所有也"⑥的诠释下,道由于其一无所有的本质,基本上相当于钟会所说的虚极,所以圣人虚心而知道的过程也就相当于圣

---

① 李霖:《道德真经取善集》,收入《续修四库全书》子部道家类,上海古籍出版社 2002 年版,第 235 页。以下引用只标注书名页码。

② 李霖:《道德真经取善集》,第 242 页。

③ 与钟会不同,王弼对此章的注释则保留了圣人对物最低限度的生理需要的意涵:"是以圣人为腹不为目,故去彼取此。为腹者以物养己,为目者以物役己,故圣人不为目也。"楼宇烈:《王弼集校释》上册,第 28 页。

④ 本文所引何晏之《无名论》皆出自《列子·仲尼篇》张湛注引,见杨伯峻:《列子集释》,中华书局 1979 年版,第 121 页。以下引用只标注作者书名页码。

⑤ 中华书局编辑部编:《汉魏古注十三经》下册,中华书局 1998 年版,第 49 页。以下引用只标注作者书名页码。

⑥ 杨伯峻:《列子集释》,第 121 页。

人心常寂守静笃而致虚极的过程。在一致的论述逻辑下,钟会把情感作为需要去除的对象,何晏的圣人无情论也自然是"去情"的主张,而不可能是"有而不显"的立场。

在对《论语·雍也篇》第三章的注释中,何晏说:"凡人任情,喜怒违理。颜回任道,怒不过分。"①在这里对于"情"的批判是显而易见的,情作为道的对立面无可避免地成为"违理"的先决条件。何晏说颜回是"怒不过分",这尚属于"有情"的范围,比之更高级的是"不怒",即彻底的无情,于是在《论语·学而篇》第一章的注释中,他说:"凡人有所不知,君子不怒。"②从凡人"任情而为恶"到圣人"无情而无恶",这个逻辑是可以被理解的:圣人断绝了与情的联系就是消除了为恶的可能性,即,消除累溺于物的危险。从《王弼传》的记载"今以其无累,便谓不复应物"来看,何晏似乎通过"不应物"的方式保证了主体性的绝对存在,并防止了主体被物对象化的危险。

不过在何晏之前,即使是道家,在处理圣人与物的关系问题上,也没有达到"不应物"的程度。如文子说的"唯圣人能遗物反己"③、庄子说的"圣人处物不伤物"④,还有鹖冠子说的"至人遗物,独与道俱"⑤就都是在与"物"接触的前提下保证自身的朴真,防止外物的伤害,而"不应物"则是以更加大胆的方式把人的存在从人与物的对待关系中解放出来,使得人不需要物的定义而存在,这在根本上颠覆了王弼主张有情论的基础。

王弼也同样反对那种无节制地通过外物来获得愉悦满足的状态,所以他同意即使有情也应该做到"无累于物",但如上述所论,王弼和何晏不同的是,他恰恰认为人的完满需要通过物来体现,所以人不能与物脱离。如果说"不应物"的论调代表了先人对完美人格的浪漫想象,那么王弼"应物而无累于

---

① 中华书局编辑部编:《汉魏古注十三经》下册,第27页。
② 中华书局编辑部编:《汉魏古注十三经》下册,第7页。
③ 王利器:《文子疏义》,第30页。
④ 方勇译注:《庄子》,第378页。
⑤ 黄怀信:《鹖冠子汇校集注》,中华书局2004年版,第291页。

物"的观点则进一步推进了这一问题在哲学上的深度。

人与物的关系,或者说"我"与"他者"的关系,是辩证的,其中一方以另一方作为反面,但又因反面的存在而保证了自身的存在。如果从人与物的关系中脱离,执行彻底"去物"的原则的话,"我"便也随之不存在,因为不在对待关系中的存在者就没有外物作为比照和诠释,存在者自身也成了不可言说、不可认识的对象。这也是为什么道家的理想人格和最高本原总是模糊的不可言说的形象——这种模糊对于"道"这样的实体来说是可以被允许的,因为作为本体论的逻辑起点确实不需要语言描述,但是对于一种值得效仿的人格来说,断绝了与物的关系,在道德的修养实践上就会给普通人带来迷惑,而圣人的善也因此无法彰显。正是这个原因,在注释《益》卦九五之象辞时,王弼说:

> 得位履尊,为益之主者也。为益之大,莫大于信。为惠之大,莫大于心。因民所利而利之焉,惠而不费,惠心者也。信以惠心,尽物之愿,固不待问而"元吉有孚惠我德"也。以诚惠物,物亦应之,故曰"有孚惠我德"也。①

这就是说施惠之所以具有善的价值,是因为它的本质在于诚心。而这种纯粹的善良意志体现在通过"因民"的手段把民之所利作为自己追求的目标,在这一过程中,通过对自我主观性的消解而达到了成就外物和他者的善,而"物亦应之"则成为一种自然而然的结果。也就是说,在人与物同时存有的情况下,人便可以通过上述"情"的两种作用("交感于物"和"情伪")从对自身的认识而过渡到对外物的认识,从而最终实现对外物不违自然的统摄。在《论语释疑》中,王弼曾解释忠恕之道说:

> 忠者,情之尽也;恕者,反情以同物者也。未有反诸其身而不得物之情,未有能全其恕而不尽理之极也。能尽理极,则无物不统。极不可二,故谓之一也。推身统物,穷类适尽,一言而可终身行者,其唯恕也。②

这里王弼把"恕"从原始儒家讲的人与人之间的关系扩大到了人与万物

---

① 楼宇烈:《王弼集校释》下册,第430页。
② 楼宇烈:《王弼集校释》下册,第622页。

之间的关系,认为返回主体自身的规定性便能了解作为客体的"物"规定性,而一旦了解了万事万物的规定性,便能合理地处理物我关系而使外在世界保持一定的统序。这就意味着包括圣人在内的普遍人类对于世界的掌握的关键是建立起有效的物我关系,而这种关系又是在"情"的作用下通过从"我之情"到"物之情"的过渡完成的。

如果说"累物"和"不应物"的结果都是主体性的丧失①的话,王弼所说的"应物"则是在与物互动的过程中通过物来保证自己的主体性。而所谓的"应物",也是顺着事物各自的性质而对其作出反应,在这个行为中并不会改变客观对象的属性,所以王弼说的"应物"也可以说是"因物",他在《老子注》中便说:

因物而用,功自彼成,故不居也。②

在这样的物我关系中,外物的本性能够不受戕害而是其所是地存在,人不仅获得了自己的主体性,也在客观上③完成了对外物的成善。所以在王弼的

---

① "去物"也会导致主体性的丧失,这是因为人由于其先天性的缺乏而与外物互动的过程中建立了自我意识,进而通过对物我关系的控制使自身的主体性彰显,没有了"物",人对自我的感知就成了不可能的空集。康德论述"我"的存在时说:"'我思'必须有可能伴随着我的一切表象,否则某些东西就会在我之中被表象却绝不可能被思维,这就等于说,这个表象是不可能的,或者至少对于我等于空无。"见康德:《纯粹理性批判(第二版)》,收入李秋零主编:《康德著作全集》第三卷,中国人民大学出版社2007年版,第178页。"表象"是对于事物的观念,康德认为没有事物的观念在就不会有"自我"的观念。类似地,黑格尔在《精神现象学》中把主客体的关系定义为"奴隶和主人",主人没有奴隶便不成主人,从这个角度来说,主人也是奴隶,反之,奴隶亦是主人,这仍然在说,自我必须借由他者才能存在:"自我意识是自在自为的,这由于、并且也就因为它是为另一个自在自为的自我意识而存在的。这就是说,它所以存在只是由于被对方承认。"见黑格尔:《精神现象学》,商务印书馆1979年版,第122页。后来20世纪西方哲学所提出的"主体间性"则更直接地把主体性抛到了主客体统一的关系中。海德格尔说:"由于这种有共同性的在世之故,世界向来已经总是我和他人共同分有的世界。此在的世界是共同世界。'在之中'就是与他人共同存在。"见海德格尔著,陈嘉映、王庆节译:《存在与时间》,上海三联书店2006年版,第137页。

② 楼宇烈:《王弼集校释》上册,第7页。

③ 之所以具有客观性,是因为物本身有自然之性,成善就是让物依其本性复归自然,在这一过程中并没有人主观的造作。是故王弼在《老子注》的第二十九章说:"万物以自然为性,故可因而不可为也。可通而不可执也。物有常性,而造为之,故必败也。物有往来而执之,故必失矣。"《王弼集校释》,第77页。

论述逻辑中,人的理想人格并不必然导致其与物的关系的断绝,事实上恰恰相反,人通过对物己关系的精准把握成就了自己的理想人格,从这个意义上说,人与物既有逻辑上的也有境界上的依存关系。

通过以上的说明,我们或多或少可以感受到在王弼与何晏的论辩中,对圣人有情与否、应物与否这些问题的回答关涉着二人对理想人格的终极境界的不同看法。从"无喜怒哀乐""不复应物"这些描述看,何晏所想象的圣人境界是对包含"情""欲"在内的一切感性的绝对超越和对物的彻底断绝。不过如果想更多地了解何晏对这种境界是如何展开说明的,仅凭《王弼传》的寥寥几笔是远不能实现的,而需要借助他的另外的著作。

何晏在《无名论》中曾引用夏侯玄的话说:"天地以自然运,圣人以自然用"①,并进一步解释这个使天地运行的自然实际上就是道:"自然者,道也。"②在对《论语·宪问篇》第三十七章的注释中,何晏解释了圣人以自然为用的原因:

　　　　圣人与天地合其德,故曰唯天知已。③

这是说圣人可以与天合德,既然天把自然之道作为自己的运行法则,圣人也以自然作为自己行为的准则。何晏顺着老子的思路说"道本无名",他认为把自然称为道只是"强为之名",只是在表达一种无造作无矫饰的根本规律,这种规律不仅无名,也无声无形。所以从表诠的角度,说道是自然,是在强调道无固无我、随顺天地造化的存在方式;而从遮诠的角度,亦可说道是无,这是在强调道的存在不以任何他者作为前提,亦没有任何规定性。圣人把这样的道作为自己的效仿对象,一方面,他可以具备道的属性,成为无名无誉的存在:

　　　　若夫圣人,名无名,誉无誉,谓无名为道,无誉为大。④

---

① 杨伯峻:《列子集释》,第121页。
② 杨伯峻:《列子集释》,第121页。
③ 中华书局编辑部编:《汉魏古注十三经》下册,第38页。
④ 杨伯峻:《列子集释》,第121页。

但另一方面,由于道的超越性,圣人又无法从自身全体占有道的本质,所以何晏认为道只可以作为志慕的对象:

> 道不可体,故志之而已。①

在这种与道的关系下,何晏所说的圣人并不能成为与道同体的绝对超越者,但他仍可以通过对道的志慕、对虚极的实践而成为无情不应物的人间超越者。

王弼对于这种人间超越者的形象是无法认同的,正如前面一再指出的那样,王弼坚定地主张在与物的关联中来形塑圣人的境界。在与何晏的论辩中,我们也能清晰地看到王弼基于这样的立场提出了圣人有情而通无的观点:

> 圣人茂于人者神明也,同于人者五情也。神明茂故能体冲和以通无,五情同故不能无哀乐以应物。②

表面看起来,王弼在这里把"五情"作为圣人和普通人相同的部分,但没有进一步阐明圣人之情与普通人之情是否有区别,而是直接跳到圣人"通无"的境界说明上,这不仅使得有情之圣人如何避免情之为恶成为遗留问题,也为"有情"与"通无"之间的有无对立留下了有待解释的空间。不过仔细考察王弼的论述就会发现,王弼所说的"五情同"是指具有五情这一事实上的相同,而非五情内容上的相同。圣人之情,已经消解了为恶的可能性,所以才与普通人不同,能够无累于物。而从"通无"这个境界上的描述可知,这种"情"上的差异在根本上来自"性"上的差异,即,圣人的本性是一种不动的虚静,它通过让情感接近、效仿这种虚静状态而保证了"情"的正当性。

所以尽管王弼在圣人之辩中没有直接谈及圣人之性,但如果不结合他的"性其情"理论来说明圣人通过这种性情修养而使情不为恶,便无法深入理解"圣人有情"的重要意涵——圣人所有之情是复归了本性的情。而另一方面,"性其情"理论对"性"内涵的诠释也为圣人"通无"打下了铺垫:王弼虽然承

---

① 中华书局编辑部编:《汉魏古注十三经》下册,第65页。
② 楼宇烈:《王弼集校释》下册,第640页。

认"情"的存有,但在价值取向上,他更倾向于"情"向"性"的复归,复归的结果是回到存在之初的自然状态,在这个状态中除了虚静之外,并没有更多的可被认识言说的内涵,是故这个状态又被王弼称为"无"。在这个意义上也可以说,圣人"性其情"的过程就是"通无"的过程,圣人的境界亦是其实现了"性其情"的状态。

王弼虽然认为实现了"性其情"的圣人可以"通无",但对于上述何晏所主张的"道"可志不可体的论述,他似乎也同样承认。① 在《论语释疑》中,王弼说:

> 道者,无之称也,无不通也,无不由也。况之曰道,寂然无体,不可为象。是道不可体,故但志慕而已。②

这样一来便产生了问题:"道"与"无"如果是一致的,为什么王弼会认为圣人能"通无"却不可"体道"呢? 如果"道"与"无"不同,二者含义上又有怎样的差别呢? 当代学界的一些研究为了凸显王弼思想之创新性,把"道"看作王弼试图用"无"所取代的对象。③ 然而在上述《论语释疑》的引文中,王弼明确表明"道"是"无"称呼,这就说明二者之间既不是革新的关系,也不是同义的关系,而是特指语言逻辑上的称谓关系。

在《老子指略》中,王弼特别说明了"名"与"称"的关系是:"名也者,定彼者也;称也者,从谓者也。名生乎彼,称出乎我"④,这就是说"名"是从指称对象的角度进行命名,具有客观性,"称"是从指称主体的角度进行称呼,具有主

---

① 在对《老子》十六章"知常曰明,如常,容乃公,公乃王,王乃天,天乃道,道乃久,没身不殆"的解释中,王弼把"道"解释为"与天合德,体道大通,则乃至于极虚无也",见楼宇烈:《王弼集校释》上册,第 37 页。这里虽然提到了"体道",但这里体道的主体并不是圣人,因为王弼对"王"的解释是"无所不周普也",这就去除了它的人格性含义。所以这一段并非说的是圣人体道的过程,而是从"常"这一概念逻辑分析出"道"的过程。

② 楼宇烈:《王弼集校释》下册,第 624 页。

③ 此观点可参见王晓毅:《王弼评传》,南京大学出版社 1996 年版,第 242—247 页。何石彬:《老子之"道"与"有"、"无"关系新探——兼论王弼本无论对老子道本论的改造》,《哲学研究》2005 年第 7 期。康中乾:《魏晋玄学对老庄"道"的革新》,《中国哲学史》2015 年第 3 期。

④ 楼宇烈:《王弼集校释》上册,第 197 页。

观性。而"道"之所以是"无"的称呼，就是因为王弼想以之描述"无"所具有的那种让万物经由的性质，而从幽隐、深邃、宏大、长远、精细等不同的体证角度，"无"还具有其他的称呼：

> 夫"道"也者，取乎万物之所由也；"玄"也者，取乎幽冥之所出也；"深"也者，取乎探赜而不可究也；"大"也者，取乎弥纶而不可极也；"远"也者，取乎绵邈而不可及也；"微"也者，取乎幽微而不可睹也。然则"道"、"玄"、"深"、"大"、"微"、"远"之言，各有其义，未尽其极者也。①

王弼之所以要用包括"道"在内的诸多概念去称谓"无"，是因为"无"所指代的对象无法被真正的认识，这使得"无"成为不具有清晰内涵的语言标记，所以当"无"不得不被说明时，王弼只能把"无"具体化为其指代对象的某种性质或特征，通过这种性质或特征的确定性而创造新的概念去片断式地形容"无"。

在这样的理解下，"道"既然是"无"的一种表述，它便同样具有万物初始时无形与无名的性质：

> 道无形不系常，不可名，以无名为常。故曰道常无名也。②

所以从它作为一个概念想要表达的内容来看，"道"是无法以经验认识的，也就是说，虽然可以从逻辑上演绎出"道"的概念，但是从这个概念本身我们却无法获得感受层面的关联。这便是上述所谓"道不可体"的根本原因，因为从王弼在《论语释疑》中说的"况之曰道，寂然无体，不可为象，是道不可体，故但志慕而已"③来看，"道不可体"的结论是建立在"道"没有实体、没有形象的前提之下的，这就是说，如果把"道"抽象化为无形、无名的状态，就必须承认它的不可体认性。

既然"道"是无法认识的，那么作为"道"所描述的对象"无"，为什么又是

---

① 楼宇烈:《王弼集校释》上册，第196页。
② 楼宇烈:《王弼集校释》上册，第81页。
③ 楼宇烈:《王弼集校释》下册，第624页。

可以通致的呢？通过上文我们已经知道,王弼认为万物经由"道"的阶段而始生,在这一过程中"道"对万物不施加任何主动性的干涉,而和物保持着因随的关系:

> 凡物之所以生,功之所以成,皆有所由,有所由焉,则莫不由乎道也。故推而极之,亦至道也。随其所因,故各有称焉。①

在这个关系中,"道"作为一种自然的状态,保证了万物按照自己的内在规定性去成长,所以可以说"道"是万物展开自生的必经环节和必要条件,于是从万物的角度看,"道"便具有一种先在的价值性。然而"道"最根本的价值并非在于成物,而在于其自身不可言说的完满性。在王弼看来,万物从"道"中自然而然地分化而成,在有形有名之后根据自身的情况又各自获得了应有的位置:

> 万物皆由道而生,既生而不知所由,故天下常无欲之时,万物各得其所。②

万物由"道"而生虽然是正常的存有过程,但是分化之后获得形体与名称的万物由于具有个体上的性质而丧失了整体上的完满,所以王弼说:

> 有分则有不兼,有由则有不尽。不兼则大殊其真,不尽则不可以名,此可演而明也。③

这里"大殊其真"是说万物各自成形得名之后反而丧失了存在的本真,在上一节讨论本性之"无"时,我们已经知道了"真"这个概念被王弼用来指代在没有语言概念干涉和分别的阶段中的真实的本性,所以万物由"道"而生说的就是万物经由真实本性而获得各自规定性的过程。但是在这个过程中,万物由于情欲发动不当又常常不能按照本性的存有状态而生发长成,所以王弼说具体的失"真"的万物为了保证存有状态的完满,就要返回玄冥不可认识的状

---

① 楼宇烈:《王弼集校释》上册,第137页。
② 楼宇烈:《王弼集校释》上册,第86页。
③ 楼宇烈:《王弼集校释》上册,第196页。

态之中:

> 物反窈冥,则真精之极得,万物之性定。①

这里"反窈冥""性定"等表述明显说的就是"性其情"——对本性的复归几乎贯穿着王弼所有的哲学思考。而在"性其情"的修养实践上,王弼当然会承认回到初始状态,也就是实现虚静纯粹的终极境界的可能性。也正是在这个意义上,王弼强调了圣人的"通无"。由于"道"是"无"的一种称谓,"通无"也就相当于"通道",于是在某些表述中,王弼甚至也说出了看起来和"道不可体"完全相反的表述:

> 道以无形无为成济万物,故从事于道者,以无为为君,不言为教,绵绵若存而物得其真,与道同体,故曰同于道。②

这里的"与道同体"是说,万物一旦因反"无"而实现了本真之性,便达到"道"那种不可言说、无形无为的玄冥境界。"与道同体"不意味着人能成为"道",而是说人返回了自身最初所拥有的那种状态。所以虽然表面看上去"道不可体"和"通无""与道同体"这些说法是矛盾的,但如果深入他的"性其情"理论中,就会知道与本性相关联的"道"或"无"虽然不可被经验体认,但是可以被人的性情修养实践所体证——两者的区别在于,前者是把"道"或"无"作为认识的对象进行感受与思考,后者是把"道"或"无"作为本有的状态进行自然而然的复归。③ 换句话说,由于人是经本性的初始状态而存有,即,由"道"而生,所以"道"其实是人内在的一部分,人不能用感觉和概念外在地认识"道",而只能通过内在的修养自然地体证"道"。

---

① 楼宇烈:《王弼集校释》上册,第53页。
② 楼宇烈:《王弼集校释》上册,第58页。
③ 这便说明"道不可体"与"与道同体"中"体"字的含义是有区别的,前者代表经验上的认识,后者代表自然地、当下地、直接地证得。而在王弼的文本中,我们也可以分别找到"体"这两种层面的用例,比如《老子注》第十四章"无状无象,无声无响,故能无所不通,无所不往,不得而知,更以我耳目体,不知为名,故不可致诘,混而为一也"中的"体"便属于前者,而《老子注》第六章"本其所由与极同体,故谓之天地之根也"中所说的"体"便属于后者。楼宇烈:《王弼集校释》上册,第31、17页。

　　至此我们便可以看到，王弼所说的"道不可体"与"体无"的内在张力实际上源于"性其情"理论下本性状态的不同角度的描述，"道"的不可经验性与"道"的可获得性并不矛盾。无名无形的"道"的"不可体"恰恰是人通过身心反"无"而"体道"的题中应有之义，所以从万物存有的整体过程来看，"道不可体"与"体无"是可以同时成立的。从这个分析中也可以说，在与何晏的论辩中，王弼虽然因为恪守"性其情"理论中"情"不可去的要求而把圣人塑造为"同于人者"的有情形象，但并未因此而使得圣人这一理想人格的代表丧失超越性，这是因为同样是由于对"性其情"理论的恪守，王弼通过对复归虚静本性的强调同样可以让圣人获致"通无"的终极境界。

　　在明确了这一点之后，由王弼所塑造的这种圣人形象出发，一个随之而来的问题便是，圣人重返虚静而达到终极境界的性情修养如何被尚未回归本性的人所实践呢？在目前为止的对"性其情"理论的讨论中，我们已然清楚了"性""情"这些范畴的哲学蕴涵，也知道了圣人是如何按照"性其情"的规定而"有情""应物""通无"的。但从现实的角度来说，我们尚不确定"性其情"这个理论能在多大程度上落实到并不具有理想人格的普通人中去。在下一节中，我们将从"性其情"的内在逻辑中回答这一问题，并试图揭示圣人这一代表理想人格的形象在王弼性情论中更为深刻的意义。

第四节　"性其情"的实践与政治旨趣

　　所谓"性其情"的修养实践问题，便是让妄作的情欲回复到本性的虚静状态的问题，也是让现实符合价值的问题。无论是现实还是价值，它们的指向都是人的存在，王弼在讨论性情修养的实践时，并没有从个体的人的存在出发，而是从整体的角度，塑造了一个以圣治凡的图式。在这个图式中，圣人代表了价值，凡人代表了现实，这样一来，内在的性情修养便通过外在的社会教化解决了。由此也可知，"性其情"的实践问题与王弼对圣人的思考息息相关。

对于圣人的讨论可以追溯到很久之前。在先秦时代,原始儒家便认为圣人具有"不勉而中,不思而得,从容中道"①的先验品质而兼有"法天"与"施教"两重特征。原始道家的圣人论述框架虽与之相似,但法天的内容从儒家所重视的"秩序"变为"自然",施教的方式也从积极参与现实政治的制礼作乐转变为重视自身修养的无为之治。

在这种差异之中,圣人与众人的关系便存在了两种不同走向:儒家的圣人由于需要与众人进行积极的互动,所以二者在人性本质上是相同的,区别在于德性,比如郭店楚简《成之闻之》说:"圣人之性与中人之性,其生而未有别之"②,《孟子》讲:"圣人之于民,亦类也。出于其类,拔乎其萃"③都是这个意思。而道家的圣人由于看重自身的返璞归真,则呈现出与众人关系的脱离或隐遁。比如老子说:"是以圣人被褐而怀玉"④,庄子说:"虽圣人不在山林之中,其德隐矣"⑤等。

在本书第一章中,根据董仲舒、韩婴、王符等人的一系列论述,我们已经知道了这种圣人因情而制礼作乐的逻辑也成为之后汉代儒生论述"圣人"时最具代表性的观点。在这些论述中,"情"是圣人作礼乐以施教的根据,是故圣人节情而不去情。同时通过《太平经》、河上公《老子》注等文献我们也知道了,随着道教与道家的兴起,一些不具有情感的超越性形象也开始出现。这些形象的描写为圣人的塑造提供了更多想象的可能性。从《三国志·刘晔传》裴松之注引《傅子》描述刘陶的文字中可以清晰地看到,在三国时期对于圣人的讨论已经打破既有论调而充满着主观之色彩:

> 当此之时,其人意陵青云,谓玄曰:"仲尼不圣。何以知其然?智者图国;天下群愚,如弄一丸于掌中,而不能得天下。"玄以其言大惑,不复

---

① 杨天宇:《礼记译注》下册,第702页。
② 李零:《郭店竹简校读记》,第159页。
③ 杨伯峻:《孟子译注》,第48页。
④ 汤漳平、王朝华译注:《老子》,第271页。
⑤ 方勇译注:《庄子》,第253页。

详难也。①

而生活在相同时代的王弼,也同样按照自己的理论需要对圣人进行了新诠。在王弼的圣人论述中,最具典型意义的例子来自上述他与何晏关于圣人是否有情的辩论。从这个辩论可知,王弼的圣人观虽然在具体内容上与上述先秦两汉的圣人描述不尽相同,但是在把圣人与性情问题(特别是情)放在一起讨论这一点上却是相同的。这是因为,"圣人"概念的哲学意义在于建构从具体的不完满的人到普遍的完满的价值的过渡,普通人即使没有足够的意志力,也会因圣人之存在而具有去恶从善的方向和可能性。

从王弼反驳何晏的观点来看,圣人在具有情感这一点上和众人相同,在因能通无而使情感不累溺于物这一点上与众人不同——在同与不同之间,圣人的典范意义便出现了,他因对情感的恰当处理而值得众人效仿,又因没有无情的绝对超越性而使这种效仿得以实现。更重要的是,圣人的通无而有情也构成了"性其情"的标准写照。从表面看上去,王弼在与何晏的圣人之辩中并没有谈及圣人的本性问题,但是"体冲和以通无"的描述为我们分析圣人之性提供了重要线索。在对《老子》第四章的注释中,王弼说道:

> 故冲而用之,又复不盈,其为无穷亦已极矣。形虽大,不能累其体,事虽殷,不能充其量,万物舍此而求主,主其安在乎。不亦渊兮似万物之宗乎。锐挫而无损,纷解而不劳,和光而不污其体,同尘而不渝其真,不亦湛兮似或存乎。②

老子的原文中是在讲"道"的性质,王弼把"冲"解读成和"盈"相对,即指空虚不满的样子,而把"和"解读成与尘世之人与物并存而无碍,即容纳一切的样子。这就是说,从"冲"的性质看"道","道"是不满不盈、不累不劳的"无"的状态,而从"和"的性质看"道","道"是包容无争、物我两不伤的状态,

---

① 陈寿:《三国志》第二册,中华书局1959年版,第449页。以下引用只标注作者书名页码。
② 楼宇烈:《王弼集校释》上册,第11页。

道的这些性质被取法之后,同样能"体冲和",圣人自然也能在"通无"的同时与众人情同而共存了。这样就可以断定,道"用冲"而和光同尘的结果是本真的彰显,圣人亦是如此,因其法道之自然而能存有本真。

在对《老子》第七十章"是以圣人被褐怀玉"的注释中,王弼说:

> 被褐者,同其尘,怀玉者,宝其真也。圣人之所以难知,以其同尘而不殊,怀玉而不渝,故难知而为贵也。①

这里"同尘而不殊"依然是在讲圣人同情而通无的性质,"宝其真"则说明了圣人像道一样,能够保持住自己的本真,从王弼在《老子》第十七章"信不足焉,有不信焉"之下直接把"真"与"性"联系起来作出"夫御体失性则疾病生,辅物失真则疵衅作"②的注释来看,这个本真就是本性。在同样把"真"与"性"联系起来的对《老子》第四十五章"躁胜寒,静胜热。清静为天下正"的注释中,王弼进一步提到了达到"真"的途径在于去躁而反静:

> 躁罢然后胜寒,静无为以胜热,以此推之,则清静为天下正也。静则全物之真,躁则犯物之性,故惟清静乃得如上诸大也。③

这便说明圣人本真之性的内涵正是皇侃所讲的那个"静"。事实上王弼也确实认为虚静的本真之性是圣人得以发挥其影响的重要原因,只不过这种影响的发挥不是一种主动性的强制行为,而是顺着众人的本性帮助众人完成内在的修养,这就是王弼在《老子指略》中提到的"故不攻其为也,使其无心于为也;不害其欲也,使其无心于欲也"④。把圣人本性之静的这种影响提升到更高的程度,便可以影响一个国家的秩序,这也是《老子》第六十章所说的"治大国,若烹小鲜"的原因,王弼在对这一章的注释中就专门强调了只有守静才能得众人之心而治理好国家:

---

① 楼宇烈:《王弼集校释》上册,第176—177页。
② 楼宇烈:《王弼集校释》上册,第41页。
③ 楼宇烈:《王弼集校释》上册,第123页。
④ 楼宇烈:《王弼集校释》上册,第198页。

　　不扰也,躁则多害,静则全真,故其国弥大,而其主弥静,然后乃能广得众心矣。①

　　王弼把"静"作为圣人本真之性的内涵的结果,是使得圣人与众人的互动方式产生了从有为到无为的转变。同样是在对上述《老子》第六十章的注释中,王弼认为圣人由于因循自然而产生的影响不会戕害到众人,众人也因此感受不到刻意为之的教化:

　　道洽则圣人亦不伤人,圣人不伤人则不知圣人之为圣也。②

　　而众人不能认识到"圣之为圣"的另一个重要原因在于,圣人基于本真之性的教化不仅是行为上的无为,也同时是语言上的无言,这就是王弼说的"是故天生五物,无物为用;圣行五教,不言为化。是以'道可道,非常道;名可名,非常名'也。"③这种"不圣之圣"与"不言之教"使得王弼所描述的圣人与先秦两汉以来儒家圣人的形象有了很大不同,这也给王弼的圣人观造成了一种反儒近道的假象,比如在《老子指略》中他明确提到了"故素朴可抱,而圣智可弃",④但实际上可以舍弃的"圣智"只是没有从本真之性中生发出来的善巧之智,这样的圣人之智由于过度的施为造成了朴素之道被遮掩,反而给众人平添了好欲之心,而使其不能正当地进行内在性的修养:

　　夫素朴之道不著,而好欲之美不隐,虽极圣明以察之,竭智虑以攻之,巧愈思精,伪愈多变,攻之弥甚,避之弥勤。⑤

　　这也说明,王弼并非从根本上反对儒家的"圣人"概念以及包含在儒家圣人观之下的对道德与事功的赞扬,但他把"朴素之道"当作论"圣智"的前提,就是想说明如果没有本真之性作为教化的根本,圣人反倒可能带来负面的影响:

---

① 楼宇烈:《王弼集校释》上册,第158页。
② 楼宇烈:《王弼集校释》上册,第158页。
③ 楼宇烈:《王弼集校释》上册,第195页。
④ 楼宇烈:《王弼集校释》上册,第198页。
⑤ 楼宇烈:《王弼集校释》上册,第198页。

> 夫圣智,才之杰也;仁义,行之大者也;巧利,用之善也。本苟不存,而兴此三美,害犹如之,况术之有利,斯以忽素朴乎? 故古人有叹曰:"甚矣,何物之难悟也!"①

不过反过来说,如果圣人不失朴素之道而能使教化出于虚静的本性,那么这样的教化和这样的圣人当然是值得推崇的——王弼在这里通过对普通意义上圣人的否定来强调"圣人"概念应有的内涵,从而构造出新的圣人观,在这种圣人观中,儒家的"为圣"和道家的"去圣"被他巧妙地结合在一起:

> 既知不圣为不圣,未知圣之不圣也;既知不仁为不仁,未知仁之为不仁也。故绝圣而后圣功全,弃仁而后仁德厚。夫恶强非欲不强也,为强则失强也;绝仁非欲不仁也,为仁则伪成也。②

在王弼看来,儒家所提倡的"圣功"和"仁德"是具有价值的,只是在实现这种价值的方法(无为)以及这种方法背后的原因(真与静之性)上,他吸收了道家的行为方式。这样一来,上述儒道二家关于圣人观点的矛盾就被转化为层次上的差异,而不是根本的分歧,王弼所形塑的圣人也没有因为本真和无为超越现实社会,而仍要把帮助众人转恶成善作为必要的任务:在注释《老子》第二十七章时,他说:

> 此五者皆言不造不施,因物之性,不以形制物也。是以圣人常善救人,故无弃人;圣人不立形名以检于物,不造进向以殊弃不肖,辅万物之自然而不为始,故曰无弃人也。③

"无弃人"表明圣人不能脱离众人而存在,在这个基础上还要进一步地去"救人",只不过这个"救人"并非是什么特别的行为,而是顺着众人的本性帮助他们回归到自然的状态,即帮助他人实现"性其情"的内在实践。总之,由于圣人在"通无"而具有本真的虚静之性的同时又能与众人同情而相

---

① 楼宇烈:《王弼集校释》上册,第199页。
② 楼宇烈:《王弼集校释》上册,第199页。
③ 楼宇烈:《王弼集校释》上册,第71页。

感,众人通过学习圣人便有了从性情失其本真而流荡逸失的状态回归到笃受虚静而性情久行其正的状态的实践上的可能性。至此也可以通过王弼对圣人性情的塑造来理解众人在"性其情"观念下以静化情的修养实践次第(见图5):

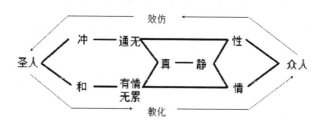

图5 "性其情"观念下圣人与众人的关系

从图5我们可以看到,根据王弼的描述,圣人既是实践"性其情"得以可能的原因,又是实践"性其情"后成功的结果。这样一来,圣人身上所具有的性情结构便成为理解王弼性情实践的重要内容,而圣人身上的政治属性便也成为理解"性其情"的旨趣的落脚点所在,而这个旨趣也是本章讨论王弼性情理论而需要说明的最后一个问题。

对于王弼来说,人的情欲有正邪两种可能,如果可以通过"性其情"的修养从而达到本性的复归,则情欲可以正常地存有("情近性者,何妨是有欲"),在对于"圣人"的论述中,也同样强调了"情"不因其有累溺于外物的危险便当去除,在圣人的正确运用下,情欲反倒可以成为圣凡之间连接沟通的纽带。在上述对"情"的哲学意蕴的分析中,我们知道对"情"应物等机能的重视是王弼性情论的一大特色,而这种重视也成为研究王弼思想旨趣的关键。

从与何晏"圣人无情"针锋相对的王弼的"圣人有情"来看,王弼对情感的保留在于圣人不能脱离其社会属性而孤独地存在,这一点实际上也是魏晋时代对圣人的讨论中很重要的观念。《世说新语·文学》曾记载:

僧意在瓦官寺中,王苟子来,与共语,便使其唱理。意谓王曰:"圣人有情不?"王曰:"无。"重问曰:"圣人如柱邪?"王曰:"如筹算,虽无情,运之者有情。"僧意云:"谁运圣人邪?"苟子不得答而去。①

在这段对话中,王苟子虽然认为圣人无情,但是把"圣人如柱"的比喻换成了"如筹算",就是想表明,即使无情之圣人也不会像柱子一般与世间毫无关涉,而是要像筹算一样具有实际功效的意义,只是他在圣人之上欲增加更高位阶的有情之存在的尝试并未坚持到底。这也说明圣人的价值在于他对于众人的意义,圣人无论有情无情都不能超越人类社会而成为与众人无关的个体。

不过正是因为魏晋时代有很多人像王苟子一样,虽然坚持"圣人无情"的观点,但无法解决无情的圣人如何与有情的众生发生作用、产生互动的问题,导致了圣人孤悬在众生之上,与世俗世界产生了断裂。《世说新语·伤逝》记载:

> 衍尝丧幼子,山简吊之。衍悲不自胜,简曰:"孩抱中物,何至于此!"衍曰:"圣人忘情,最下不及于情。然则情之所钟,正在我辈。"简服其言,更为之恸。②

《北堂书钞》卷五十八也记载:

> 王黎为黄门侍郎,轩轩然乃得志,煦煦然乃自乐。傅子难之曰:"子以圣人无乐,子何乐之甚?"曰:"非我乃圣人也。"③

这两则记事在某种程度上反映出魏晋"圣人无情"论的尴尬:理论上,大家都服膺于"无情"之立论高远;现实中,众人仍然宁愿选择"有情"之世俗生活。这就使得圣人成为无法引导众人道德实践的虚构形象。

标榜"圣人无情"的何晏也同样存在这个问题。刘孝标注引《文章叙录》说:"自儒者论以老子非圣人,绝礼弃学,晏说与圣人同,著论行于世也。"④儒

---

① 刘义庆撰,刘孝标注,朱铸禹汇校集注:《世说新语汇校集注》,上海古籍出版社 2002 年版,第 214—215 页。以下引用只标注作者书名页码。

② 刘义庆撰,刘孝标注,朱铸禹汇校集注:《世说新语汇校集注》,第 545 页。

③ 虞世南:《北堂书钞》,中国书店 1989 年版,第 192 页。

④ 刘义庆撰,刘孝标注,朱铸禹汇校集注:《世说新语汇校集注》,第 176 页。

者认为，老子不是圣人的原因在于"绝礼弃学"，这是因为礼是规范众人本性中不善部分的手段，学是激发众人本性中善良部分的手段，如果没有礼和学，圣人也就无法和众人互动，无法通过礼乐教化使人去恶成善。何晏说老子是圣人，要么是认为老子并非绝礼弃学，要么是认为礼和学不构成圣人的必要条件。

从赞许何晏圣人论而与之立场相似的钟会的观点来看，何晏不大可能主张前者，在对《老子》第十九章的注释中，钟会明确反对了制作礼乐法度的圣人："绝制作之圣，弃谋虑之智，人当反朴还淳，故其利百倍。"①所以何晏认为正是由于老子超越了人世的礼教与学问，才获得了圣人的内涵，再加上他坚持的"圣人无情"的观点，他所肯认的圣人就是那种离尘断俗、众人无涉而放弃了社会属性的形象。

何晏对于老子的判断同样为王弼所反对，《王弼传》记载：

> 时裴徽为吏部郎，弼未弱冠，往造焉。徽一见而异之，问弼曰："夫无者诚万物之所资也，然圣人莫肯致言，而老子申之无已者何？"弼曰："圣人体无，无又不可以训，故不说也。老子是有者也，故恒言无所不足。"②

王弼反对老子是圣人的原因是，老子尚处于言说"无"的阶段而没有进入体证"无"的阶段，而由于没有直接的体证，其言说当然也未必准确。而言说"无"和体证"无"的差异便在于前者把"无"当成一种脱离俗世的个人绝对境界，后者则把"无"作为一种处世存在的高明方法。

从王弼的批评中可以知道，何晏把"无"解读了"不应物"，即与经验世界的客观对象完全脱离的存有状态，而王弼把"无"解读成"不累于物"，这只是否定了经验世界的负面影响，而没有否定与经验世界的联系——实际上，在王弼看来"体无"的圣人恰恰是通过"以无为用"来建立于经验世界的联系的。在对《老子》的注释中，王弼曾多次阐释"以无为用"的意义：

---

① 《道德真经取善集》，第247页。
② 楼宇烈：《王弼集校释》下册，第645页。

凡有之为利,必以无为用。①

木埴,壁之所以成,三者而皆以无为用也。②

何以得德? 由乎道也。何以尽德? 以无为用。以无为用则莫不载也。③

虽贵以无为用,不能舍无以为体也,不能舍无以为体则失其为大矣,所谓失道而后德也。以无为用,德其母,故能己不劳焉而物无不理。④

高以下为基,贵以贱为本,有以无为用,此其反也。⑤

在这些阐释中,"无"成为应用于现实的行为法则,通过这种法则"道"得以彰显而万物也得以有序地存在。这就说明本性上不违自然同样适用于行为上的不违自然,是其所是的存在即是其所是的行动。所以用"无"作为自己虚静本真之性和用"无"作为自己待人应物之法是圣人体证"无"的两个方面,圣人本性之"无"保证了其行为之"无"的可能性,而其行为之"无"反过来又证明了其本性之"无"的实有性。王弼通过这样的思维把圣人体证到的本性之"无"落实到人类社会中,就是想对一种价值提出实用的践履方法,而不是把价值放在众人无法触碰的高度而成为空谈。

于是与何晏相比,王弼对于圣人身上那种难以用经验去感受、难以用语言去定义而只能通过玄悟之体证来效仿的超越性的阐释,并非使圣人落到了一

---

① 楼宇烈:《王弼集校释》上册,第 2 页。
② 楼宇烈:《王弼集校释》上册,第 27 页。
③ 楼宇烈:《王弼集校释》上册,第 93 页。
④ 楼宇烈:《王弼集校释》上册,第 94 页。
⑤ 楼宇烈:《王弼集校释》上册,第 109 页。

个不可知的神秘境地，而是现实地使其成为当时社会政治治理的最高环节。从某个角度来说，王弼把《道德经》中那些若隐若现的君王南面之术①一以贯之地继承下来，他阐释的"故执大象则天下往，用大音则风俗移也"，"是故天生五物，无物为用；圣行五教，不言为化"②等内容便严格遵循了老子以"无为"治天下的政治理念。甚至道家这种指向现实的政治性考量，被王弼有意识地放大了。同样是称赞圣人无名，王弼把"名"理解成可用名分概念描述的圣人之善，而"无名"则是圣人不能被规定的无为之善：

> 夫名所名者，生于善有所章，而惠有所存。善恶相须，而名分形焉。……百姓日用而不知所以然，夫又何可名也。③

王弼在善的论域讨论"无名"，这就把圣人的超越性安置在与众人的关系中，没有使其彻底脱离社会现实。而同样是认同圣人志道，王弼把志道的目的与政治的目的联系起来，认为道是治理国家的根本手段："以道治国则国平，以正治国则奇正起也，以无事则能取天下也。"④王弼认为以道治国就是用根本而简约的原则来统摄繁多而具体的事务：

> 以道治国，崇本以息末。⑤

这就使得道在形而下的层面具有了应用的可能性。由于对道的这种理解，王弼在总结《老子》之精髓时说道："《老子》之书，其几乎可一言而蔽之。噫！崇本息末而已矣。"⑥

在对《老子》第五十七章"故圣人云：'我无为而民自化，我好静而民自正，我无事而民自富，我无欲而民自朴'"的注释中，王弼进一步把"崇本息末"解

---

① 道家虽然建立了以"道"为核心的超越性的哲学，但是其立场并非是出世的，这是道家和道教的一个重要区别所在。
② 楼宇烈：《王弼集校释》上册，第195页。
③ 楼宇烈：《王弼集校释》下册，第626页。
④ 楼宇烈：《王弼集校释》上册，第149页。
⑤ 楼宇烈：《王弼集校释》上册，第149页。
⑥ 楼宇烈：《王弼集校释》上册，第198页。

释为圣人对于众人影响的过程与结果：

> 上之所欲,民从之速也。我之所欲,唯无欲而民亦无欲自朴也。此四者,崇本以息末也。①

这就是说,圣人由于虚静的本性而对人间各种事务不进行主观上刻意的干涉,众人也会因为效仿圣人而自我约束、自我归正;圣人由于情欲上的正当性而不会招致不必要事情的发生,众人也会因为效仿圣人而自我保持本真。

王弼没有像其他对《老子》的注释者那样,把道的超越性作为老子思想之核心,而是把核心从名词性的"道"转化为形容词性的"无"(当然在一些时候,"无"也可以指代它所形容的那种名词性状态),并且对"无"的现实应用性大加赞赏,这就在某种程度上淡化了老子思想中原有的本体论意味,而增加了政治上实践的意味,这是他们认同"道"与"无"前提下的重要分歧。在对《老子》第五十八章"其政闷闷,其民淳淳;其政察察,其民缺缺。祸兮福之所倚,福兮祸之所伏。孰知其极? 其无正也"的注释中,王弼说:

> 言善治政者,无形无名,无事无政可举,闷闷然,卒至于大治,故曰,其政闷闷也。其民无所争竞,宽大淳淳,故曰,其民淳淳也。立刑名,明赏罚,以检奸伪,故曰察察也。殊类分析,民怀争竞,故曰,其民缺缺也。言谁知善治之极乎! 唯无可正举,无可形名,闷闷然而天下大化,是其极也。②

王弼在这里就把老子所说的"无"从存在论意义上的"无形无名"转化为治道内容上"无事无政",作为"无事无政"对立面的"立刑名,明赏罚"之所以受到王弼的批判,是因为这种行为和圣人虚静的本性相左,只有体性之自然而发出的行为才是为政的根本。

所以值得注意的是,"崇本息末"不是哲学概念,而是哲学上的方法论,而这个方法论在根源上来自王弼的性情论,这就充分说明,当在圣人与众人的关

---

① 楼宇烈:《王弼集校释》上册,第150页。
② 楼宇烈:《王弼集校释》上册,第151—152页。

系中讨论"性"与"情"、"无"与"物"的概念时,"性其情"便能过渡到治道思想中而转化为政治实践上的"崇本息末"。

在这个意义上再去反观王弼对于"情"的重视,也同样可感觉出其"性其情"理论内含了一种政治上的考量——"情"作为人内在性重要的组成部分同时也是政治得以可能的前提,人由于情感的发动而产生彼此的互动,又由于这些互动而形成各种社会关系,从而又形成了政治的基础,圣人通过对"情"的存有而保证了社会性的存有,也就是保证了其施政的可能性——人不能"无情"的终极原因是人不能无政治而存在。总而言之,在王弼的思想中,我们可以看到他理论的旨趣在于现实,"性其情"的提出不仅为他建构人的内在结构,也为他提出了一种政治实践的结构,在这个结构中,圣人虚静之性由于"通无"而确定了无为的政治原则,而圣人不累溺于外物的情感由于可与众人产生关联而能成为政治实现的基础(见图6):

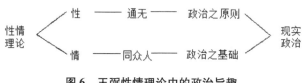

图6　王弼性情理论中的政治旨趣

所以如果在圣人与众人的互动关系中去考察王弼的"性其情"理论,就会发现这种对于人内在性的性情修养可以通过接受圣人的教化和效仿圣人人格而得以具有实现的可能性。在这个实现的过程中,圣人由于对众人的归正而实现了治道上的目的,即,社会秩序的确定,这也使得理论上的性情关系直接指向了现实上的政治考量,而只有理解这种旨趣,才能从或者华丽或者深奥的字里行间看到王弼著书立说之时和玄思飞扬之际真正关心的问题。当然,这种政治立场下的理论旨趣,并不能包含王弼性情论的全部意义,因为从哲学史研究的角度看,一种哲学观念的意义还存在于它在何种程度上革新了传统,又在何种程度上开创了新的系统。

从表面上看,"性其情"提供了一种性情修养的方向,但站在哲学的层面看,这种对于性情修养的路径构造实则关涉着一个根本性的反思,即,人应该是什么? 在以"性"和"情"对人的理想形象定义的过程中,时间是一个必然的表达框架,也就是说,有生亦有死的人不能脱离时间而存在,所以当问"人应该是什么"的时候,实际上是通过"人最初是什么"以及"人以后是什么"的考察进而来完成"在全部的存在时间内,人是什么"的解说。而这个隐藏在问题背后的时间框架,正是解读王弼思想的重要前提

如果充分地把"时间"的哲学意义带入王弼的思想,就会更加清楚地看到他对于人的理想人格的定义便是对于"人最初是什么"的回答,而对这一问题的回答又是通过探寻存在者在时间上的初始状态,即所谓"论太始之原以明自然之性"①来完成的。在"太始"阶段,时间还没有流动,一切存在也因之没有任何作为与变动,所以王弼把"静"作为人性的最初的本质,这个本质并非由更加高级的实体赋予,而仅仅是一种对初始存有状态的描述。这是因为"时间之初"是理性思考的逻辑起点,在这个起点上不能再去设想有可以行动的高级存在(比如本原或者神)——如王弼在《周易略例》中所说的那样,行动总是时间中的行动,处于时间起点的存在只具有行动的反面,即,虚静。

虚静的本性在时间之初由于没有变化也就没有展现,人对本性的认识也只局限在"静"的逻辑判断上,除此之外,人无法对本性以及存在的初始状态做出语言概念上的描述,所以这种无形无名的状态又被王弼称为"无",而人一旦试图用语言概念对存在进行认识时,时间作为思维的前提便开始流动,存在者的存有也进入了有形有名的状态,而被称为"有"。"无"与"有"虽然不是两种存在之间的转变,而是存在自身不同状态的转变,但在王弼看来,二者之间却有价值上的差异——在存在之初的虚静状态既然是人的本质,人当然应该按照这个本质来进行有名有形状态时的行动。换句话说,"无"是价值上

① 楼宇烈:《王弼集校释》上册,第196页。

值得追求的目标,虚静是性情修养上的目的,也正因如此,王弼才提出了以本性之虚静为标准使情向其复归的"性其情"命题。

在"性其情"的过程中,"情"的意义是辩证的:一方面作为传统思想中常被批判的对象,"情"确实容易由于发动不当而阻碍人回归虚静的状态,这是性情修养的必要性所在;另一方面,作为人内在的机能之一,"情"又由于其作为欲望的能动属性而成为自我抑制的动力,这是性情修养的可能性所在。王弼没有因为"性"而否定"情":在价值的层面,前者高于后者并且是后者努力改变的方向;在事实的层面,前者的实现又必须依靠后者来完成,所以王弼的性情论是一种动态的、自洽的结构。在这个结构中,本性之虚静作为对"人最初是什么"的回答,由于其绝对的价值,也决定了"人以后应该是什么"的回答。

换句话说,由于时间线上处于未来的人还没有在现实中真的存在,"人以后是什么"的问题并非是真实的客观的"是",而是包含着主观期望的"是",这个期望来源于对"性"的认识,但它的完成却要靠"情"的参与。人的情欲代表了变动,而只有变动才能推演出时间上的"以后的是"。王弼持有坚定的"有情"立场,因为他知道只有"情"的存在才能保证"以后的是"成为"最初的是",即,让已然处于"有"状态中的人重新回到"无"的状态。

在"情"通过自己能动性复归本性之静的过程中,王弼以更加深刻的哲学意识进入了对物我关系中存在的讨论。在这个讨论中,王弼进一步说明"情"的能动性并非不涉他者的自我运动,而是必须要与外物产生关联的运动——在把"情"的能动性具体化到应物性的分析中,王弼指出了这样一个道理,人与外物的关系,或者说"我"与"他者"的关系是辩证的,其中一方以另一方作为反面,但又因反面的存在而保证了自身的存在。和外物断绝的结果是自我的消亡,这直接导致人无法通过不存在的自我来完成以本性之虚静化情的任务,也就是说,只有在"情"充分应物的前提下,主体性才能真正地彰显,自我的存在和自我的性情修养也才得以可能。

至此我们可以清楚地看到隐藏在"性其情"命题背后的时间意识和物我意识是如何作用于王弼的性情论论述的:通过时间框架的引入,"性"概念被赋予了人存在之初的虚静状态的意涵,而通过物我关系的引入,"情"概念也具有了保证主体性的能动机能。从时间的角度考量,"性"不仅是"情"过去的初始状态,更是它以后要回归的目标,从物我关系的角度考量,"情"不仅使得"性"虚静的彰显得以可能,更保证性情所形塑的自我的存在。

王弼以存在论维度的时间意识完成了对本性的规定,又从本性的价值进入到对情欲的功用的探讨,在这个探讨中,王弼又引入了物我关系而再一次丰富了自己性情理论的哲学性。然而"性其情"的内涵在这里仍没有结束,接下来王弼把物我关系具体化为圣人与百姓的关系,通过圣人有情而能与众人发生关联的观点来说明了性情修养在现实中展开的过程。理论上,"情"因其能动性与应物性可以调节自身接近本性,但现实中,并非每一个个体都能正当地控制自己的情欲,所以便需要作为理想人格的人间化身的圣人来与众人进行互动性的教化。圣人因其"通无"的超越性而代表了虚静的价值,而圣人对众人的教化与众人对圣人的模仿则是在现实中实现着不完满的"情"向完满的"性"的复归。

在王弼看来,现实中的性情修养并非是离俗绝世的个体修炼,而是关涉着群体性的社会问题。从某种意义上来说,圣人治道的合法性便是来源于性情哲学的规定,所以无论是圣人"以无为本"的治国方略,还是众人仿圣而自化的处世目标,都是围绕着"性"与"情"的内涵而得以成立的。于是通过圣人与众人的关系的提出,王弼使"性其情"具有了指向现实的面向,这种对社会秩序的思考也使得"性""情"概念完成了从存在论到性情论再到政治哲学的纵贯,而这个纵贯理路中,政治上的旨趣成为他建构自身哲学体系的最终一环。而上述王弼"性其情"所含涉的内容,也可以用图7来表示。

在这个结构中,我们可以看到王弼"性其情"的意义首先在于为性情论传统提供了一种新的范式。在王弼之前,性情论的发展经历了"情"概念从"性"

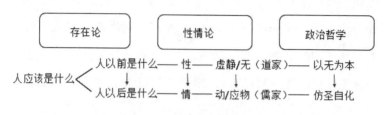

图7 "性其情"的哲学面向

概念中孳乳而来而性情不分的阶段,也经历了先秦两汉以善恶或者阴阳比附性情而造成的性情对立的阶段,到了魏晋时代,王弼则通过"性其情"的论述使得性情关系具有更加高级也更加辩证的动态结构。在这个动态结构中,王弼既吸收了道家对于本性虚静的崇尚,也结合了儒家对于情感作用的重视,并把二者通过精湛的哲学论证而构建在一个自洽的体系中。这种儒道结合的思想特点开启了一个时代新的学术风潮,亦可被视作王弼性情论的意义之一。而另外一个必须指出的意义是,对于"性""情"概念哲学上的构建并没有使得王弼的性情论成为孤悬在上的纯粹理论,对于圣人治道的关注使得他的思想具有强烈的社会指向,这种政治上的旨趣也成为"性其情"鲜明的性格,更为王弼的哲学镀上了一层了关怀现实的底色。

王弼这些对于性情修养的观点之所以重要,不仅仅在于他以超人之聪慧打破经学束缚而独创玄见,更在于他的这些观点深刻影响了中国性情哲学的发展,这一点可以在下一章与王弼同时代的哲人思想考察中得以证实。

是故在从思想渊源、学术背景、命题含义、哲学意蕴、理论旨趣等诸多角度考察了王弼的性情论之后,仍有必要在魏晋时代更为宏观的思想脉络中去考察"性其情"这一观念所具有的范式性的影响。在这个考察中,我们将会看到"性其情"究竟是如何在哲学史上承前启后,为中国性情论的逐渐成熟做出了理论上的重要贡献。

第三章 "性其情"的理论补充

第一节 "情"的自然化:竹林名士与张湛的性情论

王弼所生活的时代,是曹爽和司马懿两大氏族明争暗斗的时代,政治上的云波诡谲使得当时的知识分子对于仕与隐形成了不同的立场,这其中既有风光一时如何晏者,又有屡不得志如王弼者。道义与功名的两难直到司马氏取得政权之后还在继续,于是很多士人选择了寄身江湖之远,所谓的竹林名士便由于这个原因而出现①,他们构成了王弼之外玄学的另一种面向。这里所谓"另一种面向"并非是指竹林名士构建了异于王弼的新的思想,而是说他们在玄思中展开了一种不同于王弼的生活方式,比如《晋书·刘伶传》记载:

> 常乘鹿车,携一壶酒,使人荷锸而随之,谓曰:"死便埋我。"其遗形骸如此。②

又《资治通鉴·晋纪四》记载:

> 王澄及阮咸、咸从子修、泰山胡毋辅之、陈国谢鲲、城阳王夷、新蔡毕

---

① 竹林名士以"七贤"为人所知,如《世说新语·任诞》载:"陈留阮籍,谯国嵇康、河内山涛三人年皆相比,康年少亚之。预此契者,沛国刘伶、陈留阮咸、河内向秀、琅邪王戎。七人常集于竹林之下,肆意酣畅,故世谓'竹林七贤'"刘义庆撰,刘孝标注,朱铸禹汇校集注:《世说新语汇校集注》,第609页。但实际上"七贤"不能概括竹林名士之全貌,一是因为山涛、王戎、阮籍等不久后便选择出仕,二是如与嵇康颇有交往的郭遐周、郭遐叔等隐士并未被后人所重视但也应算作竹林之贤。

② 房玄龄:《晋书》第五册,中华书局1996年版,第1376页。以下引用只标注作者书名页码。

卓,皆以任放为达,至于醉狂裸体,不以为非。①

这种冲破世俗的迷狂之举,看上去既不符合儒家的礼教也不符合道家的寡欲,但在玄学的性情论上,竹林名士所讨论的问题却没有逃出王弼的论域,且其主要的意见也基本与王弼相似。

竹林名士中讨论玄理的代表者是嵇康、向秀和阮籍,三人对于性情的主张皆以"自然"为前提,但在具体论述上则又有不同。"自然"是中国哲学的重要概念,原始道家认为"自然"是道的运行法则:②

> 人法地、地法天、天法道、道法自然。③

汉代时"自然"这一概念也被反对宗教神学的儒家知识分子接受,用以描述世间万物不被神秘意志所控制而本来具有一种客观的规律,如王充便说:

> 自然之道,适偶之数,非有他气旁物厌胜感动使之然也。④

到了魏晋时代,玄学家们对"自然"更加重视,如夏侯玄就曾说过:

> 天地以自然运,圣人以自然用,自然者,道也。⑤

在对现实等级制度的反思下,"以自然用"的观念促使魏晋的思想界更加强调"自然"作为一种生活行动的方式,即,按照人本有的性质和需求去生活。这也使得当时的士人有一种把"自然"概念之外延扩大的倾向,如张邈在《自然好学论》中认为人的欲望情感是自然的,而追求愉悦又是这种欲望情感的内在要求,人类从茹毛饮血进步到礼乐之教的文明正是由于这种内在要求促成对"美"与"乐"的追求,进而自然地产生对于学习的追求。嵇康在《难自然好学论》中批判了这种观点,他认为人的天生情欲才是自然的体现,而后天的

---

① 司马光:《资治通鉴》第六册,中华书局1956年版,第2619页。
② 学界对于"自然"究竟是道的属性还是万物的状态,尚有争论。关于"自然"理解的歧义,可参见叶树勋:《老子"自然"观念的三个问题》,《人文杂志》2018年第5期。崔晓姣:《何为"自然"与"自然"何为?——近年来中国哲学界关于道家"自然"观念的研究综述》,《杭州师范大学学报(社会科学版)》2020年第2期。
③ 汤漳平、王朝华译注:《老子》,第95页。
④ 黄晖:《论衡校释》,第99页。
⑤ 杨伯峻:《列子集释》,中华书局1979年版,第121页。

学习由于起到了遮掩、规范情欲的作用而处在自然的反面：

> 是以困而后学,学以致荣;计而后习,好而习成。有似自然,故令吾子谓之自然耳。推其原也,六经以抑引为主,人性以从容为欢。抑引则违其愿,从欲则得自然。然则自然之得,不由抑引之六经;全性之本,不须犯情之礼律。①

嵇康在这里指出经学对人性的压抑以及礼法对情感的戕害,似乎使他在批判现实的同时站到了崇尚原始情欲的立场。这是因为张邈把学问赋予自然性,是要对学习本身塑造一种先天的合理性,嵇康把学习排除在自然之外,而只承认情欲之自然,却没有解决情欲泛滥为恶的问题。在《释私论》中,他也怀着类似的立场提倡发自本心、源自真情的言行：

> 值心而言,则言无不是;触情而行,则事无不吉。于是乎同之所措者,乃非所措也;俗之所私者,乃非所私也。②

然而在这里他特意强调,只要言行源自人的真实本性,便不会出现利己的恶行,换句话说,嵇康并不认为顺从最原始的情欲具有使人堕落的危险。这个观点似乎与传统大为相悖,但实际上,如果综合嵇康的传世文献来看就会知道,他并没有无条件地为人的情欲背书,他所说的依自然之情欲而言行的前提是成为"气静神虚"的达道之人,这个前提和王弼对本性的虚静状态的推崇有很大的相似之处。同样在《释私论》中,嵇康解释了为什么人顺从原始情欲也不会为恶：

> 夫称君子者,心无措乎是非,而行不违乎道者也。何以言之? 夫气静神虚者,心不存于矜尚;体亮心达者,情不系于所欲。矜尚不存乎心,故能越名教而任自然;情不系于所欲,故能审贵贱而通物情。物情顺通,故大无违;越名任心,故是非无措也。是故言君子则以无措为主,以通物为美;

---

① 戴明扬:《嵇康集校注》下册,中华书局 2014 年版,第 447 页。以下引用只标注作者书名页码。

② 戴明扬:《嵇康集校注》下册,中华书局 2014 年版,第 403 页。

言小人则以匿情为非,以违道为阙。①

已达到虚静境界的人,首先没有夸耀之心,所以能不在乎礼仪位阶而直追自然,其次情感不缚于所欲求之对象,所以能理性客观地对待外物——显然,嵇康所说的自然之情欲是被改造过(或还原过)的大人君子的情欲,与无节制的小人的泛滥情欲显然不同,前者由于身心之通达、神气之清净而排除了因情欲而为恶的危险。这就是说,在《难自然好学论》中,嵇康为了防止学问(尤其是经学)对人性的压抑而树立了对自然情欲的追求,但这不意味着他对自然情欲本身的合理性没有判别。在《释私论》之外,另一个可以代表嵇康情论的是他与向秀关于养生辩论的几段材料,在其中我们不仅可以进一步看到嵇康对限定情欲的重视,也可以看到同样是竹林名士的向秀那种对情欲更加宽容的倾向。②

二人的论辩,源自嵇康写的一篇《养生论》,在文章中嵇康特别强调了养生的关键在于对待情欲的方式。他指出人的精神活动对于生命具有主导性的作用,不能因为某些时刻情欲之微小就放弃对它的管理:

> 由此言之,精神之于形骸,犹国之有君也。神躁于中,而形丧于外,犹君昏于上,国乱于下也……而世常谓一怒不足以侵性,一哀不足以伤身,

---

① 戴明扬:《嵇康集校注》下册,中华书局 2014 年版,第 402 页。

② 关于向秀之著作,除《难嵇叔夜养生论》之外,最著名的便是其《庄子注》,但对其与郭象《庄子注》之关系,则颇有争议。《世说新语·文学》记载:"初,注《庄子》者数十家,莫能究其旨要。向秀于旧注外为解义,妙析奇致,大畅玄风,唯《秋水》《至乐》二篇未竟而秀卒。秀子幼,义遂零落,然犹有别本。郭象者,为人薄行,有俊才,见秀义不传于世,遂窃为己注,乃自注《秋水》《至乐》二篇,又易《马蹄》一篇,其余众篇,或定点文句而已。后秀义别本出,故今有向、郭二《庄》,其义一也。"刘义庆撰,刘孝标注,朱铸禹汇校集注:《世说新语汇校集注》,第 181 页。《晋书·郭象传》中亦有类似记载,而在《晋书·向秀传》中郭象"窃为己注"则被写成"述而广之"。房玄龄:《晋书》第五册,第 1397、1374 页。冯友兰、冯契、任继愈、汤用彤、汤一介、许抗生等人均同意《向秀传》之记载。具体论述分别可见:冯友兰:《中国哲学史新编》中册,第 434—435 页;冯契:《中国古代哲学的逻辑发展》中册,第 541 页;任继愈:《中国哲学史》第二册,第 225 页;汤用彤:《魏晋玄学论稿》,第 85 页;汤一介:《郭象与魏晋玄学》,北京大学出版社 2000 年版,第 138 页。许抗生:《魏晋玄学史》,第 315 页。由于定论未有且材料不足征,本文不再单独讨论向秀《庄子注》之性情论。

轻而肆之,是犹不识一溉之益,而望嘉谷于旱苗者也。①

但对于情欲的管理又不是一味地抑制,嵇康这么做反倒会引起副作用:

> 或抑情忍欲,割弃荣愿,而嗜好常在耳目之前,所希在数十年之后,又恐两失,内怀犹豫,心战于内,物诱于外,交赊相倾,如此复败者。②

在嵇康心中,真正的养生是通过对虚静状态的体验来自然防止情欲的泛滥,而非强行禁欲:

> 善养生者则不然矣。清虚静泰,少私寡欲;知名位之伤德,故忽而不营,非欲而强禁也;识厚味之害性,故弃而弗顾,非贪而后抑也。③

针对这篇文章,向秀作了《难嵇叔夜养生论》以反对嵇康所提出来的对情欲的化减,向秀认为人在世俗生活中对快乐的追求是符合自然的,这种源自情欲的特性不应该被剥夺:

> 且生之为乐,以恩爱相接,天理人伦,燕婉娱心,荣华悦志,服食滋味,以宣五情;纳御声色,以达性气,此天理之自然,人之所宜、三王所不易也。今若舍圣轨而恃区种,离亲弃欢,约己苦心,欲积尘露,以望山海,恐此功在身后,实不可冀也。④

嵇康针对向秀的批评也做出了回应,在《答向子期难养生论》中他说:

> 夫嗜欲虽出于人,而非道之正,犹木之有蝎,虽木之所生,而非木之宜也。……而世未之悟,以顺欲为得生,虽有厚生之情,而不识生生之理,故动之死地也。⑤

这就是说,嵇康认为情欲天生是自然,但是过分地使用情欲("嗜欲")和对情欲不加管制地顺从("顺欲")却不是自然,他认为修养的目的恰恰是从后

---

① 戴明扬:《嵇康集校注》上册,第253页。
② 戴明扬:《嵇康集校注》上册,第255页。
③ 戴明扬:《嵇康集校注》上册,第255页。
④ 严可均辑:《全晋文》中册,商务印书馆1999年版,第765页。以下阴阳只标注作者书名页码。
⑤ 戴明扬:《嵇康集校注》上册,第196页。

者中脱离出来而进入神虑专一的状态。从二者的论辩中可以看到,二人对于"自然"的诠释不同主要是由于对待情欲的态度不同,但实际上,即使向秀看上去更加推崇情欲存在与使用的正当性,他也仍表达了对情欲本身做出限制的态度:

> 夫人含五行而生,口思五味,目思五色,感而思室,饥而求食,自然之理也,但当节之以礼耳。①

所以嵇康和向秀对于"养生"的争论不在于他们对待"自然"推崇与否,而在于他们对抑制自然情欲为恶的机制见解不同,这也是嵇康和张邈的论辩的原因所在——张邈把学习说成是人追求愉悦的自然结果,就是说人按照情欲活动也自然会生发出一种规制行为防止贪私的手段。向秀和张邈认为抑制人为恶的原因在于礼教和学问,而嵇康认为礼教和学问都是外在的,把它们引入人性就会破坏人性的自然,真正能抑制恶的原因在于人性中固有的内在的"清虚静泰"②。

嵇康没有明确说明"清虚静泰"就是"性"的性质,从而也没有说明人少私寡欲的动力来自何处,但仍不可否认的是,他对于性情的论述在结构上与同时代王弼以本性之虚静化情的思路十分契合,当然这并非说嵇康的哲学观一定受到了王弼之影响,而是说仅从哲学理论的建构来看,嵇康并没有超过王弼相对全面且深入的思想体系。不过嵇康亦有自己对于文学、养生、音乐、术数等方面的擅长,且在引领魏晋师心放达的风潮上,嵇康起到的作用显然比王弼大得多。

同样作为竹林风潮引领者的阮籍,对"自然"也有自己的看法,在《达庄论》中,他把天地万物存在的总和称为"自然":

---

① 严可均辑:《全晋文》中册,第764页。
② 嵇康的逻辑是人消减为恶的原因在固有的内在性之中,但他不排斥利用外在的手段使这种内在原因发挥作用,一个最明显的例子是,他在《声无哀乐论》中提倡用音乐(正乐)来调和人的情感:"及宫商集比,声音克谐,此人心至愿,情欲之所钟。故人知情不可恣,欲不可极故,因其所用,每为之节,使哀不至伤,乐不至淫,斯其大较也。"戴明扬:《嵇康集校注》下册,第346页。

> 天地生于自然,万物生于天地。自然者无外,故天地名焉;天地者有
> 内,故万物生焉。当其无外,谁谓异乎? 当其有内,谁谓殊乎?①

在这样的诠释下,"自然"成为一个具有最大外延("无外")的概念而与
一切存在相关,人也包括在内,所以人也分有了"自然"的性质:

> 人生天地之中,体自然之形。身者,阴阳之精气也;性者,五行之正性
> 也;情者,游魂之变欲也;神者,天地之所以驭者也。②

但是阮籍对于人分有"自然"而具备的性情的论述是围绕着阴阳五行来
建构的,换句话说,他把汉代流行的阴阳五行概念安置到了"自然"的内涵中。
在《通易论》中,他详细地说明了从天地之阴阳到人之性情再到事之凶吉的发
演过程:

> 阴阳性生,性故有刚柔,刚柔情生,情故有爱恶。爱恶生得失,得失生
> 悔吝,悔吝着而吉凶见。八卦居方以正性,着龟圆通以索情。情性交而利
> 害出,故立仁义以定性,取着龟以制情。③

与汉代学人以阴阳分别比附性情不同的是,阮籍把阴阳和性情变为依次
相生的关系,但这仍然使他看上去与同时代的玄学家大相径庭,尽管他也谈到
了情欲对于本性的扰乱:

> 目视色而不顾耳之闻,耳听声而不待心之所思,心奔欲而不适性之所
> 安,故疾萌而生意尽,祸乱作则万物残。④

也谈到了至人对于虚静状态的追求:

> 至人者,恬于生而静于死。生恬则情不惑,死静则神不离,故能与阴
> 阳化而不易,从天地变而不移。⑤

---

① 陈伯君:《阮籍集脚注》,中华书局 2012 年版,第 138 页。以下引用只标注作者书名
页码。
② 陈伯君:《阮籍集脚注》,中华书局 2012 年版,第 141 页。
③ 陈伯君:《阮籍集脚注》,中华书局 2012 年版,第 130—131 页。
④ 陈伯君:《阮籍集脚注》,中华书局 2012 年版,第 143 页。
⑤ 陈伯君:《阮籍集脚注》,中华书局 2012 年版,第 144 页。

但是由于未脱两汉之论而对人的本性(特别是虚静与本性之关系)不能提出建设性的主张。

所以纵观这一时期的竹林名士,他们以自身潇洒放达的风姿绘出一个时代的浪漫身影,同时又由于思想上的活泼而提出了很多清谈的问题,围绕这些问题产生的论述或者驳难也极大地丰富了魏晋时期的思想资源。从哲学本身来看,嵇康、向秀、阮籍等人对于性情的论述主要围绕在对"自然"的宣扬之下,为了说明"自然"作为一种价值天生便存在于人的内在性之中,他们在一定程度上更加积极地肯定了人的情感与欲望。

在竹林名士之后,另一位对"情"做出积极解读的玄学家是东晋的张湛。张湛的家学与王弼家族密切相关。在《列子注·序》中,张湛记述了自己祖父张嶷的舅舅是王始周,王始周的堂兄之一便是王弼,永嘉之乱时,张氏家族便分得了王氏家族的一部分藏书,其中便有《列子》,后来因避乱而丧失一部分,又从王弼的女婿家中得书六卷才完成了对《列子》的复原。① 从张家与王家的学术互动中可以断定,张湛对王家的学问尤其是王弼的学问是极有可能了解且掌握的。比如在对"无"的重视上,他就和王弼采取了几乎一致的主张:

> 形、声、色、味,皆忽尔而生,不能自生者也。夫不能自生,则无为之本。

无为之本,则无当于一象,无系于一味,故能为形气之主,动必由之者也。②

这里的"不能自生"是说形体、声音、颜色和味道等属性并非是存在者存在之后自我生成的,而是在存在者存在之时便已然具备的("忽尔而生"),换句话说,事物是自生的,而事物的属性是与事物同生的,在这个过程中,并不存

---

① 《列子注·序》:"吾先君与刘正舆、傅颖根,皆王氏之甥也,并少游外家舅始周。始周从兄正宗、辅嗣,皆好集文籍。先并得仲宣家书,几将万卷。傅氏亦世为学门,三君总角竞录奇书。及长,遭永嘉之乱,与颖根同避难南行。车重各称力并有所载,而寇虏弥盛,前途尚远。张谓傅曰:今将不能尽全所载,且共料简世所希有者,各各保录,令无遗弃。颖根于是唯赍其祖玄父咸子集。先君所录书中有《列子》八篇,及至江南,仅有存者。《列子》唯余《杨朱》《说符》《目录》三卷。比乱,正舆为扬州刺史,先来过江,复在其家,得四卷,寻从辅嗣女婿赵季子家得六卷,参校有无,始得全备。"杨伯峻:《列子集释》,第278—288页。
② 杨伯峻:《列子集释》,第10页。

在由此到彼的生成关系,所以把事物或者事物的属性推到根源上讲,就是一种不被任何他者决定的状态,这个状态就是"无"。张湛和王弼一样,也认为一切可被经验的形气之物的存在与运动都是从这种状态中开始的,所以他同样承认王弼所说的"以无为本"。①

但他与王弼对"无"的理解又不完全相同,张湛没有把"无"作为一种超越了语言概念认识的关于存在的最初的状态,因为在他看来,"无"只意味着事物没有生成者("无者,则不生"),但对于能自生的事物来说,在没有生成者的同时又具有一种不生之生,这就使得事物最初的存在状态不能完全说是"无"("本同于无,而非无也")。在这样的理解之下,张湛使用了另一个概念"虚"来代替王弼的"无"来表达事物存在的最初状态:

> 凡贵名之所以生,必谓去彼而取此,是我而非物。今有无两忘,万异冥一,故谓之虚。虚既虚矣,贵贱之名将何所生。②

从这里也可以看到张湛论"虚"在理论上的目的是想达到对"有"与"无"的超越,而在现实上的目的则是避免由讨论有无问题所产生的贵己贱人的风气。③

和王弼的"无"相比,张湛的"虚"不仅强调存在者在时间上的初始状态,更强调存在者在空间上的初始状态,甚至在某种意义上也可以说,张湛用空间

---

① 向世陵认为此处张湛对于"无"的论述"完全可以看作为王弼论证'以无为本'的翻版。"见向世陵:《张湛的"至虚"与有无说》,《中国哲学史》2004年第2期。
② 杨伯峻:《列子集释》,第10页。
③ 早在张湛之前,学术界已经由于对"有""无"概念的理解不同而导致了政治上的立场不同。西晋晚期的裴頠便把当时不务实事的风气归责于士人对"无"的推崇,于是大力宣扬"有"而对贵无派进行批判,《晋书·裴頠传》记载:"頠深患时俗放荡,不尊儒术,何晏、阮籍素有高名于世,口谈浮虚,不遵礼法,尸禄耽宠,仕不事事;至王衍之徒,声誉太盛,位高势重,不以物务自婴,遂相仿效,风教陵迟,乃着崇有之论以释其蔽……"房玄龄:《晋书》第四册,第1044页。张湛认为学术上互相倾轧的原因出自对某个概念的过分抬高("贵"),所以他提出"虚"并非是在"有""无"之外另立概念,而恰恰是为了反对这种做法,从这个角度来说,把张湛的思想总结成"贵虚论"并不合适。关于"贵虚论"的提法,可参见林丽真:《张湛"贵虚"论及其与玄佛思想之交涉》,《台大中文学报》2001年12月。

性其情:玄学向理学的演进与转化

上的存在状态解释了时间上的存在状态,在他看来,时间只是空间的表现而已:

> 聚则成形,散则为终,此世之所谓终始也。然则聚者以形实为始,以离散为终;散者以虚漠为始,以形实为终。故迭相与为终始,而理实无终无始者也。①

基于"虚"的这种含义,张湛也经常用"太虚"或者"太虚之域"等概念来表达一种包纳一切的终极场域:

> 夫含万物者天地,容天地者太虚也。②

> 夫太虚也无穷,天地也有限,以无穷而容有限,则天未必形之大者。③

> 凝寂于太虚之域,将何所见? 即如《易·系》之太极、老氏之浑成也。④

在这个场域中,由于万物以形象未分之状态("混成")存在,"太虚"便不是经验可以认识的物理空间。按照张湛的理解,在太虚之域中气还没有凝聚成形,所以万物都是寂静不动的状态,一旦气凝聚成形,万物就脱离了虚静状态而可以运动,于是万物也进入了经验可以认识的空间,这个空间被他称为"动用之域":

> 夫巨细舛错,修短殊性。虽天地之大,群品之众,涉于有生之分,关于动用之域者,存亡变化自然之符。夫唯寂然至虚,凝一而不变者,非阴阳之所终始,四时之所迁革。⑤

"动用之域"包含着天地之间的一切事物,事物在成形之后显示出了它们

---

① 杨伯峻:《列子集释》,第18—19页。
② 杨伯峻:《列子集释》,第149页。
③ 杨伯峻:《列子集释》,第149页。
④ 杨伯峻:《列子集释》,第6页。
⑤ 杨伯峻:《列子集释》,第1页。

114

大小粗细长短上的差异,而且随时处在不停的变动之中。这其中最根本的变动就是气自聚而万物自生:

> 天尚不能自生,岂能生物? 人尚不能自有,岂能有物? 此乃明其自生自有者也……天尚不能与,岂人所能聚? 此亦明其自能自聚。①

发生在"动用之域"的自生变化并非是偶然的,而是被统摄在一种法则之下②,这就是张湛所谓的"生必由理":

> 夫生必由理,形必由生,未有有生而无理,有形而无生。生之与形,形之与理,虽精粗不同,而迭为宾主,往复流迁,未始暂停。是以变动不居,或聚或散。③

如果说具有理则的自生是"动用之域"的主要特征的话,"太虚之域"则由于自身的虚静而超越了生灭聚散,这便使得它成为无生无灭的永恒境界:

> 本不生者,初自无生无灭。本无形者,初自无聚无散者也。夫生生物者不生,形形物者无形,故能生形万物,于我体无变。今谓既生既形,而复反于无生无形者,此故存亡之往复尔,非始终之不变者也。④

在这里张湛反复强调"太虚之域"的超越性,即不受具体事物之变化影响的绝对寂静的性质,这种绝对的超越性使得"太虚之域"不能再被从逻辑上追问如何生成,它必须作为不生不化的起点才能保证万物生化的正常运行。换句话说,"自生"论只适合于具体的万物,而对于万物最初存在的场域和境界,则与"自生"与否无关。这样一来,张湛所说的万物的动静终始便有了如下的双重存在结构(见图8):

---

① 杨伯峻:《列子集释》,第36—37页。

② 由于张湛把"理"这一概念安置在生灭之上,事物的存在在理则的规定下便不是随意的发展,而是具有必然的趋势,张湛把这种趋势称为"命",他说:"命者,必然之期,素定之分也。虽此事未验,而此理已然。若以寿夭存于御养,穷达系于知力,此惑于天理也。"杨伯峻:《列子集释》,第192页。在"命"的作用下,"理"似乎成了万物的决定者,但关于"理"的来源与"理"对万物决定的合法性问题,张湛并未做深入的论述。

③ 杨伯峻:《列子集释》,第100页。

④ 杨伯峻:《列子集释》,第19页。

图8 张湛"太虚之域"与"动用之域"的结构

在这个结构中，"虚"的寂静不变并非是"形实"的对立面，而是它运动变化的根本，这就是说"太虚之域"与"动用之域"的双重结构实际上是一种本末的关系：

> 不生者，固生物之宗。不化者，固化物之主。①

在上文所讨论的属性存有角度看，张湛同意王弼的"以无为本"，在万物存在角度看，张湛强调的是"以虚为本"。王弼的"无"只是在强调事物无名无形的存在状态，其自身还没有成为一种超越事物的境界，张湛的"虚"虽然不是某种实体性的终极本原，却是在有形事物之上永恒存在的终极场域，所以张湛的"虚"比王弼的"无"更具有独立性和外在性。

在这样的"虚"概念的统摄下，张湛的性情论与王弼的"性其情"比起来也具有同中存异的特点。在对"性"的判断上，张湛和王弼的观点一样，都把虚静作为本性的内涵：

> 夫虚静之理，非心虑之表，形骸之外，求而得之，即我之性。内安诸己，则自然真全矣。故物所以全者，皆由虚静，故得其所安；所以败者，皆由动求，故失其所处。②

万物在"太虚之域"中尚未成形的时候，由于没有具体的规定性反而不存在自性上的缺乏而处于一种全真不败的状态，这个时候"太虚"的性质就是万物的性质，这个性质即使在万物进入"动用之域"之后，也存于其内在性之中，并构成了万物的本性。在对本性之虚静的推崇上，张湛有着和王弼一致的论

---

① 杨伯峻：《列子集释》，第2页。
② 杨伯峻：《列子集释》，第29页。

证思路。在本书第二章中已经指出,王弼不仅认为虚静是事物变化之前的初始状态,更认为虚静也是事物变化之后终将成为的状态,这样一来,变化和运动只是暂时的存在状态,虚静才是必然的存在状态。同样地,张湛认为万物在"太虚之域"中聚而成形、散而归虚,所以虚静不仅是万物的最初状态,更是万物终将复归的状态:

> 生者反终,形者反虚,自然之数也。①

> 生化相因,存亡复往,理无间也。②

在这种"往复流迁,未始暂停"③的过程中,虚静同样因为其必然性而具有了性情修养上的价值。比较而言,王弼的性论中不大涉及"气"的聚散作用,而张湛正相反,这也使得他在强调虚静必然性的同时更注意万物出入"太虚之境"的交替反复,所以张湛所说的虚静另有一种对变化之无常超越的出世意味,对于这种变化之无常超越的结果,是对变化本身所带来的迷惑的解除,体现在人身上,则是对生死寿夭等生命现象的执着的消解。

张湛认为《列子》这部书的主旨就是在表达生死存亡的转换是没有结束的:

> 生实暂来,死实长往,则世俗常谈。而云死复暂往,卒然览之,有似字误。然此书大旨。自以存亡往复,形气转续,生死变化,未始绝灭也。④

世俗之人认为生是暂时的,死是永久的,所以经常为了延长暂时的寿命和抗拒永久的死亡而产生烦恼和恐惧。张湛认为死亡其实也是暂时的,生和死由于处于不断的轮转交替中,生也就不是真正的生,死也就不是真正的死,认识到这一点,才能真正从生死中解脱。这个解脱就是张湛说的"不知生死"的

---

① 杨伯峻:《列子集释》,第19页。
② 杨伯峻:《列子集释》,第2页。
③ 杨伯峻:《列子集释》,第100页。
④ 杨伯峻:《列子集释》,第220页。

状态:

> 生之不知死,犹死之不知生。故当其成也,莫知其毁,及其毁也,亦何
> 知其成?此去来之见验,成败之明征,而我皆即之,情无彼此,何处容其
> 心乎?①

这里的"不知生死"并非是说对生死没有认识,而是指不用智识去分别生死并对其赋予厚此薄彼的价值,这样的对于生死的超越态度也成为张湛以虚静论"性"的底色,并且也影响了他对于"情"的论述。

和万物存亡的反复过程的整体比起来,张湛认为具体的人的生死是不足道的,于是对于人生他持有"乐天知命,泰然以待终"②的态度,这里的"乐天"是说接受从"太虚"中先天禀赋的性质,"知命"是说认识到生死变化的流转以及复归"太虚"的必然性,做到这两点便可以在生命到达尽头之前而泰然处之。值得注意的是,张湛所说"泰然"并非广泛意义上的从容自如,而是特指对于情感欲望的满足的愉悦,也就是他所说的"但当肆其情以待终耳"③,这种"肆情"论也成为张湛论"情"最大的特色。

从和王弼一样的以虚静为性,到和王弼不同的以肆情为乐的发展关键,就在于张湛进行了从个体的人到整体的"太虚"的视域的转化,换句话说,张湛对于性情的论述并不是从个人的角度出发,而是从全体生命不断生灭变化的角度出发,认为天生的情感欲望上的需求作为人固有且固定的属性是应该被满足的:

> 夫生者,一炁之暂聚,一物之暂灵。暂聚者终散,暂灵者归虚。而好
> 逸恶劳,物之常一性。故当生之所乐者,厚味、美服、好色、音声,而已耳。
> 而复不能肆性情之所安,耳目之所娱,以仁义为关键,用礼乐为衿带,自枯

---

① 杨伯峻:《列子集释》,第33页。
② 杨伯峻:《列子集释》,第26页。
③ 杨伯峻:《列子集释》,第230页。

槁于当年,求余名于后世者,是不达乎生生之趣也。①

张湛认为在生死轮替的过程中,不可否认的是作为外在对象的华服美食
等确实可以让人感到快乐,因为这些快乐,性情便能达到某种程度上的安顿,
而如果用道德教化或者礼乐制度来束缚限制对满足情欲的追求,反倒会因为
实现不了养生的目的而对生命造成伤害。于是根据这种对于"情"的态度,张
湛认为在有限的生命中追求快乐并没有什么问题:②

任情极性,穷欢尽娱,虽近期促年,且得尽当生之乐也。③

张湛对于情感欲望的态度,是对竹林名士崇尚自然的接续,他认为人之所
乐乃天生如此,是万物存有时的必然现象,所以"尽当生之乐",以达"生生之
趣"。这也让张湛关于"肆情"或"任情"的表述很容易被误解成纵欲主义或者
享乐主义,而且这种对"情"放纵的赞同似乎与其对"性"虚静的推崇互相矛
盾。但实际上张湛所说的"肆"与"任"只是按照个体生命的本来需求去进行
充分的满足,满足的结果是保证生命本来的完整:

惟任而不养,纵而不治,则性命自全,天下自安也。④

这种意义上的"肆情"论便不是完全没有极限地对于情欲需求的扩充和
对外物不加分辨的索取,因为在张湛看来,"肆情"只是不用后天的手段限制
人先天的需求,人真正的目的仍然是通过对完整生命的体察而进入对超越个
体生死的"太虚"的认识中,而一旦获得了这种认识,个体的情欲之需求也自

---

① 杨伯峻:《列子集释》,第216页。
② 张湛对于在情欲上追求愉悦的肯认集中表现在《列子注·杨朱篇》中,这个观点也是他
对于《列子》原书思想的继承和发展。《列子·杨朱篇》中也表达了类似的对于生理欲望追求的
肯定:"夫耳之所欲闻者音声,而不得听,谓之阏聪;目之所欲见者美色,而不得视,谓之阏明;鼻
之所欲向者椒兰,而不得嗅,谓之阏颤;口之所欲道者是非,而不得言,谓之阏智;体之所欲安者美
厚,而不得从,谓之阏适;意之所为者放逸,而不得行,谓之阏性。凡此诸阏,废虐之主。"不过《列
子》一书也并非一味地主张纵欲任情,其《杨朱篇》中也表达了对于满足了正常需求之外再去追
求其他过分的需求的批判:"丰屋美服,厚味姣色,有此四者,何求于外? 有此而求外者,无厌之
性。无厌之性,阴阳之蠹也。"分别见杨伯峻:《列子集释》,第223、238页。
③ 杨伯峻:《列子集释》,第223页。
④ 杨伯峻:《列子集释》,第40页。

然成为微不足道的可以忘怀的对象。

从这个意义上来说,"肆情"并非张湛对"情"的根本态度,通过对情欲在一定范围的满足而达到对情欲的理解与超越,才是他论"情"的要旨,所以张湛所说的"肆情"最终是为了达到"忘情":①

> 智者不知而自知者也。忘智故无所知,用智则无所能,知体神而独运,忘情而任理,则寂然玄照者也。②

这就意味着主张"肆情"的张湛对于情欲并非任其发展,而仍然持有修养上的归正目的,而这个目的仍然要靠对虚静本性的跟从才能实现。在对神人的描述中,张湛便特别强调了"顺性而不系于情"的修养:

> 明顺性命之道,不系着五情,专志政柔,诚心无二者,则处水火而不焦溺,涉木石而不挂碍,触锋刃而无伤残,履危险而无颠坠。③

可以说在充分强调了追求"情"的愉悦之后,张湛也在价值上做出了超越情欲的要求。超越性的"忘情"与现实性的"肆情"本来是"情"论的两个极端,玄学家中有如何晏提倡超越情欲者,也有如向秀赞成满足基本情欲者,更多的还是像王弼一样把情欲当作需要谨慎对待但必须保留的对象,但是把对于"情"的放纵与忘怀同时构建在一种"情"论中则是张湛的独创。这是因为,较之于早期的玄学家,张湛论"情"更多了一层视域,在个人的层面,他主张任情为乐,但在太虚的层面,他主张忘情归寂。个人之肆情,乃生生之自然,太虚之忘情,亦为超越生死之自然。所以,张湛虽然像竹林名士一样,通过把"情"自然化来肯定人对情感欲望的实现,但他并没有止步于个体生命修养的自然规定,而是进一步上升到了包含一切个体生命的存在场域,去探索万物生死存灭的终极自然。

换句话说,通过对"太虚"概念的引入,张湛把对性情的讨论看作解脱个

---

① 许抗生认为张湛"他的'肆情'并不违背'无情'。"见氏著《魏晋玄学史》,第445页。
② 杨伯峻:《列子集释》,第114页。
③ 杨伯峻:《列子集释》,第69页。

人生死的题中应有之义,于是无论是最终的"忘情",还是对虚静本性的回归,都超出了性情论中个人修养的层面,而直接上升到对世俗生活的超越层面上。这种强烈的出世意味使得王弼性情论中所包含的对于当下政治的考虑在张湛的性情论中踪影全无,即使二人对于本性的内容与人最初存在的状态的判断有相似之处,但张湛思想中那些近似宗教的超越面向①仍使得他的性情论与王弼有着不小的差异。当然,这些差异没有造成理论上根本的断裂。从理论的逻辑发展来看,张湛的哲学虽然涉及出世的层面,但是从对"性""情"概念本身的论述来看,他并没有彻底打破王弼的性情论结构。无论是竹林名士还是张湛,他们基本上都同意本性在初始状态的虚静是性情修养的最终指向,尽管他们相较于王弼对于"情"有着更为开放的态度,但是仍然把以"情"归"性"的修养进路作为他们性情理论的根本框架。在这个意义上也可以说,"性其情"为魏晋时代性情哲学提供了一种范式上的意义。只不过这个范式并非一成不变,通过嵇康、向秀、阮籍和张湛等人对"情"的自然化,我们也能看到性情哲学在被不断地丰富着内涵,"性其情"也因此开始了向复杂化发展的历程。

第二节 "性"的分层:郭象、葛洪与成玄英的性情论

通过上一节的讨论,我们已经知道在王弼提出"性其情"之后,魏晋性情论的一个重要的走向便是"情"的自然化,在王弼的思想中,"情"由于关涉着

---

① 汤用彤认为"佛说生者必灭,且以为要解脱必借智慧,列子注皆与之同。"见汤用彤:《理学·佛学·玄学》,北京大学出版社 1991 年版,第 304 页。张湛注《列子》是玄佛相参也成为学界的基本共识。实际上张湛本人便认为《列子》这部书本与佛教义理有相同之处:"然所明往往与佛经相参,大归同于老庄,属辞引类特与《庄子》相似。"(《列子注·序》)所以注释时不免参照佛学表达了对生死超悟之态度而展现出与如王弼等其他玄学家不同的旨趣。关于《列子》一书与佛教之关系,亦可见朱熹、高似孙、黄震、陈三立、梁启超等人的考释中,其具体内容收录于杨伯峻《辨伪文字辑略》中。见杨伯峻:《列子集释》,第 287—348 页。

性情修养的动力问题和圣凡之间的沟通问题而被赋予了一定程度的积极意义。嵇康、向秀、阮籍和张湛等人则通过个人生命的自然和万物存有的自然两种视域为"情"的积极意义提供了更加深刻的哲学论证。不过在这些论证中，他们对"性"还保持与王弼一样的观点，即把虚静作为人的本性的内容。也就是说，在这几个人的思想中，"性"这一概念的内涵并没有什么变化。在王弼提出"性其情"之后，"性"的含义的真正发展是它的现实性开始逐渐被人关注而由此分化出虚静之外的另一种面向。为"性"的这种分层做出理论贡献的主要人物是郭象、葛洪、成玄英等，伴随着他们对"性"更为细致的讨论，玄学也开始融合道教理论而进化出以重玄学为代表的新的哲学形态，中国哲学的思辨程度亦随之走向高峰。

作为与竹林名士几乎同时代的玄学家，郭象在哲学建构上颇有创新，以至于"时人咸以为王弼之亚"①。不过他的性情理论仍然有着当时玄学家们普遍认可的基本共识，在对《庄子》"是之谓不以心损道，不以人助天，是之谓真人"的注释中，郭象说：

> 人生而静，天之性也；感物而动，性之欲也。物之感人无穷，人之逐欲无节，则天理灭矣。真人知用心则背道，助天则伤生，故不为也。②

他通过对《乐记》原文的转述而表达了对于本性虚静的判断，这也是当时玄学性情论的主流观点。从诸如"不虚心以应物，而役思以犯难，故知其所存于己者未定也""漠然静于性而止"③等论述来看，郭象对于本性的规定显然要比竹林名士清晰得多，而在论述脉络上更为靠近王弼。在像王弼一样充分肯定了本性的虚静内涵后，他进一步提出了自己的创见，那就是对"性"做出了"性分"与"性极"的区分。

---

① 刘义庆撰，刘孝标注，朱铸禹汇校集注：《世说新语汇校集注》，第 181 页。
② 郭象注，成玄英疏：《庄子注疏》，中华书局 2011 年版，第 128 页。以下引用只标注作者书名页码。
③ 郭象注，成玄英疏：《庄子注疏》，中华书局 2011 年版，第 74、161 页。

所谓"性分"就是性的分殊,尽管郭象同意人应该追求本性上的普遍虚静,但是具体的人性则由于所处客观条件的不同而存在不同的状态,这也是他所说的"天性所受,各有本分,不可逃,亦不可加"①。在郭象看来,虚静的本性是性情修养的目标所在,而现实中活动着的人性则各有不同,造成这种不同的原因是先天的,人没有必要追求"性"内容上的一致,因为从各种分限的人性出发,都能达到自然的状态,这个状态就是"性极":

> 物各有性,性各有极,皆如年知,岂跂尚之所及哉。②

> 各以得性为至,自尽为极也。③

所谓"性极",也就是人极尽各自之"性分"而对最终自然本性的实现,一旦实现了这种自然本性,便可在各自的差异中成就圆满:

> 若各据其性分,物冥其极,则形大未为有余,形小不为不足。④

这样一来,郭象把"性"这个概念分成了两个层次,在"性分"的层次,他解释了为什么人的禀性具有千差万别的特点,在"性极"的层次,他又说明了人为什么可以经过内在的修养而达到一种普遍的应然性的状态。在王弼的"性其情"中,"性"全然是虚静不动的价值性状态,对于现实中人性的差异,除了情欲上多少先后等构成不同外,他并未做其他的说明,而郭象通过两个层次的划分则既描述了人性的现实又指出了人性的目标。这样一来,"性"的内部便包含着从"性分"通往(或者说回到)"性极"的动态过程。

所以从郭象的论述逻辑来说,"性"必然不能保持绝对的不动,于是他说:

> 以性自动,故称为耳;此乃真为,非有为也。⑤

郭象在传统的"有为"与"无为"之间增加了一个"真为"的概念,是想说

---

① 郭象注,成玄英疏:《庄子注疏》,中华书局2011年版,第69页。
② 郭象注,成玄英疏:《庄子注疏》,中华书局2011年版,第6—7页。
③ 郭象注,成玄英疏:《庄子注疏》,中华书局2011年版,第9页。
④ 郭象注,成玄英疏:《庄子注疏》,中华书局2011年版,第44页。
⑤ 郭象注,成玄英疏:《庄子注疏》,中华书局2011年版,第429页。

明自然状态下的"性"的运行虽然是动、是有为，但并不是人情欲收发不当而产生的乱动和妄为，而是依据先天的本性所进行的不受主观干涉的行为。具体说来，就是郭象所讲的"夫目之能视，非知视而视也；不知视而视，不知知而知耳，所以为自然。若知而后为，则知伪也"。① 这种"性"的运行由于在本质上是向终极本性的回归，与"无为"和"虚静"并不矛盾，但即使如此，郭象所说的本性也比王弼所说的本性多具备了一种能动功能，这个功能给两人论情造成了很大的差异。

在王弼的性情论中，具有能动功能的只有"情"，它不仅关涉着与外物的对应，还关涉着内在修养过程中的动力，所以即使具有为恶的可能性也不能被彻底去除。然而在郭象的性情论中，内在修养的动力可以靠着"性"本身的能动性完成，而"应物"又被解读成心志的行为而非情欲的行为②，这就使得"情"的正面作用大大降低，所以郭象也成了"无情论"的坚定拥护者。郭象说：

> 无情，故浩然无不任。无不任者，有情之所未能也，故无情而独成天也。③

在这里他之所以把"情"与"任"必然关联起来，是因为和王弼不同，他认为人在存在之初和情欲无关，所以情欲并非人性中自然的部分，这就导致在人试图返回最初本性的过程中，情欲成为一种障碍：

---

① 郭象注，成玄英疏：《庄子注疏》，中华书局 2011 年版，第 429 页。
② 与王弼以情应物的思路不同，在郭象的思想中能应物的是"心"，王弼强调即使圣人也需要应物是因为圣人仍然要利用经验世界去设立社会秩序，而郭象则把物我关系解读为更纯粹的认识关系，强调人应该去除自己主观上对物的认识而实现"虚心以应物"。"是故至人不役志以经世，而虚心以应物，诚信着于天地，不争畅于万物"。所谓"虚心以应物"就是说不用自己的主观意见去干涉外物的存在，让外物按照自己固有的本性和趋势去发展，所以郭象又说："夫圣人因物之自行，故无迹。然则所谓圣者，我本无迹，故物得其迹，迹得而强名圣，则圣者乃无迹之名也。"总体来看，郭象所论述的物我关系比王弼所论述的无我关系更为松散，而圣人对于众人和社会的参与度也更低。其原因则涉及郭象思想中更为根本的"独化论"，其内容下文将有论述。郭象注、成玄英疏：《南华真经注疏》第 74、515 页。
③ 郭象注、成玄英疏：《庄子注疏》，第 121 页。

人之生也,非情之所生也;生之所知,岂情之所知哉?故有情于为离旷而弗能也,然离旷以无情而聪明矣;有情于为贤圣而弗能也,然贤圣以无情而贤圣矣。岂直贤圣绝远而离旷难慕哉?虽下愚聋瞽及鸡鸣狗吠,岂有情于为之,亦终不能也。[1]

所以去除情欲的过程才是追求本性的过程。总体来看,郭象和王弼一样,也认同本性中虚静的自然状态,并塑造了一种内在的动态结构使得人可以完成性情上的修养,但和王弼性静情动的结构不同的是,郭象增加了"性"的层次与内涵,在把性情修养局限在"性"的范围内的同时也使"情"失去了存有的必要。造成这种性情论结构的,是郭象关于存在本身的根本看法,即,关于万物自生的观点。

由于对"性"与"情"的诠释涉及人最初的存在状态,一般对性情论的讨论都会上升到存在论,和王弼用无名之"无"来说明本性一样,郭象也对人先天的存在做出了解释:

谁得先物者乎哉?吾以阴阳为先物,而阴阳者即所谓物耳。谁又先阴阳者乎?吾以自然为先之,而自然即物之自尔耳。吾以至道为先之矣,而至道者乃至无也。既以无矣,又莫为先?然则先物者谁乎哉?而犹有物,无已,明物之自然,非有使然也。[2]

郭象在这里的意思是,如果认为事物的存在可以被某种要素所决定,那么这种要素必然在事物存在之前存在。如果认为决定事物的是阴阳,那么阴阳也是物,也需要被决定才能存在,如果进而认为是"自然"决定了阴阳的存在,那么这个"自然"只是事物自身,似乎不是一种先在的存在。如果认为世间万物的根源,也就是那个在一切之先的存在是"道"的话,由于"道"的本质是无,似乎它也不能真的先在。通过这个分析,郭象试图指出的是,认为事物的存在是被其他要素决定着的,这种思路本身就是有问题的,因为把存在推演到底,

---

[1] 郭象注、成玄英疏:《庄子注疏》,第121页。
[2] 郭象注、成玄英疏:《庄子注疏》,第406页。

并没有什么终极的决定者，事物的存在只依靠自身就能完成。

为了进一步说明这个主张，郭象从两方面进行了更加抽象的逻辑论证，第一个论证是"有不能生有"，他说：

> 夫有之未生，以何为生乎？故必自有耳。岂有之所能有乎？此所以明有之不能为有，而自有耳。非谓无能为有也。①

这其中的逻辑很简单，如果"有"的产生来自另一个"有"，那么另一个"有"当然也同样面临何以产生的问题，这样下去，"有能生有"就成为一个无穷倒退的问题。郭象在这里主张"有不能生有"就是想表达一切存在者的存在都不依靠其他的存在者来实现，当然，也不依靠其他的非存在者来实现，后者便是他的第二论证，即，"无不能生有"。郭象说：

> 无既无矣，则不能生有。有之未生，又不能为生。然则生生者谁哉？块然自生耳。自生耳，非我生也。我既不能生物，物亦不能生我，则我自然矣。②

这里的逻辑同样不难理解，"无既无矣"的表述说明郭象把"无"理解成与"有"相反的状态而非某种终极实体（无论精神的还是物质的），在这种状态中，根据逻辑上的同一律"有"自然不会从与之相反的状态中出现。所以根据这两个论证，郭象得出了一个结论，那就是天下万事万物的存在是自生自有的：

> 故造物无主，而物各自造。物各自造而无所待焉，此天地之正也。③

郭象使用"自"这个字，旨在说明事物的存在不受他者的影响，然而不仅如此，事物的存在也不受自我的影响。这就是说，事物虽然是自己化生的，但在这个过程中，事物并没有进行主动的控制和主观的参与，这也是为什么郭象

---

① 郭象注、成玄英疏：《庄子注疏》，第424页。
② 郭象注、成玄英疏：《庄子注疏》，第26页。
③ 郭象注、成玄英疏：《庄子注疏》，第60页。

用上述"自生耳,非我生也"的表述区别了"自"和"我"①。由于事物的存在并不为其主体把握,事物的自在就成了一个难以经验了解的对象。从时间上来看,郭象认为万物的存在是"掘然自得而独化""突然而自得此生矣""忽然而自尔""皆欻然自尔"等②,这是由于为了避免在理论上对于自生过程的描述,郭象把事物的自生解释成瞬间发生的事而绕过了时间上的难题。从空间上来看,自生的去主体性同样使得郭象无法清晰构建出事物存在的最初场域,于是他用了"玄冥之境"这个概念来表达一种混沌不分的不可感受的境界:"是以涉有物之域,虽复罔两,未有不独化于玄冥之境者也。"③

尽管由于理论逻辑本身的限制,郭象在论述事物自行化生的问题时采取了一些模糊的处理,但是对于事物存在的哲学讨论的推进他确实做出了贡献,以至于一直以来自生论不仅被视作郭象哲学的标签,更被视为魏晋玄学发展的最高峰④。不过必须指出的是,魏晋玄学关于存在者存在的讨论一直是以自生作为主流观点的⑤。在郭象之前,亦有"自生"的说法⑥,向秀便说:"吾之

---

① 关于二者更具体的论述,亦可见杨立华:《郭象〈庄子注〉研究》,北京大学出版社2010年版,第103—104页。以下引用此书只标注作者书名页码。

② 分别见郭象注、成玄英疏:《庄子注疏》,第138、230、401、424页。

③ 郭象注、成玄英疏:《庄子注疏》,第60页。

④ 汤一介说:"魏晋玄学的发展到郭象已达到了顶点",见《郭象与魏晋玄学》,第67页。余敦康说:"现在到了郭象的时代,应该是复归这个主题,进入综合总结的阶段了",见氏著《魏晋玄学史》,第348页。许抗生认为郭象"成为魏晋玄学发展中的重要阶段,把玄学推向高峰",见氏著《魏晋玄学史》,第302页。

⑤ 这其中嵇康是一个例外的存在,他曾说:"浩浩太素,阳跃阴凝,二仪陶化,人伦肇兴。"(《太师箴》)从"太素"和"阴阳"的概念使用来看,他似乎倾向于元气和阴阳对事物的化生,但是由于他没有具体论述这种化生的动力究竟是自然的还是他者决定的,嵇康对于事物如何存在的观点并不明确。

⑥ 在更早的东汉,王充也提到过"自生":"夫天地合气,人偶自生也,犹夫妇合气,子则自生也。"黄晖:《论衡校释》,第144页。甚至早在战国的楚简《恒先》中,也有"自生"的概念:"气是自生,恒莫生气。"但值得注意的是,《恒先》的"自生"说的是气,在气之上还有更根本的存在,即"恒先"。李学勤认为"恒先"是道家的道。见李学勤:《楚简〈恒先〉首章释义》,《中国哲学史》2004年第3期。王充的"自生"说的是人,在人之上还有更根本的存在,即。换句话说,魏晋之前所讨论的"自生"并非是一切存在的绝对的自生,而是在某种终极存在决定下的自生,但玄学家在这个基础上把自生的范围无限扩大,且不承认有普遍存在之上的终极存在。

127

生也，非吾之所生，则生自生耳，生生者岂有物哉？故不生也。吾之化也，非物之所化，则化自化耳，化化者岂有物哉？无物也，故不化焉"①，裴颜也说："夫至无者无以能，故始生者自生也"②，在郭象之后，东晋的张湛仍在同样的立场上说："谓之生者，则不无；无者，则不生。故有无之不相生，理既然矣，则有何由而生？忽尔而自生。忽尔而自生，而不知其所以生，生则本同于无。本同于无，而非无也。"③如果把这个思路再向前溯源，就会发现所谓的自生论和王弼对于本性之"无"的讨论具有一致的思路。

在上一章中，我们已经知道对于性情论形塑过程中所涉及的本性的来源问题，王弼用"无"这一概念表明本性不依外在的他者或形而上的终极本体而自然存在的状态。"无"既然不是实体，不在本性之内也不在本性之外，人的存在便是一种先在，自生便是这种思路之下的必然结论。所以王弼同样肯认自生论：④

> 不塞其原，则物自生，何功之有。不禁其性，则物自济，何为之恃。物自长足，不吾宰成，有德无生，非玄如何。⑤

从以上这些引用来看，玄学很早便有"自生"论的传统，以往学界多把"自生"作为郭象的创见，恐不妥当⑥。不过郭象从"有""无"关系出发而对"自生"进行的论证，则确实发前人之所未发。更重要的是，以"自生"为前提，自然会得出"物各有性"的结论，这就使得对于"性"的讨论出现了一种新的趋

---

① 此为张湛在《列子注·天瑞篇》所引，见杨伯峻：《列子集释》，第4页。
② 严可均辑：《全晋文》上册，第330页。
③ 杨伯峻：《列子集释》，第5—6页。
④ 在对《老子》第七章"天地所以能长且久者，以其不自生"的注释中，王弼说"自生则与物争，不自生则物归也"，这里的"自生"是说作为承载万物的天地有一个主观目的进行自我发衍，此处的"自"相当于郭象说的"我"，所以老子和王弼所说的天地的"自生"与包括人在内的万物的"自生"并不相同。
⑤ 楼宇烈：《王弼集校释》上册，第24页。
⑥ 在对玄学的研究中，一个常见的错误便是忽略了"自生"概念在是郭象出现之前已经存在，如王晓毅评价郭象的"自生"时曾说："这种宇宙论是中国传统哲学观念中所没有的，却是般若经反复阐述的基本观点之一。"见王晓毅：《般若学对西晋玄学的影响》，《哲学研究》1996年第9期。

势,即开始关注人的本性在现实世界中的多样面向。当然在关注"性"的现实面向的同时,"性其情"所确立的对本性最初状态的那种重视是仍然被保留着的,这也是为什么郭象试图在万物的"性极"之中找到统一的理则。这样一来,"性"这个范畴便开始分层,既有先天的、纯粹的、作为人性修养目标的层面,也有后天、偏颇的、作为人性修养归正对象的层面。这个思路对之后的性情论造成了深刻的影响,也是王弼"性其情"之后"性"论的一个重要发展。

在郭象之后,推动"性"的分层的另一位代表人物是东晋的道教理论家葛洪。道教发展至晋代才逐渐有了经典、戒律、神谱等方面的建设,从而成为以教团面貌出现的宗教。① 在这一过程中,葛洪起到了十分关键的作用,他的《抱朴子》为道教思想的建构提出了全面的框架,在首章中,他就表达了在儒学之外另畅新学的意图:

> 然则人生而戴天,诣老履地,而求之于五经之上则无之,索之于周孔之书则不得,今宁可尽以为虚妄乎? 天地至大,举目所见,犹不能了,况于玄之又玄,妙之极妙者乎?②

---

① 关于道教的成立时间,学界一种传统的观点认为是在汉代末期。如卿希泰认为"在经过了方仙道到黄老道的长期酝酿之后,到东汉顺帝、桓帝之际,道教便正式诞生了。"见卿希泰,唐大潮:《道教史》,江苏人民出版社 2006 年版,第 29 页。由中国社科院道教研究室共同撰写的《中国道教史》中也提道:"道教的历史虽然可以上溯于久远的时代,但它毕竟酝酿与汉代,诞生于汉末,它是汉代社会的产物,是汉代思想文化的组成部分,有着深刻的社会原因。"见任继愈主编:《中国道教史》,上海人民出版社 1990 年版,第 17 页。在此观点之外,亦有学者认为汉代的太平道和五斗米道等偏向民间信仰的组织并不能算得上是严格意义的道教,比如日本学者漥德忠认为太平道和五斗米只是道教式的宗教集团,而不是道教教团。见[日]漥德忠:《道教史》,山川出版社 1977 年版,第 127 页。中国学者葛兆光认为,直到晋代葛洪、寇谦之、陆修静、陶弘景这批道教理论家进行一系列的组织建设与理论创造之后,道教才算是正式形成。见葛兆光:《中国思想史》第一卷,第 341 页。另外日本学者奥崎裕司把道教分为两类,即"为官方及以老庄思想为精神支柱的在知识分子所认可的道士道教"和"所有参加者都担任主角的民众道教",他认为道士道教就是"教团道教",这其实也算变相承认在汉代其实并未产生严格意义上的道教。见[日]奥崎裕司:《民众道教》,收录于福井康顺等监修:《道教(第二卷)》,朱越利等校,上海古籍出版社 1992 年版,第 103 页。以下引用此书只标注作者、篇名、书名及页码。

② 王明:《抱朴子内篇校释》,中华书局 1985 年版,第 154 页。以下引用此书只标注作者、书名、页码。

葛洪认为人生之学问不尽在五经之中,周孔之外,未必为虚妄之说。从这里可以看出,葛洪已经开始有意识地在主流的儒家学术谱系之外,论证新思想存在的合理性了。而"玄之又玄"便在表达这种新思想比之于传统儒学更具有抽象的精妙之处。其实葛洪所欲另立新说之内容,当然是道教修仙养生之术。但与一般道士不同,葛洪确实上提高了道教理论的思辨程度。而这个提高,正是通过对"玄"这个概念的系统论述完成的。

在《抱朴子》开宗明义的第一章中,葛洪便以"畅玄"为名,通过对"玄"的定义、特点、功用、境界等方面的讨论,为道教的神仙思想建构了深刻的理论深度。他对于"玄"的总论式阐述是:

> 玄者,自然之始祖,而万殊之大宗也。眇昧乎其深也,故称微焉。绵邈乎其远也,故称妙焉。①

葛洪把"玄"视作自然万物的根本,深邃渺茫且绵远微妙。但这样的"玄"并非只是对原始道家所推崇的"道"的词语替换,也不是仅停留在存在论的意义上去讲万物的本原,而是在具有超越性的同时不离人间,指向了修命养生的目标和手段:

> 夫玄道者,得之乎内,守之者外,用之者神,忘之者器,此思玄道之要言也。②

对葛洪而言,"玄"不是一个仅在言语上讨论的概念对象,而是需要在实际行动上修炼的实践对象。而内在的所得和外在的所守,精神层面的所用和器物层面的所忘就是修炼玄道的要义。不过仅凭《畅玄》一篇的议论,我们还不能知道这里的"得""守""用""忘"的具体含义。如果从《抱朴子》的其他篇章综合来看,修玄之要在于性情:

> 凡夫不能守真,无杜遏之检括,爱嗜好之摇夺,驰骋流遁,有迷无反,情感物而外起,智接事而旁溢,诱于可欲,而天理灭矣,惑乎见闻,而

---

① 王明:《抱朴子内篇校释》,中华书局1985年版,第1页。
② 王明:《抱朴子内篇校释》,中华书局1985年版,第2页。

纯一迁矣。心受制于奢玩,情浊乱于波荡,于是有倾越之灾,有不振之祸。①

一般人无法持守纯真,任凭爱好动摇,走向迷途而不知返正。于是情感被外物触动而乱起,心智被事务缠绕而流溢,最终惑乎见闻而诱于可欲,彻底失去了与天理连接的可能。从这里可以看到,葛洪是在根据一般人易被外物诱惑的特点而在物我关系上谈论性情之修养之关键。在这个理解之下,"得"与"守"是针对性情修养之价值内容而言,"用"与"忘"是针对性情修养之实践方法而言。葛洪的这段话有两点值得注意,第一点是,他仍然遵循着魏晋性情论中把"情"规定为需要归正的对象。在《抱朴子》不少篇目中,都可以看到葛洪对不受限制的情感欲望的批判:

> 知极情恣欲之致枯损,而不知割怀于所欲也。余虽言神仙之可得,安能令其信乎?②

> 凡人之所汲汲者,势利嗜欲也。苟我身之不全,虽高官重权,金玉成山,妍艳万计,非我有也。③

> 目之所好,不可从也;耳之所乐,不可顺也;鼻之所喜,不可任也;口之所嗜,不可随也;心之所欲,不可恣也。④

> 情不可极,欲不可满,达人以道制情,以计遣欲。⑤

第二点是,葛洪在论述中特别提到了"天理"这一概念作为放纵欲望的

---

① 王明:《抱朴子内篇校释》,中华书局 1985 年版,第 170—171 页。
② 王明:《抱朴子内篇校释》,中华书局 1985 年版,第 122 页。
③ 王明:《抱朴子内篇校释》,中华书局 1985 年版,第 254 页。
④ 杨明照:《抱朴子外篇校释》上册,中华书局 1991 年版,第 568 页。以下引用此书只标注作者、书名、页码。
⑤ 杨明照:《抱朴子外篇校释》下册,第 604 页。

反面。① 在先秦两汉时代,虽然可以找到并举天理与人欲的用例——如《礼记·乐记》所说的"人生而静,天之性也;感于物而动,性之欲也。物至知知,然后好恶形焉。好恶无节于内,知诱于外,不能反躬,天理灭矣"②——但二者真正成为中国哲学史的重要范畴则是始于宋代理学家们的讨论。理学所论之天理独有道德的向度,而《乐记》和《抱朴子》中的天理是在言说自然之寂静无为,这是二者之间的区别。

值得一提的是郭象论"性"时,也曾提到过"理"这一概念:

夫物有自然,理有至极。循而直往,则冥然自合③。

故理有至分,物有定极,各足称事,其济一也。④

夫筵横而楹纵,厉丑而西施好。所谓齐者,岂必齐形状,同规矩哉。故举纵横好丑,恢恑憰怪,各然其所然,各可其所可,则理虽万殊而性同得,故曰道通为一也。⑤

不过在这里可以明显看到,郭象认为"理"也有"至极"与"至分"的两个层面,前者和葛洪所讲那种寓于本性之中的普遍虚静之理相似,后者则是现实中构成各种"性分"的个性之"理"⑥。所以对于郭象来说,"理"还存在万般殊异的展现,但是对于葛洪来说,"理"主要还是指虚静的天理,它落在本性之中,人若想明晓自然之道,须穷理而尽性:

---

① "天理"作为独立的名词,在《抱朴子》中凡两见。除此之外另有《至理》篇所言"为乎无为,以全天理耳。"见王明:《抱朴子内篇校释》,第111页。
② 杨天宇:《礼记译注》下册,第471页。
③ 郭象注、成玄英疏:《庄子注疏》,第53页。
④ 郭象注、成玄英疏:《庄子注疏》,第4—5页。
⑤ 郭象注、成玄英疏:《庄子注疏》,第38页。
⑥ 杨立华认为郭象《庄子注》中的"理"有三种含义,一是表达"性分"或"理分",二是表达物的客观属性,三是表达日常用语义中的道理。以此分类来看,郭象之"理"并没有涉及本性之中的纯粹法则。见杨立华:《郭象〈庄子注〉研究》,第129—130页。

其根源之所由缘,皆自然之感致,非穷理尽性者,不能知其指归,非原始见终者,不能得其情状也。①

此处"理""性"相联,具有内容上的贯通。如果天理有淳静不动之旨,本性似乎亦有虚静无为之义。这样一来,葛洪论性好像也没有脱离性静情动的模式,进一步说,其修玄之道也必然是王弼归情于性、以情近性的"性其情"结构。但实际并非如此,在葛洪的思想中,"性"虽与"理"通,但仅就其天然状态而言,亦有肆纵之危险:

是以智者严隳括于性理,不肆神以逐物,检之以恬愉,增之以长算。其抑情也,剧乎堤防之备决;其御性也,过乎腐辔之乘奔。故能内保永年,外免衅累也。②

人性中所含的天理是智者用以矫正自身的原则,但"性"并没有因此获得完全的正当性。如果说情感欲望像洪水有可能决堤而需要防备的话,那么本性也像野马有可能脱缰而同样需要驾驭。于是"性"似乎与"情"一样,成为需要被归正的内容。在《抱朴子》中,葛洪对人本性的忧虑并不少见:

但人性多躁,少能安静以修其道耳。③

才性有优劣,思理有修短。或有夙知而早成,或有提耳而后喻。④

夫有欲之性,萌于受气之初,厚己之情,着于成形之日,贼杀并兼,起于自然,必也不乱,其理何居!⑤

从以上几条引文可知,葛洪并没有像王弼及其他玄学家一样把虚静视作本性的固有属性,而是相反地认为"人性多躁"。"多躁"的原因是人性的生成

---

① 王明:《抱朴子内篇校释》,第284页。
② 杨明照:《抱朴子外篇校释》上册,第568页。
③ 王明:《抱朴子内篇校释》,第150页。
④ 杨明照:《抱朴子外篇校释》上册,第132页。
⑤ 杨明照:《抱朴子外篇校释》下册,第528页。

禀受于"气","气"有不纯者可生利己之欲望,所以人最自然、最本初的"性"是与欲望,也就是"情",有着共源关系而紧密交合在一起的。至此可知,葛洪论性采取了和郭象"性极""性分"一样的分层法,一方面他主张本性中含有天理,是人反省矫正自身的依据;另一方面他强调本性由"气"形成,天然包含着情感欲望,不能完全放任自流。据此可知,葛洪所论之性有图9两种面向。

理——性理之性

气——有欲之性

图9 葛洪论性的两个层次

不过和郭象不同的是,葛洪没有根据"性"的二分而在"性"的内部构建路径,换句话说,他没有提出从有欲之性回归到性理之性的修养要求,而是在"性"之外确立了一个以虚静为本的修养目标,这便是"神":

夫有因无而生焉,形须神而立焉。有者,无之宫也。形者,神之宅也。①

玄寂虚静者,神明之本也;阴阳柔刚者,二仪之本也;巍峨岩岫者,山岳之本也;德行文学者,君子之本也。莫或无本而能立焉。②

"神"作为玄寂虚静的存在,与"形"相对,从葛洪的表述来看,形神关系也属于玄学所论有无关系的范畴,前者是后者的现实显现,后者是前者的价值本源。所以葛洪其实是用"神"与"形"的提法代替了"性"与"情"的提法。

无——(性)——神

有——(情)——形

图10 葛洪论"神""形"

在这个理解下再去看前文所提到的作为修炼玄道之要的"用之者神,忘

---

① 王明:《抱朴子内篇校释》,第110页。
② 杨明照:《抱朴子外篇校释》下册,第401页。

之者器",就会清楚葛洪所给出的修养路径乃是由形器入神明,这在本质上仍然是王弼从"有始于无"的实然性推出"有归于无"的应然性的逻辑。不过在这个逻辑中,葛洪用"神"与"形"这对概念表达出了更多对道教修炼的强调。性情论作为中国哲学中传统的问题论域,紧密关涉着存在问题与道德问题,这些问题虽然在道教理论中也有所涉及,但道教的核心还是对修仙养生信仰的论述。而形神关系正好与这种信仰相联系,其中"神"代表着神仙之术在人精神领域的先天根源,"形"体现了长生之术对人身体的配虑关怀。所以葛洪在性情之外提出"神"与"形"作为修养的重要内容,有其深刻的理论考虑。

在葛洪之后,另一位接续郭象"性"的分层思想的道教理论家,是重玄学的代表人物成玄英。道教兴起之初,多以仙家方术为要,间或有理论者,不离阴阳之说、巫觋之语①,直至重玄学登场,道教之思想深度方有了本质性的提高。关于重玄学的形成,学界一般根据唐代成玄英和杜光庭的说法,认为始于东晋的孙登②:

> 夫释义解经,宜识其宗致,然古今注,玄情各别。而严君平《旨归》以玄虚为宗,顾征君《堂诰》以无为为宗,孟智周、臧玄静以道德为宗,梁武帝以非有非无为宗,晋世孙登云托重玄以寄宗。虽复众家不同,今以孙氏为正,宜以重玄为宗,无为为体。③

> 又诸家禀学立宗不同,严君平以虚玄为宗,顾欢以无为为宗,孟智周、臧玄静以道德为宗,梁武帝以非有非无为宗,孙登以重玄为宗。④

① 任继愈说:"汉魏五斗米道、太平道等虽奉《老子》五千文为教典,其实主要以符水及首过治病的低层次宗教活动为事,并未本《老子》之说而建立宗教哲学体系。"见任继愈主编:《中国道教史》,第249页。

② 见任继愈:《中国道教史》,第250页;卢国龙:《中国重玄学——理想与现实的殊途同归》,人民中国出版社1993年版,第1页。以下引用此书只标注作者书名页码。

③ 蒙文通辑校:《老子义疏》,《道书辑校十种》,巴蜀书社2001年版,第550—551页。以下引用此书只标注作者书名页码。

④ 杜光庭:《道德真经广圣义》,凤凰出版社2017年版,第64页。以下引用此书只标注作者书名页码。

不过详考成、杜二人之言就会发现，孙登只是其二人所认为的讲论重玄之学的代表人物。依他二人之言，另有顾欢以"无为"为宗、梁武帝以"非有非无"为宗等，但"无为"与"非有非无"显然是原始道家和佛教中观论的观点，而并非是始于顾欢、和梁武帝的学说，当时亦无以此二者为名的学派。据此，若论断重玄之学始于孙登，恐怕文本上并没有足够的依据。所谓重玄学的说法，乃是今人对当时一脉学术特点的总结，两晋之时道教并无创立此派别。① 所以如果不因成、杜二人之言强作臆断，而以哲学史之视角检之，则孙登之前未必没有重玄之说。至少与孙登同在东晋时期的葛洪，亦为论玄之名家，而其论玄之进路与后来重玄之说多有相合，是故说葛洪之思想乃重玄学之萌芽也未尝不可。

重玄学论性，至唐代成玄英为一理论高峰②，而成氏之学又与郭象和葛洪皆有关联。从玄学一脉看，成玄英曾为郭象《庄子注》作疏，于郭象之思想必然十分熟悉，从道教一脉看，葛洪家族所创立之灵宝派本就与重玄学的形成息息相关③，成玄英又曾为《度人经》作注，而《度人经》据陶弘景之言，乃是葛洪族孙葛巢甫所造构《灵宝经》中之一部，所以成玄英自然受容了很多葛氏道的

---

① 任继愈说："'重玄派'之名虽不见于道书，'重玄'诸家亦未必有宗教教派意义上的嗣传关系，但'重玄派'作为一个学派，确实是存在的。"见氏著：《中国道教史》，第250页。另外日本学者砂山稔也提出了相似的观点。见砂山稔：《隋唐道教思想史研究》，东京平河出版社1990年版，第188页。不过葛兆光对这些观点评论说："但是我对于隋唐之际是否存在过一个这样的道教流派依然有一些存疑。思想史的研究中，常常有这种'回溯性的构造'出现……隋唐之际的'重玄'可能也是如此。"见葛兆光：《屈服史及其他——六朝隋唐道教的思想史研究》，生活·读书·新知三联书店2003年版，第181页。

② 卢国龙把重玄学的发展分为四个历史阶段：一是建立经教体系的南北朝阶段，二是宗趣于精神超越的隋及唐初阶段，三是论说道性论和心性修养的高宗武周阶段，四是宗趣复归于修仙的盛唐阶段。而成玄英为第二阶段代表人物。见卢国龙：《中国重玄学——理想与现实的殊途同归》，绪论，第3—4页。卢氏的分期说虽然详密，但精神超越与道性论及心性论不可断然为二，成玄英在注疏《老子》和《庄子》的过程中，正是通过对道性论的阐发而提出超越身心世俗的境界的。这一点将会在下文中有所论证。

③ 砂山稔认为，"灵宝派、太平派的动向促进了隋代重玄派的成立，对于《道德经》在唐代被尊崇的情势的形成，也给予了有力的影响"。见砂山稔：《道教和老子》，《道教（第二卷）》，第28页。

观点。这也是两晋分"性"之论仍然能在唐代重玄学中得以流传的原因。

"重玄"之义,出自老子所言"玄之又玄",值得注意的是,成玄英在《老子义疏》与《庄子注疏》中均把"穷理尽性"与"玄之又玄"联系起来,可见其对辨明人性之重视:

> 前以无名遣有,次以不欲遣无,有无既遣,不欲还息,不欲既除,一中斯泯,此则遣之又遣,玄之又玄,所谓探微索隐,穷理尽性者也。①

> 所谓穷理尽性,玄之又玄,而为众生之父,故其宜矣。②

上面提到葛洪论"性"时也谈到了"穷理而尽性",并以之表达本性中含有可以矫正自身的理则存在。不过我们也知道,葛洪认为仅靠本性含具的理则并不能彻底约束人的行为,所以他在本性之外又特别强调"神"这一概念,试图通过道教的形神修炼来实现性情的虚静。成玄英在论及保全天命的玄德修养时,也会提到形神关系:

> 夫形全不扰,故能保完天命;精固不亏,所以复本还原;形神全固,故与玄天之德为一。③

但比之于葛洪,他却没有在"性"之外刻意突出"神"的重要性,这是因为他认为人的本性因于自然,已然足具完满:

> 夫物之生也,形气不同,有小有大,有夭有寿,若以性分言之,无不自足。④

> 节文之礼,世俗为之,真实之性,禀乎大素,自然而然,故不可改易也。⑤

① 蒙文通辑校:《老子义疏》,《道书辑校十种》,第450页。
② 郭象注、成玄英疏:《庄子注疏》,第226页。
③ 郭象注、成玄英疏:《庄子注疏》,第342页。
④ 郭象注、成玄英疏:《庄子注疏》,第45页。
⑤ 郭象注、成玄英疏:《庄子注疏》,第538页。

成玄英所推崇的"性"是不需要世俗礼文改造的自然之性，从引文中可以看到，他接受了郭象"性分"的说法，认为人作为个体的存在虽然会有形质的不同，但都可以自足于禀乎自然的本性。这个本性既然不受后天之增饰，便没有内容上规定，成玄英认为是虚通湛寂之道在人身上的体现：

> 道以虚通为义，常以湛寂得名。所谓无极大道，是众生之正性也。①

所以人无须依靠外物，仅凭内在完满之性，率任而动，便可符合道的规定而没有咎错：

> 信己而用，可意而行，天机自张，率性而动，自济自足，岂假物哉？②

但真实情况是，人往往不能发挥出自己的本真之性，其行动也多与正道相悖。成玄英也承认，尽管人在先天的性分中已然可以恪守虚静而逍遥无待，但现实中人们经常会因为各种私意而丧失本性：

> 言人禀分不同，性情各异。离旷曾史，素分有者，存之可也；众人性分本无，企慕乖真，亡之可也。③

> 治身者，不能率性任真，而笃于禁忌，内无道德，故贫也。④

成玄英提到了"性分本无"，也就是说个人的本性在最原初的意义上共同分有着"无"的普遍性，但现实中包括"企慕乖真""笃于禁忌"等的情况又让人无法保持在"无"的状态。这里成玄英仍然秉承着玄学以"有""无"论性的传统，把"性"分为原初与现实两种情况，见图11。

需要说明的是，成玄英虽然接受并沿用了郭象"性分"的提法，但他对于"性"的分析还是与郭象有些差别。郭象通过"物各有性，性各有极"的说法把本性明确分成了代表着现实多样性和终极统一性的"性分""性极"两个层面。

---

① 蒙文通辑校：《老子义疏》，《道书辑校十种》，第375页。
② 郭象注、成玄英疏：《庄子注疏》，第29页。
③ 郭象注、成玄英疏：《庄子注疏》，第202页。
④ 蒙文通辑校：《老子义疏》，《道书辑校十种》，第492页。

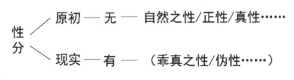

图 11 成玄英的"性分"结构

但成玄英在为郭象《庄子注》作疏时,只对"性分"做了说明,而对"性各有极"则略过不谈①。如前所述,他认为"性分"就是人的具足本性,禀于自然,与道相合,与"无"相通,所以不必在此之上再谈"性"有至极。但郭象使用"分"字是表意人性在经验世界中混具了质料的杂多样态,从而解释后天"性"之不足的原因,所以"性分"本来就具有现实意义。成玄英当然也承认人在现实中"禀分不同,性情各异",但他同时也用"性分"讲"本无",这样一来"性分"的含义就被扩大了,不只表达"性"的现实状态,也表达"性"的原初状态。可以说成玄英所说的"性分"其实就是"性"的转述,只不过更加突出了个体的视域而已。

也正是因为成玄英对"性分"的这种处理,使得郭象或葛洪那种对本性的明确二分在他这里表现得不是特别明显——从逻辑上说,既然他认为"性分"之中有原初的自然之性(亦有"正性""真性"等多种表达),那么性分之中,另外的内容就应该是与自然之性相对的乖真之性,但乖真之性所表达的本性在出离原初状态之后的多样性的那种含义,又已然被他所沿用的"性分"概念含

① 郭象在《庄子·逍遥游》"小知不及大知,小年不及大年"一句的注中说:"物各有性,性各有极,皆如年知,岂趑尚之所及哉。自此已下至于列子,历举年知之大小,各信其一方,未有足以相倾者也。然后统以无待之人,遗彼忘我,冥此群异,异方同得而我无功名。是故统小大者,无小无大者也;苟有乎小大,则虽大鹏之与斥鷃,宰官之与御风,同为累物耳。齐死生者,无死无生者也;苟有乎死生,则虽大椿之与蟪蛄,彭祖之与朝菌,均为短折耳。故进于无小无大者,无穷者也;冥乎不死不生者,无极者也。若夫逍遥而系于有方,则虽放之使游而有所穷矣,未能无待也。"此处由性分提到性极。但是成玄英在疏中却只提到了禀气而异的性分:"夫物受气不同,禀分各异,智则有明有暗,年则或短或长,故举菌灵冥灵、宰官荣子,皆如年智,岂企尚之所及哉。故知物性不同,不可强相希效也。"见郭象注、成玄英疏:《庄子注疏》,第6—7页。

摄了,所以成玄英没有像葛洪提出"有欲之性"一样,在"性分"之下再分出一个表达本性现实状态的范畴,而是直接用"情"和"欲"来表达发显自然之性的障碍①:

> 夫苍生所以失性者,皆由滞欲故也。既而无欲素朴,真性不丧,故称得也。②

成玄英认为,人之所以会在后天丧失掉"真性",正是由于停滞于欲望而不思修养真性。这和葛洪"有欲之性"表达的意思是相近的,所以表面看起来成玄英即"欲"言"欲",实际他所言之"欲"仍然属于广义的"性",也就是"性分"的一部分(见图12)。

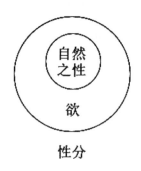

图12 "欲"与"性分"的关系

这一部分正是妨碍人率任自然之性的原因,所以人性修养的目标便是消除"欲"的影响③,让"性分"全体回到自然之性的状态:

---

① 在上述《庄子注疏·在宥》的引文中,成玄英提到了"言人禀分不同,性情各异",这说明"性分"对于成玄英而言是一个广义的概念,不仅指代最初始的本性,也包含着人的情感和欲望。
② 郭象注、成玄英疏:《庄子注疏》,第185页。
③ 作为道教理论家,成玄英虽然受到道教传统的影响,提出了"无欲素朴""无欲无为"等说法,但对于无欲的限度,他仍有注意。在《老子义疏》中,他曾提道:"但闭塞之义有两,一者断情忍色,柄托山林,或却扫闭门,不见可欲。二者,体知六尘虚幻,根亦不真,内无能染之心,外无可欲之境,既而恣目之所见,极耳之所闻,而恒处道场,不乖真境,岂日杜耳闭目而称闭塞哉。盖不然乎,斯乃闭塞之妙也。"蒙文通辑校:《老子义疏》,《道书辑校十种》,第481—482页。这便说明,成玄英并不是在绝对的意义上提倡断绝情欲,而是在充分保留情欲官能的基础上,通过心对"可欲之境"的超越来进入"真境"的道到场。

言人常能无欲无为,至虚至静者,即能近鉴己身之妙道,远鉴至理之精微也。①

而一旦回到自然之性的,现实多样的"性分"便成为普遍统一的"真性",这个过程被成玄英称为"复性反命":

命者真性慧命也,既屏息嚣尘,心神凝寂,故复于真性,反于慧命。②

至此我们也可以看出,作为重玄学的代表人物,成玄英的问题意识虽然始于道教之修炼,但从其最终给出的人性修养路径来看,和王弼的"性其情"仍然具有结构上的一致性。所谓"反性复命"就是让情感欲望最大限度降低妄动的可能而接近本性至虚至静的状态,这完全符合王弼性情论的修养要求。不过成玄英特别指出这种情感欲望向本性的归正要靠心神的凝寂来实现,并进一步把凝寂的方法规定为"忘":

所言无者,坐忘丧我,享体离形,即身无身,非是灭坏而称无也。③

及其心未虚忘,以事为事而有事者,斯事异无事,无事异事,动异于寂,寂乖于动,如此之人,不足以摄化天下也。④

物我双遣,形德两忘,故放任乎变化之场,遨游于至虚之域也。⑤

"忘"本来是一种对心识的规定,强调客观世界的事物不在人的意识之中显现,无论是以具体形象的方式还是以抽象概念的方式。外物作为引发情感欲望的原因,一旦从人的心识之中排除出去,情感欲望便无可发动,从而回到了本性之初的虚静。所以"忘"确实是"无"在心识中的体现,这也是为什么成玄英用"坐忘丧我"来解"无"。在这个意义上,"忘"与"性其情"有着逻辑上

---

① 蒙文通辑校:《老子义疏》,《道书辑校十种》,第376—377页。
② 蒙文通辑校:《老子义疏》,《道书辑校十种》,第408页。
③ 蒙文通辑校:《老子义疏》,《道书辑校十种》,第401页。
④ 蒙文通辑校:《老子义疏》,《道书辑校十种》,第473页。
⑤ 郭象注、成玄英疏:《庄子注疏》第120页。

的顺延,王弼虽然没有明确提出"忘"作为心识修养的具体方式,但从其"以无为心"①的表述来看,也必然同意心识的不妄动是实现情感欲望复归本性的必要手段。

但需要指出的是,成玄英所说的"忘"并没有仅仅停留在对心物关系的讨论上。首先,他把"忘"从心识活动的层面向外延展至身体活动的层面,提出了"坐忘"的修行方法②,并被后来的重玄学家们所重视,甚至影响了后来的宋明理学家③。其次,他所说的"忘"有严格的形式上的规定,即"物我兼忘"——不仅要忘掉客观事物,也要忘掉主观意识。这就是说,外在事物既不能在心识之中显现,心识也不能去有意识地排除作为感知对象的外在事物。这样一来,"忘"就分成两个维度,在第一个维度上,忘掉的是事物,在第二个维度上,忘掉的是"忘"本身。忘掉事物,是从"有"中出离,而忘掉"忘"本身,是不执着于"无",这样双重维度的"忘"也被称为"双遣"。"双遣"与"重玄"之义息息相关,它承接了玄学对"有""无"的讨论,指出离"有"归"无"虽合玄旨,但并非是最为精深的理解,因为归"无"仍然可能执着于"无",只有连"无"都不滞,才能真正无所倚待,从而进入真正意义上的"无"的状态,这也便

---

① 楼宇烈:《王弼集校释》上册,第81页。
② "坐忘"语出《庄子》:"颜回曰:'堕肢体,黜聪明,离形去知,同于大通,此谓坐忘。'"郭象《庄子注》中也有所说明:"夫坐忘者,奚所不忘哉? 即忘其迹,又忘其所以迹者,内不觉其一身,外不识有天地,然后旷然与变化为体而无不通也。"见郭象注、成玄英疏:《庄子注疏》,第156页。成玄英虽然不是"坐忘"的首倡者,却通过对这一概念的强调使其走进重玄学的思想脉络中,并为后来的道教学者以及理学家们所关注,而成为中国哲学身心修养的主要实践方式。
③ 比如唐代另一位重玄学的代表人物司马承祯在《坐忘论》中便说:"如人闻坐忘之言,信是修道之要,敬仰尊重,决定无疑者,加之勤行,得道必矣。故庄云,'隳支体,黜聪明,离形去智,同于大通,是谓坐忘'。夫坐忘者,何所不忘哉! 内不觉其一身,外不知乎宇宙,与道冥一,万虑皆遣。"吴受琚辑释、俞震、曾敏校补:《司马承祯集》,社会科学文献出版社2013年版,第132页。重玄学之后,宋明理学家们亦继承了这种通过打坐静心来进行修养的活动,如《朱子语类》中便曾记载"明道、延平皆教人静坐",朱熹本人亦认为"看来须是静坐"。见黎靖德编、王星贤点校:《朱子语类》,第210页。

是在玄旨基础上更为奥妙的"玄之又玄":①

> 有欲之人,唯滞于有,无欲之士,又滞于无,故说一玄以遣双执。又恐行者滞于此玄,今说又玄,更祛后病。既而非但不滞于滞,亦乃不滞于不滞,此则遣之又遣,故曰玄之又玄。②

"双遣"作为心识上的修炼方法,强调通过一种类似于双重否定的思维方式来完成彻底的不执着,在彻底不执着的前提下,又有条件地承认双重否定的对象在一定范围内的合理,这是重玄学一个非常具有代表性的理论特点。相比于王弼等玄学家们对"有""无"的讨论,重玄学所提出的"双遣"具有更高的思辨程度。

通过这一节的讨论,我们知道了在王弼之后,郭象、葛洪、成玄英等人对性情理论的一个发展,那就是"性"的分层:一方面,他们保留了"性其情"中本性的虚静含义来作为人性修养的复归目标,提出了诸如"性极""自然之性""真性"等说法用以表述"性"的纯粹部分;另一方面,他们又提出了"性分""有欲之性"等概念来说明本性除了先天的圆满状态之外,亦有后天的偏蔽状态,并把情感欲望置于"性"的偏蔽状态中,以之说明人性在现实中的妄动。在这样的分层之下,从"性分"到"性极"的复性就成了性情修养必然的要求,这个要求在本质上仍然是"性其情"所提倡的情感欲望对虚静本性的回归,不过重玄学提出的"双遣"进一步规定了回归本性的过程中具体的心识修炼方法,通过

---

① 在成玄英的论述之外,我们亦可发现其他重玄学家们的讨论,比如王玄览在《玄珠录》里说过:"起即一时起,忘即一时忘。其法真实性,非起亦非忘,亦非非起忘。"见朱森溥:《玄珠录校释》,巴蜀书社1989年版,第80页。由隋朝道士刘进喜、唐朝道士李仲卿所作的《本际经》中亦曾记载:"帝君又问:'何谓兼忘?'太极真人答曰:'一切凡夫从烟蕴际而起愚痴,染着诸有,虽积功勤,不能无滞,故使修空,除其有滞。有滞虽净,犹滞于空,常名有欲,故示正观,空于此空。空有双净,故曰兼忘,是名初入正观之相。'帝君又问:'何谓重玄?'太极真人曰:'正观之人,前空诸有,于有无着。次遣于空,空心亦净,乃曰兼忘。而有既还,遣空有故,心未纯净,有对治故。所言玄者,四方无着,乃尽玄义。如是行者,于空于有,无所滞着,名之为玄。又遣此玄,都无所得,故名重玄,众妙之门。'"见叶贵良:《敦煌本〈太玄真一本际经〉辑校》,巴蜀书社2010年版,第208—209页。
② 蒙文通辑校:《老子义疏》,《道书辑校十种》,第377页。

对不滞"有"而入"无"、不滞"无"而存"有"的规定，把对"有""无"关系的讨论推向思辨的高峰，并和王弼对圣人"应物而不累于物"的论述、对"情"的保留等观念形成了理论上的呼应。至此我们也可以看到，王弼之后的性情论虽然在修养路径上没有本质的改变，但对具体"性""情"范畴的讨论已然开始愈发地细致深入。"性"的分层意味着玄学家与重玄学家们已不再满足于用简单的概念结构去说明性情修养问题，而试图去建立能够解释人性的更为复杂的体系。当然，这一目标直至理学的出现才基本完成。

第三节 "心"的再立：般若学与玄学的理论映照

在以上两节的讨论中，我们知道了王弼所提出的"性其情"在成为后来的性情修养理论的重要范式的同时，亦在不断经历着含义上的丰满。在这一过程中，"性其情"不仅凭借着玄学自身的问题意识的发展而朝着更为深入的方向前进，还在不断地扩容着玄学之外的思想资源以形成更多的可诠释面向。从中国哲学在魏晋南北朝的发展来看，除了道教理论与玄学有所交涉而形成了之后唐代的重玄学且对"性"的内涵演变产生影响之外，东晋佛教六家七宗所论之般若学亦与玄学颇有互动，其结果同样影响了"性其情"理论结构的走向。

东汉永平年间佛教由官方的正式传入，以及其后近 2000 年的中国本土化发展，是人类历史上文明对话成功的最好范例。不过佛教真正走进中国的哲学史中，是在其传入中国 400 年后的两晋时代①，我们可以从《弘明集》卷十二《与释道安书》中习凿齿的一段话看出，佛教的发展确实是经历了一个相当长的潜伏期：

> 且夫自大教东流，四百余年矣，虽藩王居士时有奉者，而真丹宿训，先

---

① 余敦康说："根据现有史料，清谈名士接受般若思想是在西晋中叶以后，到了东晋初年，才形成了一股佛玄合流的般若学思潮。"见氏著《魏晋玄学史》，第 427 页。

行上世,道运时迁,俗未金悟;藻悦涛波,下士而已。唯肃祖明皇帝实天降德,始钦斯道,手画如来之容,口味三昧之旨,戒行峻于岩隐,玄祖唱乎无生。大块既唱,万窍怒号,贤哲君子靡不归宗。日月虽远,光景弥晖,道业之隆,莫胜于今。①

佛教思想在两晋时期终于得以和中国哲学产生真正的对话,首先是由于当时的佛教经典翻译已经积累到了一定程度,为当时的中国知识分子了解佛教义理提供了基本的文本保障②。在这个保障之下,佛教思想能够进一步与本土儒道两家的学说融合,构筑起存在至今的三教互补文化格局,则是由于其义理与中国本土思想的契合。当然从佛教"格义""教门""宗门"发展历程来看,这种契合多少有些人为的成分。在佛教东传之初,从事佛经翻译的主要是外来僧人③,为了使当时的中土人士更好理解这一外来思想,他们多拟配外书,采取儒道之言进行翻译,此方法被称为"格义"④。在此过程中,亦有笃信佛教的士大夫开始从佛儒不二、佛道一如的立场宣扬佛教与本土主流文化的一致性,其中代表人物首推牟子,其《理惑论》中载:

> 不可以所习为重,所希为轻,或于外类,失于中情。立事不失道德,犹调弦不失宫商。天道法四时,人道法五常。老子曰:"有物混成,先天地生。可以为天下母,吾不知其名,强字之曰道。"道之为物,居家可以事

---

① 刘立夫、魏建中、胡勇译注:《弘明集》,第798—799页。

② 提到佛经的翻译,还要归功于像引文中所提到的晋明帝这样笃信佛教的统治者的倡导。这种倡导保证了一种意识形态强制执行的效率与范围,像汉明帝派蔡愔、秦景西取《四十二章经》,支谦、康僧会受吴国孙权礼遇而译《般若》诸经,鸠摩罗什在后秦姚兴的支持下从事《妙法莲华经》《维摩诘经》《金刚经》等佛经的翻译等,都属于在权力推动下完成的佛教翻译与普及。

③ 任继愈:《中国佛教史》(第1卷),中国社会科学出版社1985年版,第152页。

④ 梁代《高僧传》卷四《晋高邑竺法雅传》记载:"时依门徒,并世典有功,未善佛理。雅乃与康法朗等,以经中事数,拟配外书,为生解之例,谓之格义。及毗浮、相昙等,亦辩格义,以训门徒。"见释慧皎:《高僧传》,汤用彤校注,中华书局1992年版,第152页。以下引用只标注作者书名页码。也有学者认为"格义"是当时推动佛教王国政治运动的工具。见古正美:《天王传统与佛王传统》,台北商周出版社2003年版,第87—91页。不过进一步说,佛教与中土思想的契合在根本上还是由于理论表现的一致性,而非完全人为的设计。这一点本节将会在接下来加以说明。

亲,宰国可以治民,独立可以治身,履而行之,充乎天地,废而不用,消而不离。子不解之,何异之有乎?①

书不必孔丘之言,药不必扁鹊之方,合义者从,愈病者良,君子博取众善以辅其身。子贡云:"夫子何常师之有乎?"②

到了东晋时期,名士们对佛教的接受程度达到了空前的程度,如孙绰者甚至在《喻道记》中直接提出了"周孔即佛,佛即周孔"这样的论断:

周孔即佛,佛即周孔,盖外内名之耳。故在皇为皇,在王为王。佛者,梵语,晋训觉也。觉之为义,悟物之谓。犹孟轲以圣人为先觉,其旨一也。应世轨物,盖亦随时,周孔救极弊,佛教明其本耳。共为首尾,其致不殊。即如外圣有深浅之迹。尧舜世夷,故二后高让;汤武时难,故两军挥戈。渊默之与赫斯,其迹则胡越;然其所以迹者,何常有际哉。故逆寻者每见其二,顺通者无往不一。③

孙绰认为佛与周、孔的区别只是表面称呼上的不同,"佛"在梵语中有觉悟的意思,儒家的孟子亦在同样的意思上把觉悟者称为圣人,虽然儒学侧重于救世而佛教侧重于明本,但二者在思想旨义上都是一致的。孙绰的这些论述充分显示出在东晋时期的氏族知识分子对于佛教的接受不再仅仅停留在个人的生活旨趣上,而是自觉进入了学理上的探讨。在这种探讨下,不仅佛教依附作为当时显学的玄学而获得了学术上的支持,玄学亦借由佛教新的理论资源展开了更多的诠释空间,于是一个玄佛合流的思潮便在两晋出现了。关于玄佛合流的研究,学界已然硕果累累,兹不赘言。本节仅在"性其情"这一范式之下对两晋时期佛教重要流派的相关论述做一线索上的大致勾勒,以试图指出在何种意义上佛教义理为中国哲学的性情论发展提供了思想上的资源。

---

① 刘立夫、魏建中、胡勇译注:《弘明集》,第 16 页。
② 刘立夫、魏建中、胡勇译注:《弘明集》,第 20 页。
③ 刘立夫、魏建中、胡勇译注:《弘明集》,第 176—177 页。

两晋时期的佛教基于对印度大乘空宗经典《般若经》的研究而形成了所谓的"六家七宗",皆与玄学有义理之关联①,其中以本无宗、即色宗和心无宗为代表②。

本无宗最著名的倡导者是生于西晋末、活动于东晋的道安。关于本无宗之要旨,刘宋昙济的《六家七宗论》、陈朝慧达的《肇论疏》、隋朝吉藏的《中观论疏》曾分别论述说:

> 本无立宗,曰:如来兴世,以本无佛(弘)教,故方等深经,皆备明五阴本无。本无之论,由来尚矣。何者?夫冥造之前,廓然而已。至于元气陶化,则群象禀形。形虽资化,权化之本,则出于自然。自然自尔,岂有造之者哉?由此而言,无在元化之前,空为众形之始,故称本无,非谓虚豁之中,能生万有也。夫人之所滞,滞在末有,苟宅心本无,则斯累豁矣。夫崇本可以息末者,盖此之谓也。③

> 弥天释道安法师《本无论》云:"明本无者,称如来兴世,以本无弘教。故方等深经,皆云五阴本无。本无之论,由来尚矣。须得彼义,为是本无。明如来兴世,只以本无化物。若能苟解本无,即思异息矣。故不能悟诸法

---

① 刘宋的昙济的曾作《六家七宗论》,最早介绍了六家七宗的情况,后逸失,但从梁代宝唱《续法论》的引用中亦可见。唐代元康作《肇论疏》,其中便谈到了:"梁朝释宝唱作《续法论》一百六十卷云,宋庄严寺释昙济作《六家七宗论》。论有六家,分成七宗。第一本无宗,第二本无异宗,第三即色宗,第四识含宗,第五幻化宗,第六心无宗,第七缘会宗。本有六家,第一家分为二宗,故成七宗也。"元康:《肇论疏》,收录于大藏经刊行会:《大正藏》第45卷,台北新文丰出版公司1983年版,第163页。以下引用《大正藏》,只标注著作名、《大正藏》卷数及页码。

② 隋朝三论宗创立者吉藏在《中观论疏》中说:"什师未至,长安本有三家义。一者释道安明'本无义',谓无在万化之前,空为众形之始……第二即色义。但即色有二家,一者关内即色义,明即色是空者此明色无自性,故言即色是空,不言即色是本性空也。……次支道林着即色游玄论,明即色是空,故言即色游玄论,此犹是不坏假名,而说实相,与安师本性空故无异也。第三温法师用心无义。心无者无心于万物,万物未尝无。"见《中观论疏》,《大正藏》第42卷,第29页。

③ 《名僧传抄·昙济传》引刘宋昙济《六家七宗论》,收录于藏经书院:《卍续藏》第134册,台北新文丰出版中心1983年版,第9页。以下引用只标注篇名、《卍续藏》册数及页码。

本来是无，所以名本无为真，末有为俗耳。"①

　　释道安明"本无义"，谓无在万化之前，空为众形之始。夫人之所滞，滞在末有，若诧心本无，则异想便息。睿法师云："格义迂而乖本，六家偏而未即。"师云："安和上凿荒途以开辙，标玄旨于性空。以炉冶之功验之，唯性空之宗最得其实。"详此意，安公明本无者，一切诸法，本性空寂，故云本无。此与方等经论、什、肇山门义无异也。②

　　从昙济的介绍中，我们可以知道本无宗是用"无"这个概念去描述万物在以具体形态存在之前的状态。这和王弼讲"无"如出一辙。在《老子注》中王弼曾说：

　　天下之物皆以有为生，有之所始，以无为本，将欲全有，必反于无也。③

　　这里所提到的"以无为本"同样是把"无"看作是"有"的初始阶段，所以本无宗的命名很难让人不去猜测与王弼一脉的"贵无"思想息息相关。不仅如此，深入分析昙济的说明就会发现，本无宗尤其强调"无"是一种时间上的状态（"冥造之前，廓然而已"），而不是化生万物的终极本原。从这一点看，本无宗亦有王弼反对老子生成论之立场。至于万物得以存在之原因，本无宗则用"自然自尔""元气陶化"来形容，这显然也是受了玄学中"自生""气化"这些概念的影响。而昙济所说的"崇本可以息末"、慧达所说的"本无为真，末有为俗"，则更是直接转述了王弼对"有""无"的讨论，从这里也可以看到本无宗对佛教义理的阐明基本上是在玄学对万物存有的讨论框架下完成的。④

---

①　《肇论疏》，《卍续藏》，第150册，第429页。
②　《中观论疏》，《大正藏》第42卷，第29页。
③　楼宇烈：《王弼集校释》上册，第110页。
④　余敦康说："本无宗这两家（道安、竺法琛）不同的观点，实际上都是玄学贵无派观点的余音回响。"见余敦康：《六家七宗——两晋时期的佛教般若学思潮》，收录于余敦康：《中国哲学论集》，辽宁大学出版社1998年版，第318—341页。

在这个框架下,"无"的形塑也必然关涉对人性的讨论。上述吉藏的引文里提到了本无宗"标玄旨于性空",又提到了道安所说的"本无"之含义是"一切诸法,本性空寂",本无宗所说的本性空寂与王弼"性其情"理论所说的本性虚静的区别在于,前者指代的是万物因缘和合、自性为空,而后者更多强调的是性情修养中所应该回归的状态。不过这样的区别并不能彻底割裂二者的关联,因为在王弼的思想中,性情修养所指向的虚静之"无"亦同时为万物所分有,而本无宗所说的自性空寂落实在人的身上也会有相应的修行规定。比如在《安般经注序》中,道安就提到了与"性其情"相似的内容——对欲望的减损:

> 安般者,出入也。道之所寄,无往不因。德之所寓,无往不托。是故安般寄息以成守,四禅寓骸以成定也。寄息故有六阶之差,寓骸故有四级之别。阶差者,损之又损之,以至于无为。级别者,忘之又忘之,以至于无欲也。无为故无形而不因,无欲故无事而不适。无形而不因、故能开物。无事而不适,故能成务。成务者,即万有而自彼开物者,使天下兼忘我也。彼我双废者,寄于唯守也。①

"损之""无为""无欲"这些语句同样显露了本无宗诠释佛典的玄学化风格。不过值得注意的是,道安在这段话中虽然提到了"无欲",但就像王弼对欲望的保留态度一样,道安似乎也认为"无欲"是为了获致"无事而不适"的"成务"。在这样的表述下,本无宗便把佛教本来的出世品格隐藏在对世俗的宽容中,让玄学家们得以顺利地受容。

值得注意的是,道安的这段论述中特别提到了"忘之又忘之"来作为化减欲望以归无的方法,这不禁让人联想到重玄学的双遣法。从中国儒释道三教融合的历程来看,重玄学的理论确实受到佛教思想的影响,这也是当今学界基本共识。在这里我们需要关注的,是寄旨于性空的本无宗不仅像王弼等玄学

---

① 《安般经注序》,《大正藏》第52卷,第43页。

家一样,把对于"无"的讨论推衍至性情修养,更像成玄英等重玄学家一样,给出了心识活动上具体的规定。事实上,以心识解空是佛教历来之传统,无论是原始佛教"五蕴""十二因缘"等概念中所含有的心识观念,还是部派佛教说一切有部《品类足论》《俱舍论》等经典对"心"和"心所法"的分类讨论,抑或是后来大乘佛教瑜伽行派围绕"一切唯识"观点所构建的"三类八识"说,都是在通过对人的认识、意识等精神现象的分析而阐明缘起性空之教义。

在上述昙济和吉藏对本无宗的介绍中,两人共同提到了从世俗的羁绊与异想中脱离出去的方法就是"宅心本无",这说明以心识解空的传统在佛教传入中国之后依然保留着,道安便是据此主张心识对"无"的证会是体空的重要方式。不过比之于本无宗的"宅心本无",六家七宗里更为重视心识的一派是心无宗,其代表人物是支愍度、竺法温(又作竺法蕴)等人,如果说本无宗认为"心"是识空、解空、证空的凭据,那么心无宗则是更近一步,把"心"的不应物、不起念、不活动看作是"空"的根本含义。关于心无宗,东晋僧肇在《不真空论》中曾评价其主旨说:

> 心无者,无心于万物,万物未尝无。此得在于神静,而失在于物虚。①

唐代元康所著《肇论疏》解释上文道:

> "无心万物,万物未尝无"者,谓经中言空者,但于物上不起执心,故言其空。然物是有,不曾无也。②

另有隋代吉藏、日本三论宗大安寺流的安澄介绍竺法温的心无宗思想说:

> 温法师用心无义。心无者,无心于万物,万物未尝无。此释意云:经中说诸法空者,欲令心体虚妄不执,故言无耳,不空外物,即万物之境不空。③

---

① 僧肇著、张春波校释:《肇论校释》,中华书局 2010 年版,第 39 页。以下引用此书只标注作者书名页码。
② 《肇论疏》,《大正藏》第 45 卷,第 171 页。
③ 《中观论疏》,《大正藏》第 42 卷,第 29 页。

《二谛搜玄论》云:晋竺法温,为释法琛法师之弟子也。其制《心无
论》云:夫有,有形者也。无,无象者也。然则有象不可谓无,无形不可谓
有(无)。是故有为实有,色为真色。经所谓色为空者,但内止其心,不滞
外色。外色不存,余情之内,非无而何?岂谓廓然无形,而为无色者乎?①

从上面这几条引文的说明来看,心无宗最大的理论特点就是把佛教的核
心概念"空"解释为心无物有,即肯定万物的实有而主张内心于外物不起执
念。也就是说保持意识的湛明无染,让心避免物的影响,从而达到心中"无
色"的境界。道安所说的"宅心本无"是让心常常保持对"本无"的认识,但
"本无"说到底仍然物质实存的否定,但心无宗对于物质的实存却采取了保留
的态度,转而指向了精神世界中无心于物的更为苛刻的要求。于是相比于本
无宗,心无宗的主张则更为关涉内在性的修养实践,和玄学中的性情修养理论
也有了更多的贯通之处。

其实在王弼的"性其情"理论中,同样也有以"心"解"无"的思路。王弼
认为人的性情修养就是对初始存在状态的复归,一旦返回这种状态,万物便在
某种程度上获得了"道"的本真,王弼称之为"得道"②。人作为万物中的一
类,亦拥有获得"道"的可能性。不过由于"道"不是外在与人的对象,所谓人
的"得道"不是主体对客体的拥有,而是主体自身对于玄冥状态的回归,在这
种阐释之下,与其说人获得了"道"的完满性,不如说人重新拥有了自己本有
的完满性。在这种主张下,"得道"有两个条件:一个是"抱朴";一个是"无
为"。所谓"抱朴"就是使内心不具有主观性的意图:

朴之为物,以无为心也,亦无名。③

在王弼看来,"抱朴"之心可以防止人性情上过分的欲望以及智识上不当

---

① 《中论疏记》,《大正藏》第65卷,第94页。
② 在《老子注·第三十二章》中王弼说:"抱朴无为,不以物累其真,不以欲害其神,则物自
宾而道自得也。"楼宇烈:《王弼集校释》上册,第81页。
③ 楼宇烈:《王弼集校释》上册,第81页。

的判断,而"以无为心"基本上和心无宗"内止其心,不滞外色"的要求是一致
的。"心"本身的作用就是通过接触各种经验材料而认识世界,在这个过程
中,人必然会随着认识的具体化而丧失最初的真朴,所以"抱朴"就是通过要
求不发挥"心"的作用而重新回到认识世界之前的状态。心无宗说"令心体虚
妄不执"是为了进入识"空"与得"空"之境界,玄学虽然不言佛教之"空",但
王弼所说本性之虚静不动,亦是一种泯除主观体验的超越境界,所以万有所返
之"无"亦被心无宗用来解"空"。

王弼"以无为心"和心无宗以不起执心为"无"这一逻辑上一脉之顺延,从
中亦可一窥当时玄佛互融之紧密。《世说新语》中,便曾记载支愍度有意迎合
江东之玄风①而以新义创立心无宗的故事②:

> 愍度道人始欲过江,与一伧道人为侣,谋曰:"用旧义在江东,恐不办
> 得食。"便共立"心无义"。既而此道人不成渡,愍度果讲义积年。后有伧
> 人来,先道人寄语云:"为我致意愍度,无义那可立? 治此计,权救饥尔!
> 无为遂负如来也。"③

如果论及两晋时代佛教与玄学的关涉交往,比道安、支愍度更为典型的人
物当属即色宗的支遁。《世说新语·赏誉》便记载王长史(王濛)以支遁比作
王弼的评价:

> 王长史叹林公寻微之功,不减辅嗣。④

刘孝标对此注引《支遁别传》说:

---

① 余敦康认为:"支愍度是一位渊博的学者,他在过江前对'旧义'是作了充分研究的。为
了适应江东玄风,于是创立心无义和'旧义'相对立。"见氏著《魏晋玄学史》,第442页。
② 关于心无宗的创立者,《世说新语》此条以为是支愍度,安澄《中论疏记》所引却认为是
竺法温。陈寅恪对此曾有详细考证,认为"《世说新语》之记载虽出于异党谤伤之口,自不可尽
信。独其言愍度自立新义,非后所追学,似得其实也。"陈寅恪:《支愍度学说考》,《金明馆丛稿初
编》,生活·读书·新知三联书店2001年版,第180页。
③ 刘义庆撰,刘孝标注,朱铸禹汇校集注:《世说新语汇校集注》,第713页。
④ 刘义庆撰,刘孝标注,朱铸禹汇校集注:《世说新语汇校集注》,第406页。

遁神心警悟,清识玄远,尝至京师,王仲祖称其造微之功,不异
王弼。①

支遁的"寻微之功"当然首先表现在他以"即色"这一概念解"空",《世说
新语·文学篇》刘孝标注引支遁的《妙观章》说:

夫色之性也,不自有色。色不自有,虽色而空,故曰色即为空,色复
异空。②

对于支遁的"即色宗",僧肇曾评论说:

即色者,明色不自色,故虽色而非色也。夫言色者,但当色即色,岂待
色色而后为色哉?此直语色不自色,未领色之非色也。③

从这些说明来看,支遁的即色宗似乎站在与本无宗相似的立场,认为万物
没有自性,虽然在经验世界中表现为"色",但实际上使这个"色"能够得以真
正存在的本质是没有的,所以万物实则为空。与本无宗相比,即色宗则更进一
步地要求人们当下直接证会万物并非实存。不过这种对于万物性空更加彻底
的论断并没有使即色宗倒向虚无主义。在《大小品对比要抄序》中,支遁表达
了通过对"无"的真正认识而进入到般若境界的观点:

无物于物,故能齐于物。无智于智,故能运于智。是故夷三脱于重
玄,齐万物于空同,明诸佛之始有,尽群灵之本无,登十住之妙阶,趣无生
之径路。何者?赖其至无,故能为用。④

在支遁看来,般若的境界不仅在于能看到万物之空性,更在于认识了这种
空性之后能以更加超越的视角观照万物,同时,般若的境界也不仅在于能以不
做思虑为智慧,更在于能把这种智慧运用到对世界以及佛法的理解上。这里
所说的"无智于智"仍然是一种心识上不可着于物的要求,这样一来即色宗似

---

① 刘义庆撰,刘孝标注,朱铸禹汇校集注:《世说新语汇校集注》,第406页。
② 刘义庆撰,刘孝标注,朱铸禹汇校集注:《世说新语汇校集注》,第196页。
③ 僧肇著,张春波校释:《肇论校释》,第40页。
④ 僧佑:《出三藏记集》,中华书局1995年版,第298页。以下引用此书只标注书名页码。

乎也在某种程度上强调了心识对于解悟空性的重要性,万物本性为空,但色之所以展现出色相,便是因为心识有执,所以欲破色相之惑,须做到无心无智。元文才的《肇论新疏》中曾转述支遁《即色游玄论》的思想说:

> 彼谓青黄等相,非色自能,人名为之青黄等,心若不计,青黄等皆空,以释经中即色是空。①

这里明确表达了心识的计执与证空的关系。所以即使即色宗解"空"更为透彻②,也仍然没有减少佛教对于心识的重视。这种重视也让支遁援佛入玄有了更为明确的理论特点。他对"三玄"之一《庄子》中《逍遥游篇》的注释就因其独特之理解而成为一时注《庄》之冠:

> 遁常在白马寺,与刘系之等谈《庄子·逍遥篇》,云各适性意味逍遥。遁曰:"不然,夫桀跖以残害为性,若适性为得者,彼亦逍遥矣。"于是退而注《逍遥篇》,群儒旧学莫不叹服。③

> 《庄子·逍遥篇》,旧是难处,诸名贤所可钻味,而不能拔理于郭、向之外。支道林在白马寺中,将冯太常共语,因及《逍遥》。支卓然标新理于二家之表,立异义于众贤之外,皆是诸名贤寻味之所不得,后遂用支理。④

从《世说新语》所引用的支遁的《逍遥论》看,他对于"逍遥"的阐述之所以能对当时诸说有所突破,正是由于他对"心"概念的引入:

> 支氏《逍遥论》曰:"夫逍遥者,明至人之心也。庄生建言大道,而寄指鹏、鷃。鹏以营生之路旷,故失适于体外;鷃以在近而笑远,有矜伐于心内。至人乘天正而高兴,游无穷于放浪,物物而不物于物,则遥然不我得,

---

① 《肇论新疏》,《大正藏》第45卷,第209页。
② 彭自强认为支遁的"即色"义是六家七宗中最接近僧肇《不真空论》,也就是与般若学正宗对"空"的理解最接近的。见彭自强:《支遁"即色"义试析》,《世界宗教研究》2000年第4期。
③ 释慧皎:《高僧传》,第160页。
④ 刘义庆撰,刘孝标注,朱铸禹汇校集注:《世说新语汇校集注》,第194页。

玄感不为,不疾而速,则逍然靡不适。此所以为逍遥也。"①

支遁把"逍遥"直接解为"至人之心",这就意味着他把庄子所讲的那种自由无待的境界具体化为心识上的规定。如果能满足这个规定,就可以在以物为物的前提下恰当地对处外物而不受到外物的累溺②,从而实现"物物而不物于物"。从即色宗的主旨来看,万物虽有其表现而并非实有,这就决定着人对外物的脱离有一种根本上的应然性。但另一方面,即色宗所主张的"赖其至无,故能为用"又强调在现实中以无为用,这也决定着人不能完全避免与作为现象的"物"打交道。这便需要恰当地运用心识,在映照万物的同时又不对万物升起执念。

支遁在这里所说的"物物而不物于物"其实和王弼、何晏关于圣人有情无情之辩中所提到的"应物而不累于物"具有相近的含义。而一旦进入这种物我关系中的理想人格的说明,就会和"性其情"产生理论上的连接。因为王弼和支遁所建构的理想人格都具有超越万物和运用万物的双重面向,这种双重面向在性情论上就必然对应着虚静空寂的本性和不能尽去的情感欲望。只不过相较于王弼,支遁是把心识的能力作为塑造理想人格,也就是至人逍遥境界的更为重要且先决的条件。

除了支遁所代表的即色宗,以及上述谈到的本无宗和心无宗之外,六家七宗的其他派别也都对心识表现出了不同程度的重视。比如含识宗便以三界为梦的比喻来说明世界万物只是心识之幻觉,一旦惑识除尽便可位登十地而成佛。吉藏和安澄曾分别介绍过含识宗代表人物于法开的思想说:

> 第五于法开立识含义:三界为长夜之宅,心识为大梦之主。今之所见群有,皆于梦中所见。其于大梦既觉,长夜获晓,即倒惑识灭,三界都空。

---

① 刘义庆撰,刘孝标注,朱铸禹汇校集注:《世说新语汇校集注》,第194页。
② "物物而不物于物"本出自《庄子·外篇·山木第二十》中的"物物而不物于物,则胡可得而累邪",原文同样是讨论物我的辩证关系,支遁这里是借由此言以说明至人对物的超越以及超越之后所达到的逍遥。

是时无所从生，而靡所不生。①

于法开着《惑识二谛论》云：三界为长夜之宅，心识为大梦之主。若觉三界本空，惑识斯尽，位登十地。今谓其以惑所睹为俗，觉时都空为真。②

再比如幻化宗认为世间万物皆是幻化而成，本来无有，但心识实存，能破断一切俗谛。吉藏和安澄曾分别介绍过幻化宗代的表人物竺道壹的思想说：

第六壹法师云：世谛之法，皆为幻化。是故经云：从本以来未始有也。③

道壹着《神二谛论》云，一切诸法，皆同幻化，同幻化故名为世谛。心神犹真不空，是第一义。若神复空，教何所施？谁修道？隔凡成圣，故知神不空。④

从以上的讨论可知，六家七宗的般若学论"空"虽然各有不同，但总体上的思路有两种，一种是如本无宗、即色宗、幻化宗一样以物为空，一种是如心无宗、含识宗一样以心为空。但无论哪种思路，都保留了原始佛教对心识的重视，这是因为从心物关系上说，如果空性在物，那么则需要心识解悟色相非真，如果空性在心，那么亦需要心识证觉，不起惑执。

六家七宗之后，把般若学空论之思辨推向高峰的人是被鸠摩罗什誉为"秦人解空第一者"⑤的僧肇。在《不真空论》中，僧肇把"空"解为非有非无、非断灭非实有的妙空：

① 《中观论疏》，《大正藏》第42卷，第29页。
② 《中论疏记》，《大正藏》第65卷，第94页。
③ 《中观论疏》，《大正藏》第42卷，第29页。
④ 《中论疏记》，《大正藏》第65卷，第95页。
⑤ 吉藏：《百论疏序》，《中论·百论·十二门论》，上海古籍出版社2011年版，第464页。

　　然则万物果有其所以不有,有其所以不无。有其所以不有,故虽有而
非有,有其所以不无,故虽无而非无。虽无而非无,无者不绝虚;虽有而非
有,有者非真有。①

　　僧肇认为万物有所以存在的层面,也有所以不存在的层面。从所以存在
的层面看,万物非无,从所以不存在的层面看,万物非有。正是因为万物的非
无,"空"就不是彻底的、绝对的"空";也正是因为万物的非有,"真"也不是实
在的、永恒的"真"。据此,明代憨山解说僧肇的"不真空"道:

　　此论真空不空,以为所观真谛之境也。"不真"有二义:一有为之法
缘生故假,假而不实,其体本空,此俗谛不真故空,名不真空。真性缘起成
一切法,体非断灭,不是实实的空,名不真空。有是假有为妙有,空非断空
为妙空,此则非有非空为中道第一义谛。以妙空破心无论、本无论二宗;
以妙有破《即色游玄论》一宗。②

　　憨山在这里认为僧肇所说的"不真空"既是万物因缘和合的自性空,也是
接受缘起成相的非实空,僧肇在兼顾妙有妙空、包容真谛俗谛的基础上,对以
往般若学空论中那种失于一偏的结论进行了扬弃,而以"真空不空""非有非
空"的中道解读方式讲出了"空"的含义。

　　僧肇对"空"的这种解读,明显受到了大乘佛教中观派"八不中道""二谛
说"等一系列观念的影响,其特点是论"空"而不绝"有"、讲佛教义理而不弃世
俗常识,也就是在二元交涉的维度中去解明超越二元的缘起性无之"空"。这
种解明对思维的思辨程度以及悟性的了觉程度有着相当复杂的要求,所以在
僧肇的理论中,他同样重视心识的作用。在《般若无知论》中他说:

　　内有独鉴之明,外有万法之实,万法虽实,然非照不得,内外相与以成
其照功。③

---

① 僧肇著、张春波校释:《肇论校释》,第52页。
② 《肇论略疏》,《卍续藏》,第54册,第337页。
③ 僧肇著、张春波校释:《肇论校释》,第102页。

万法虽有真谛,但如果没有般若智慧的照见,则无法显露,而这种照见,正是心识之作用。僧肇作《般若无知论》,讲的就是心识智照之用,即如何通过"心"的不惑取而达到般若境界的真知。在《般若无知论》中,达致真知的心识被僧肇称为"圣心":

> 以圣心无知,故无所不知。不知之知,乃曰一切知。①

> 夫圣心虚静,无知可无,可曰无知,非谓知无;惑智有知,故有知可无,可谓知无,非曰无知也。无知,即般若之无也;知无,即真谛之无也。②

圣心与惑知相对,前者指心识之中完全没有可以去除的惑取之知,后者指心识之中尚有执着于外境的惑取之知。圣心与惑知的区别,即是圣凡心识能力上的区别。二者所关涉之空无,虽然在本质上是一样的,即"无知"之"无"和"知无"之"无"是同一个"无",但圣人凭其圣心是由自身的虚静状态直接地体无,这样的"无"被僧肇称为"般若之无",而普通人则是因其惑知仅从语言概念上解无,这样的"无"被僧肇称为"真谛之无"。"真谛之无"虽然确实是佛教所宣论之真义,但如果这种真义只作为认识对象去思考,而不能作为认识本身去体证的话,就始终无法进入般若的智慧境界。从这里也可以知道,僧肇所论之心识作用,是比经验感受、知性思考更为复杂的体悟能力。这种体悟是证"空"的关键,在《不真空论》中,同样可以看到僧肇对"心"的强调:

> 是以至人通神心于无穷,穷所不能滞,极耳目于视听,声色所不能制者,岂不以其即万物之自虚,故物不能累其神明者也?是以圣人乘真心而理顺,则无滞而不通;审一气以观化,故所遇而顺适。③

通过僧肇对这种通于无穷、无所能滞的心识作用的论述,我们也可以看到他对以往般若学的发展。虽然在中国哲学史中"心"概念很早便已存在,但它

---

① 僧肇著、张春波校释:《肇论校释》,第68页。
② 僧肇著、张春波校释:《肇论校释》,第102页。
③ 僧肇著、张春波校释:《肇论校释》,第33页。

往往与德性问题纠缠在一起,而不具有独立的精神性能力的含义。① 随着魏晋玄学对"有""无"关系的讨论,"心"概念在道德认知的含义之外便开始关涉存有状态问题。在王弼的"性其情"理论中便含摄着以"心"解"无"的思路,因为从妄动的情欲复归到虚静本性的过程中,"心"之抱朴,即内心不具有对外物的主动性意图,似乎是一个必不可少的条件。王弼所说的"以无为心"在根本上仍然是用本性的虚静状态去规定"心",但这也意味着消解了"心"的认知思考的功能。直到佛教的传入,"心"这一概念才开始在保持虚静状态的前提下仍然拥有着十分特殊的心识能力。

　　作为异域思想的佛教,通过以玄学格义自身教义的方式为中国本土哲学提供了更多可以融汇吸收的资源,在这个玄佛合流的思潮中,王弼围绕"性其情"所展开的玄学思考也若隐若现地出现于佛教义理的讨论中。这其中对"空"的论说和对"物"的态度也都在某种意义上与"性其情"中的虚静之性和应物之情形成了理论映照,当然佛教也因为有其独特的问题意识以及理论旨趣为玄学补充了特别的发展进路。这个发展进路的重要体现便是"心"的再立。

　　以六家七宗的般若学为标志,心识的作用在哲学上受到了前所未有的重视,无论是本无宗的"宅心本无",还是心无宗的"心无万物",抑或是即色宗的"心不计色",都是在强调"心"对识空、体空的意义。不过由于六家七宗对"空"的理解有物性空和心识空的区别,"心"概念在其时尚未获得稳定的含义。到了僧肇以中道思想提出用"圣心"统合"有""无"以及真俗二谛,"心"概念才开始正式具有了兼具双重维度的稳定性结构,如图 12 所示。

　　在这个结构中,"心"在俗谛所代表的经验世界中通过应物来感受体验,这属于"有"的维度;在真谛所代表的理念世界中通过解"空"来思考分析,这

---

　　① 匡钊认为:"先秦哲学中'心'的观念本来并非第一序列的观念,成为一个思想界的中枢性话题,其起源与周初'德'的观念密不可分。"见匡钊:《心由德生——早期中国"心"观念的起源及其地位》,《中国哲学史》2020 年第 6 期。

图 12 僧肇论"心"的双重结构

属于"无"的维度。而更重要的是,"心"可以超越"有""无",就其心识作用的虚静状态本身直接对非有非无的"空"进行体悟。所以在僧肇这里,"心"是修养觉证的关键。僧肇所提出的这种代表着当时佛教理论高峰的思路随着魏晋时代的三教融合而走进了中国哲学的整体脉络中,对之后哲学思想的发展产生了深刻的影响。

仅就性情论这一领域来看,对"心"概念的强调与再立使得"性其情"这一修养范式的动力机制问题得到了更好的解决。在王弼的论述中,向本性的复归的动力机制在"情",即,欲望通过对自身的减损,脱离累于物的危险而达到虚静的状态。但对于欲望究竟是由于何种原因或者凭借何种力量能够进行减损自身的问题,王弼其实并没有在他的性情论中继续讨论,转而采取了一个外在的方式,即通过圣人对普通人的教化,来解决性情修养的终极动力问题。这种方式虽然与王弼本人的政治旨趣相关,但也从侧面反映出,王弼其实并不相信普通人仅凭自己的能力就能够实现"性其情",至少他在人性修养的路径结构中,并没有设计出真正有效的动力机制。

在王弼之后,玄学家们虽然对"性""情"概念进行了更为复杂的讨论,但始终对究竟什么精神要素能够控制情感欲望使其复归本性这一问题没有什么回应。这是因为从"性其情"的修养逻辑来说,如果在"性""情"之外另外寻找一个精神性的要素使之可以控制情欲重返虚静之状态,那么这个精神性要素必然也是具有虚静性质的,但是一个具有虚静性质的精神要素如果本身都不能活动,又是如何去控制情欲的,就成为一个解决不了的问题。这就是王弼虽然讨论到了"心"的概念,但认定"以无为心"的"心"作为不活动的精神性要素,是没办法控制情欲的原因。

这一问题在理论上彻底解决,是由于佛教心识观念的引入。六家七宗在各自的学说中均强调了心识对于证"空"的作用,这就使"心"增加了非经验非逻辑的觉悟能力,于是"心"不再只是像王弼"以无为心"所说的那样,仅能从消极意义上通过减少自身的感知活动而达到虚静,而是能从积极意义上主动地完成从感物到证"空"的过渡。不仅如此,通过僧肇对中道思想的引入以及他对"空"更为思辨的论证,"心"的觉悟能力被更加清晰地表述出来,即,可以超越"有""无"的对立而兼摄真俗二谛。这样一来,"心"便可以统一动与静、物与空,而不落一边。而更重要的一点是,"心"的这种能力使其成为性情修养过程中绝对的动力来源,所以"性"与"情"亦是"心"统合的对象,这也为理学心性论的建构提供了重要的思路。① 从这个意义上看,晋代佛教般若学对"心"概念的再立,可以说是对"性其情"所代表的性情论范式的重要发展,从此之后,"心"成为"性"与"情"的桥梁,亦成为人性修养中非常重要的精神性要素。

第四节 以情近性:皇侃对"性其情"理论的补全

通过以上几节的讨论,我们了解到"性其情"在王弼之后的中国哲学史中,一直作为性情论最基本的结构而存在,不过这种存在并非是内容上的一成不变,而是在历代哲人对性情问题的不断沉思中,被拓展出更多哲学上的蕴含。在这一过程中,除了"性""情""心"等概念的内涵演变值得注意之外,另

---

① 杨维中认为:"中国哲学一向被称为心性之学。其实,重视'心性',将心性论提升为哲学体系的核心,是从隋唐佛学开始的。"见杨维中:《论中国佛教的"心"、"性"概念与"心性问题"》,《宗教学研究》2002年第1期。魏晋南北朝时期"心性"观念虽然不是其时哲学体系的哲学,但由于佛教传入之后的深入讨论,"心"概念已然开始在理论上越发被重视。随着隋唐佛教思想的进一步发展,"心"在中国哲学史上有了更高的地位。这也是理学家十分重视"心"的原因。

一个需要考察的问题是后世的注疏对"性其情"这一命题做出的新解。从后者入手,我们亦能发现性情论范式的发展线索。从经典注释的学术史上来看,第一位对"性其情"做出直接的理论补全的人是南朝的经学家皇侃。

在本书第二章中我们已经知道,在王弼的所有现存文本中,"性其情"这一命题除了在《周易注》中出现之外,亦可见于《论语释疑》的《阳货篇》中"子曰:'性相近也,习相远也'"一章的注释:

> 不性其情,焉能久行其正,此是情之正也。若心好流荡失真,此是情之邪也。若以情近性,故云性其情。情近性者,何妨是有欲。若逐欲迁,故云远也;若欲而不迁,故曰近。但近性者正,而即性非正,虽即性非正,而能使之正。譬如近火者热,而即火非热;虽即火非热,而能使之热。能使之热者何? 气也,热也。能使之正者何? 仪也,静也。又知其有浓薄者。孔子曰:性相近也。若全同也,相近之辞不生;若全异也,相近之辞亦不得立。今云近者,有同有异,取其共是。无善无恶则同也,有浓有薄则异也,虽异而未相远,故曰近也。①

相比于《周易注》的行文简约,《论语释疑》对于"性其情"所进行的详尽阐述更有利于理解王弼提出此理论的用意,这是学界的普遍共识。② 但一个

① 楼宇烈:《王弼集校释》下册,第631—632页。

② 其标志便是楼宇烈在《王弼集校释》中把这一整段话看作是王弼《论语释疑》的注释,见楼宇烈:《王弼集校释》,第631—632页。当然,楼宇烈及当代学者的这一共识可以在更早的学术史中追溯到,比如清代的马国翰在辑佚王弼《论语释疑》时便把这一段归为王弼之言,马国翰之后亦有程树德在《论语集释》中把这段话归为王弼之注,见程树德:《论语集释》,中华书局1990年版,第1182页。马氏辑书之时,正值皇侃《论语义疏》从日本传回不久,时人对皇侃思想尚无深研,难免有张冠李戴之误。而随着马氏辑佚之书被当代学者用作整理王弼逸文的重要参考文献,对于《论语义疏》中"性相近"章之下注归属的错判也被保留至今。值得注意的是,2013年高尚榘在其点校出版的《论语义疏》中,把"性相近"这一章的注文都标为皇侃之言,其中只有"不性其情,焉能久行其正"这一句话是王弼的原话。见皇侃撰、高尚榘校点:《论语义疏》,中华书局2013年版,第445页。以下引用只标注作者书名页码。这是对《论语义疏》中"性其情"相关注文的重要校正,尽管受体裁所限,高氏未能言明校正依据。不过遗憾的是,这个校正似乎尚未引起研究王弼或皇侃的学者的注意。究其原因,大概仅凭版本考据、文字点校之工作,尚不足以对思想研究产生真正的改变,欲彻底匡明此问题,最终还要进入王弼、皇侃二人的性情哲学中。

虽然明显却被大部分学者忽视至今的事实是:王弼的《论语释疑》在宋代之后逸失①,今人能够看到的相关段落,均是源自皇侃《论语义疏》的引用,所以这一段话既有可能是王弼自己对"性其情"理论所展开的讨论,也有可能是皇侃对王弼"性其情"的进一步说明,如果不考证加区分,直接把这段文字视为王弼之言,不仅有可能误读王弼本人的哲学,更会错失"性其情"理论在王弼之后增拓蕴含过程中这一关键环节的考察机会。

要对这段文本的归属做出判断,就必然要检视它所在的整个注释文本,即皇侃《论语义疏》中"性相近"章的整段注文:

> 性者,人所禀以生也。习者,谓生后有百仪,常所行习之事也。人俱禀天地之气以生,虽复厚薄有殊,而同是禀气,故曰相近也。及至识,若值善友则相效为善,若逢恶友则相效为恶,恶善既殊,故云相远也。故范宁曰:"人生而静,天之性也;感于物而动,性之欲也,斯相近也。习洙泗之教为君子,习申商之术为小人,斯相远也。"然情性之义,说者不同,且依一家旧释云:"性者,生也。情者,成也。"性是生而有之,故曰生也。情是起欲动彰事,故曰成也。然性无善恶,而有浓薄;情是有欲之心,而有邪正。性既是全生而有,未涉乎用,非唯不可名为恶,亦不可目为善,故性无善恶也。所以知然者,夫善恶之名,恒就事而显,故老子曰:"天下皆知美之为美,斯恶已;以知善之为善,斯不善已。"此皆据事而谈。情有邪正者,情既是事,若逐欲流迁,其事则邪;若欲当于理,其事则正,故情不得不有邪有正也。故《易》曰:"利贞者,性情也。"王弼曰:"不性其情,焉能久行其正。"此是情之正也。若心好流荡失真,此是情之邪也。若以情近性,故云性其情。情近性者,何妨是有欲。若逐欲迁,故云远也。若欲而不迁,故

_____

① 《隋书·经籍志》录有王弼《论语释疑》三卷,此后《旧唐书·经籍志》《心唐书·艺文志》《经典释文·序录》等皆有载录,南宋时亡逸。今可见四十七条逸文,乃马国翰从皇侃《论语义疏》、邢昺《论语正义》中辑出(其中《论语义疏》四十一条,《论语正义》两条,二者重合四条),合为一卷收录于《玉函山房辑佚书》。

曰近。但近性者正,而即性非正;虽即性非正,而能使之正,譬如近火者热,而即火非热;虽即火非热,而能使之热,能使之热者何? 气也,热也。能使之正者何? 仪也,静也。又知其有浓薄者。孔子曰:"性相近也",若全同也。相近之辞不生,若全异也,相近之辞亦不得立。今云近者,有同有异,取其共是无善无恶则同也,有浓有薄则异也。虽异而未相远,故曰近也。①

有个别学者通过对以上整段注文的分析,提出了只有"不性其情,焉能久行其正"这一句话是王弼之言的可能性。原因是"不性其情,焉能久行其正"之后的"此是情之正"与前文"此皆据事而谈"句型一样,是皇侃本人对于引文的评论,所以从"此是情之正"开始,就都应该是皇侃的注疏文。另外王弼提出"性其情"这一命题后,不大可能自己又在后面的文章中换成第三人称的视角解释说"故云性其情",可见后面的话确实不像王弼之言。② 这些意见虽然参考了皇侃的整段注释,但仍然停留在文本比对、句型结构的层面上,对于整段注释所论及的观点或思想本身并没有做出分析。

实际上,皇侃对于孔子所说的"性相近也,习相远也"所做出的这段注解,具有清晰的观点以及支撑观点的论证结构。皇侃在这一章的注释对象,明显是孔子所谈到的"性"与"习"两个概念,但在接下来的讨论中,他把"习"这个需要阐明的对象径自转化为"情"概念,这便使得《论语》原文中对初生本性与经验积习的对比过渡为《论语义疏》中的性情论说。当然对皇侃来说,从"习"至"情"的转变并非源自个人的学术旨趣,而是来自两个概念之间的必然联系。皇侃把"习"解读为"所行习之事",这就是说他认为后天的积习指的是一种不断累积的行动,而人之所以会行动,是源自其内在欲望的感物而动。这个观点不仅和王弼一致,也符合中国哲学史上对"欲"的普遍认识,再加上南朝

---

① 皇侃撰、高尚渠校点:《论语义疏》,第 444—445 页。

② 见王晓毅:《王弼〈论语释疑〉研究》,《齐鲁学刊》1993 年第 5 期。除王晓毅外,另有王葆玹认为,既然王弼在《周易注》中并没有说过这段注释中"不性其情,焉能久行其正"后面的话,从"此是情之正也"开始就应该不是王弼的观点。见王葆玹:《正始玄学》,第 387 页。后者虽然不是从《论语义疏》的注释文整体进行分析,但与前者亦属同一立场,姑列于此处。

时"情""欲"仍然没有完全分离,所以皇侃很自然地把对"习"的注释转化对"情"的讨论。换句话说,在皇侃看来,从"习"所蕴含的行动义出发,《论语》中的"性""习"对比必然会涉及性情论的问题。所以其实皇侃在这一段注释中的主要目的,是阐释"性""情"之异同。

在这个阐释中,首先,他把"性"定义为人禀受天地之气而得以存在的本性,并根据人同是禀气而生来定义"相近",根据做事结果的善恶之别来定义"相远"。然后,皇侃提出了这段文字最重要的观点:生而有之的"性"没有善恶只有浓薄,而"起欲动彰事"的"情"却有邪正之分。接下来,皇侃分别从"性无善无恶""情有邪有正"和"性有浓有薄"三个分论点进行了论述。

在论证"性"的无善恶时,皇侃指出本性是人初生之时就全然获得的,并不涉及后天的经验之用,而所谓善恶之价值判断,一定要针对经验世界中的事物进行判断,即他所谓的"夫善恶之名,恒就事而显",所以在经验世界展开之前就存在的人的本性是不涉及善恶的。在一般的理解中,善与恶常被视为超越经验世界的价值准则来指导和警示人的实践,但在皇侃这里,善恶必须也只能存在于经验世界之中,因为这种价值上的分判,已然是某种思维运作下的结果。

在魏晋玄学以及与之相关的更古老的先秦道家思想中,这样的思维运作常被看作属于"名"的一部分内容。当老子或王弼提及"无名"时,就是指代不用言语和思维去分析、判断、定义的状态,当然这样的状态无法与纷杂世界种种现实的存在相对应,而必须指向一个出离现实的场域。对于皇侃来说,善与恶是不属于这一场域的,就像王弼用"有名之名""指事造形"等语句谈及经验世界一样,皇侃在此处也用"善恶之名"这样的词语来表达价值与现实的连接,进而强调先于经验现实而存在的本性没有善恶之价值。① 皇侃在注释中

---

① 皇侃解《论语》常被评价为多玄道之言,我们也确实能在《论语义疏》中看到他对道家和玄学家思想的继承。在对《论语·阳货篇》"子曰:'天何言哉?四时行焉,百物生焉,天何言哉?'"一章的注释中,皇侃便表达了"有言无益"的立场,并引用王弼的话来说明"修本废言"的必要,可见他对于经验世界中的言语分别、思维判断确实一直保持着谨慎的立场:"孔子既以有

引用老子的话也是为了说明,善恶美丑之所以会相互转化,是因为"皆据事而谈",不足以形容抽象普遍的本性。

而从"皆据事而谈"出发,皇侃又很自然地过渡到对"起欲动彰事"的"情"的谈论上。正邪和善恶一样,也是只能存在与经验现实中的价值判断,而"情"之所以会有正邪之分,是因为与"性"相反,它永远要与经验世界的具体事物相关联——"动欲"须有"物"的引发。所以所谓"情"的正邪,是指对人在面对具体事物时欲望状态的评价:若当于事理,则欲定情正;若随物流迁,则欲动情邪。为了进一步说明"情"之正邪,皇侃引用了王弼对《周易·文言》的注释:"不性其情,焉能久行其正",并评价说"性其情"就是他所说的"情"之正。在这种状况下,"情"最大限度地接近了本性虚静的规定性,即使有"欲"亦会恰当,所以皇侃说"何妨是有欲"。反过来说,如果人做不到"性其情",内心就会随着欲望的流荡而失去本真的可能性,这就是皇侃所说的"情"之邪。

在说明了"情"有邪正之后,皇侃顺着王弼"性其情"这一命题又转回了对"性"的讨论。《论语》中孔子说的是"性相近","相近"意味着人人皆有之"性"在某种共同的基础之上又不是完全相同,但如果"性"只是皇侃前面提到的无善无恶,那就是无法体现出"性"与"性"之间还会有什么差异。为了解决这个问题,皇侃又给"性"赋予了一条新的规定,即上面提到过的最后一个分论点:"性"有浓有薄。在这段注释的最开始,皇侃就提到人禀天地之气而拥有本性,这说明本性虽然没有价值上的不同,但受作为构成元素"气"的影响,却有质料上浓薄的区分。但浓薄的不同并不能造成"性"本质上改变,所以皇

言无益,遂欲不言,而子贡怨若遂不言则门徒无述,故孔子遂曰:天亦不言,而四时递行,百物互生,此岂是天之有言使之然乎? 故云'天何言哉'也。天既不言而事行,故我亦欲不言而教行,是欲则天以行化也。王弼云:'子欲无言,盖欲明本,举本统末而示物于极者也。夫立言垂教,将以通性,而弊至于湮;寄旨传辞,将以正邪,而势至于繁。既求道中,不可胜御,是以修本废言,则天而行化。以淳而观,则天地之心见于不言。寒暑代序,则不言之令行乎四时。天岂谆谆者哉?'"皇侃撰、高尚渠校点:《论语义疏》,第463页。

侃说人与人的本性是"虽异而未相远",这就是为什么孔子要用"相近"来
形容。

　　从以上这段注释清晰的论述结构来看,"不性其情,焉能久行其正"之后
确实不是王弼的话,而是皇侃的论述。他引用王弼注《周易》的话来只是用来
说明"情之正",而后面所说的"此是情之正也""此是情之邪也"和他在前文
所说的"情有邪有正"是一一对应的。如果按照学界现有流行的观点,把"王
弼曰"之后的话都当作王弼解释《论语》的话,那么皇侃整段注释的逻辑将变
得有头无尾、异常奇怪。而更重要的一点便是,当我们从内容本身理解的皇侃
的观点之后,就可以容易地比照出,"性"有浓薄不会是王弼的观点,因为在王
弼所有的文本中,几乎没有以"气"论"性"的思路。以"气"论"性"一个必然
结果,就是会造成"性"的分层,这一点从本章第二节对葛洪"夫有欲之性,萌
于受气之初"、成玄英"真实之性,禀乎大素"等观点的讨论中,已有说明。据
此便可以判断,在这一段中根本没有王弼对论语的解释,有的只是皇侃引用的
王弼对于《周易》的解释和他本人对于王弼"性其情"的进一步发挥。

　　虽然《论语义疏》中的这段注文都是皇侃的发挥,但它仍然为我们理解哲
学史上"性其情"理论的增益过程提供了重要的考察依据。① 王弼提出的"性
其情"从字面上看,是把"性"字动词化来描述"性"对"情"产生作用的动态性
情结构。在皇侃的解读中,王弼的"性其情"被具体化为"以情近性",这就是

──────────

　　① 王葆玹认为,"王弼曰"后面的话虽不都是王弼所说,但"应与王弼相合,甚至可能就是
王弼《论语释疑》的解释"。(王葆玹:《正始玄学》,第387页。)王晓毅也认为"皇侃的疏文仍有
重要的参考价值。既然皇侃将王弼学说作为其论点的主要佐证,可见两者差异不大,皇侃所据
'旧释'观点也与王弼差异不大,应视为王弼性情学说的进一步展开,可反过来帮助理解王弼的
思想。"(王晓毅:《王弼〈论语释疑〉研究》。)这些观点说明即使认为不应该把皇侃的话强加给王
弼的学者也承认二者思想上的关联,但是对于皇侃的论述中哪些内容和王弼性情论相关、哪些
内容和王弼性情论无关这一问题,他们并未作出分判,这就给人一种错觉,认为皇侃的整段论述
都是对王弼思想的诠释。而造成这一错觉的根本原因是,由于对皇侃的论述未做精细的分析,
而认为他与王弼在性情论上持相似的意见。据此,本书才试图说明在皇侃的论述中只有从"王
弼曰"到"仪也,静也"的文本和王弼相关,而皇侃虽然对王弼的性情论做出了相对正确的解释,
但是他本人的性情论与王弼并不相同。

说"情"具有可以接近"性"的动态属性，从而明确了性情结构中的动态机制发生于"情"而不是"性"。这种动态机制的具体表现是，向积极的方向发展，"情"可以受到"性"的影响而恰当地运行；向消极的方向发展，"情"可以流荡而失去本真。换句话说，当欲望被外物牵引，整个情感又以欲望为主而活动时，"情"便与本性渐行渐远；当欲望恪守在与物的正当关系中，包含欲望的整个情感亦能自守时，"情"便能以最接近本性的状态和本性一起得以保存。

为了说清楚"性其情"的这种动态机制，皇侃在注文中又特别强调了"即性非正，而能使之正"——使"情"为正的本性本身并不具有正物的主动性功能。他用一个比喻说，火使靠近它的物体变热，但火本身无所谓热与不热，就像使物体发热的原因来自火的属性气与热一样，使"情"变得正当的原因来自"性"的属性"仪"与"静"。"静"与"动"相对，是一种按照是其所是的样子不变化也不发动的状态，"仪"则强调了人的本性可以作为一种仪则①而与情感具有最低程度的关涉性②。皇侃一方面说本性不具有"正"的属性，另一方面又说本性具有"仪"和"静"的属性，表面看上去，似乎只是置换了新的概念，但实际上，皇侃试图说明这样一种事实——人的本性没有任何特别的属性，包括正当性也没有，它有的只是一种不变动的状态和允许"情"接近的可能性——和价值性的属性"正"相比，"仪"和"静"更像是一种形式上的属性，其目的不是说明"性"具有什么样的具体性质，而是为了说明"性"是如何存在的。

由于"性"是"静"的，是没有质料内容的，它对于"情"的影响就不是一种主动地施加积极性的内容，而是被动地促成"情"消极性的内容的减损。换句话说，人的本性只是一种不动的虚静，人以本性为基准，让情感接近、效仿这种

---

① 关于对"仪"字的解释，林丽真认为楼宇烈所说的"礼仪规范"并不妥当，因为礼仪规范是外在的，而"性"之"仪"是内在的，所以她认为"仪"应该与"法"相通。见林丽真：《王弼"性其情"说析论》，收入《王叔岷先生八十寿庆论文集》，台北大安出版社1993年版，第599—609页。本文据其观点把"仪"解作"仪则"。

② 之所以说是最小的关涉性，是想表达"性"的无为虚静使得它并不主动地去与"情"发生关联。

虚静状态而保证它的正当性,这就是为什么不具有规范性的"性"可以规范情感,也是为什么皇侃要把王弼的"性其情"解读成"以情近性"——人不能役使虚静的本性去规范情感,只能役使可动的情感去接近作为基准的本性。在皇侃这样的诠释下,王弼所说的"久行其正"仅是针对具有"邪"的可能性的"情"而言的,对于不动的"性"而言,既不存在为恶的危险,也没有向善的必要,所以就无所谓正邪之分,也因此不能用"正"去规定形容。

通过皇侃的论述可以知道,"性其情"这一命题的含义并非像很多学者理解的那样,是"以性制情"或者"以性统情"①,而是"以性之静化情","化情"的结果不是对"情"的改变,而是"情"以本性之虚静为基准,向"性"的复归。在皇侃的解读中,"性其情"理论没有像道家从"寡欲"到"断情去欲"的思路一样,把"情"作为需要去除的对象,也没有像儒家一样从本善或本恶的角度来论证"性"的本质,但另一方面以"虚静"对本性诠释的和对"正情"的盼望上似乎又分别受到了道家和儒家的影响。在上一章的讨论中,我们已经了解了王弼本人性情理论中"性"与"情"两个概念的哲学意蕴,也看到了王弼关于性情的论述是如何游走于儒道之间,又是如何超越儒道展现出自己独特的哲学价值的。通过这个了解,我们可以判断以上皇侃的解读,尤其是对"性其情"动态机制的说明,基本符合王弼思想的本意。

不仅如此,通过皇侃的这段注释,我们也能看到他在何种意义上提出了王弼思想中没有的内容,从而发展了"性其情"理论。这个内容就是对"性"生于"气"而有浓薄的论述。在本章之前的讨论中,我们已经知道了包括王弼在内的大多数玄学家们都认为没有必要设立一个本原去推演世界的演化过程,用

---

① 汤用彤在分析王弼的"性其情"时,虽然未使用皇侃的这个文本,但仍以动静关系来进行说明。他认为:"静以制妄者,要在无妄而由其理……动而正,则约情使合于理而性能情。"见汤用彤:《魏晋玄学论稿》,第 64 页。韩国学者权光镐亦有类似观点,认为"性"是从天理中获得,所以能不为"情"所困,还可以反过来"制情"。见[韩]权光镐:《王弼的内圣与外王观》,《大同哲学》,2006 年,第 1—18 页。权光镐的观点明显受到了韩国性理学的研究而具有一种后构的意味,因为在王弼时代,"天理"还不是一个被广泛讨论的概念。

"自生"理论就可以解决本性到人乃至于万物的存在问题，而不必引入新的理论前提。所以王弼论性的思路是"论太始之原以明自然之性"，即从时间上考察本性自然如此的初始状态，而不是去设定一个绝对超验的终极实体。这是王弼走出老子创生论思维与本体论思维的重要观点，这个观点也一直被后来的玄学家们所继承。在这个观点下，"性"其实就意味着人在存在之初那种虚静不动的本真状态。

皇侃的"性"论没有推翻王弼以来所确立起的这个观点。他所说的"性"生于"气"的意思是"性"禀气而生，也就是说，他并非把"气"作为本原来讲本性的生成，而是把天地之气作为构成本性的质料要素，在这个意义上禀气而生的本性仍然是可以自生的。皇侃在不打破"自生"的前提下，给本性加入了"气"的内容，明显是顺延了"性"概念的分层逻辑，其目的就是解决人性的现实分殊问题。

在王弼的性情理论中，"性"指万物存在之初的状态，但对于万物存在之后，尤其是对于人开始因为"情"的应物而进入具体的经验世界中之后，"性"的存在状态有何变化，则未言明。另外，"性其情"作为一种修养实践，须结穴于普通人对圣人的学习，这就暗示着圣人与普通人在自我修养的完成上是有很大区别的——前者可以依靠自己对本性的体悟而实现"性其情"，后者必须在前者的带领下才能实现"情"向"性"的归正。圣人和普通人为什么会有这种区别呢？这种区别是先天便存在于两者的人性之中，还是后天发展而来呢？对于这些疑问，王弼也同样未言明。这些王弼思想中存而不论的问题，从郭象提出"性分"与"性极"这对概念开始，逐渐有了理论上的回应。皇侃禀"气"生"性"的观念亦是这个回应中的一环——本性在现实中的存在必然要有"气"的参与，"气"的清浊也决定了"性"的浓薄，所以自然会有圣人与普通人在性情修养实践上的区别。

未被很多学者注意到的一点是，皇侃在《论语义疏》的《阳货篇》中对孔子"性相近也，习相远也"这句话进行了性情论上的诠释之后，在下一章对"子曰：'唯上知与下愚不移'"的注释中，仍然在继续着他的性情讨论，其内容也

是紧接着上一章注释文中"性"有浓薄的观点:①

> 前既曰性近习远,而又有异,此则明之也,夫降圣以还。贤愚万品。若大而言之,且分为三:上分是圣,下分是愚,愚人以上,圣人以下,其中阶品不同,而共为一。此之共一,则有推移。今云"上智",谓圣人;"下愚"愚人也。夫人不生则已,若有生之始,便禀天地阴阳氤氲之气。气有清浊,若禀得淳清者则为圣人;若得淳浊者则为愚人。愚人淳浊,虽澄亦不清;圣人淳清,搅之不浊。故上圣遇昏乱之世,不能挠其真;下愚值重尧迭舜,不能变其恶。故云"唯上智与下愚不移"也。而上智以下,下愚以上,二者中间,颜闵以下,一善以上,其中亦多清少浊,或多浊少清,或半清半浊,澄之则清,搅之则浊。如此之徒,以随世变改,若遇善则清升,逢恶则滓沦,所以别云"性相近习相远"也。②

皇侃在这段注释中表达了现实中的"性异"是一件明确的事情,造成"性"与"性"质料上差别的就是人在有生之始所禀受的天地阴阳氤氲之气。根据禀受气的清浊程度不同,他认为人有圣人、中人和愚人的区别。圣人天生"性"清,无论面对何种外来的影响,都能做到"搅之不浊",即保持本性的湛明与情感欲望的正当发动;愚人天生"性"浊,难以体会本性的虚静状态,即使有尧舜的教化也不能做到感情欲望的归正;中人"性"杂有清浊,多少不一,受经验中的具体境遇而有改变性情状态之可能。皇侃的这段论述似乎是借鉴了汉代"性"论中对人性的三品分类,不过无论品有几多,圣人之下的人性描述都代表着把对"性"的现实分殊讨论引入性情论中。

其实在本章的第二节中,我们已经从郭象、葛洪以及后来的成玄英的思想中看到了和皇侃一样意图的理论设计,即从对"性"概念的进一步挖掘中,延展出对人本性的现实性差异的回应,从而把"性"在逻辑上分成了先天的虚静

---

① 皇侃对下一章"子曰:'唯上知与下愚不移'"的注释也能进一步说明,"性"禀气而生是他自己的观点,与王弼无关。

② 皇侃撰、高尚渠校点:《论语义疏》,第445—446页。

同一和后天的质料性殊异两个层次。虽然郭象、葛洪、成玄英等人和皇侃有着具体论述上的区别,但他们对"性"现实分殊问题的重视是一致的。皇侃通过《论语义疏》的注释,直接把"性"的分殊增添于"性其情"这一命题的意涵之中,使其获得了理论上更为深入的补充。这也从侧面说明,皇侃对于"性其情"的解读充分受到了王弼之后性情论发展的影响,也证明着作为性情修养范式的"性其情"确实由于哲学概念上的演变而不断增益着自身的内涵。在下一章对理学初期性情论的讨论中,我们将会看到"性"的分殊同样成为理学家们所继续思考的问题,而且相较于皇侃仅从"性"概念对"性其情"做出了理论补全,宋代的理学家们则是在越发复杂的思想系统中全面综合了之前"性""情""心"等概念的演变而把"性其情"改造为更为成熟的性情修养范式。

从哲学史的发展进程来看,中国的思想世界随着魏晋玄学的出现而在 3 世纪展开了新一轮的理论创构。在这一过程中,玄学通过不断地与其他思想的交互融合,在丰富了固有主题的讨论资源的同时,也在理论中心越发形成了更为确定的哲学范式。

和对于天地万物的生成过程表现出明显兴趣的汉代哲学不同,魏晋时代在哲学上的关注点在于存在者的存在何以可能这一问题,这就把汉代思想家对于最高本原的寻找转化为对存在初始状态的思考,而这个思考的完成是通过对人自身的凝视与考察完成的。在这个过程中,讨论"有""无"概念的存在问题、讨论"性""情"概念的性情问题和讨论自然与名教关系的政治问题构成了玄学的三种维度,其中性情论不仅是纯粹哲学向社会现实过渡的关键,更是中国哲学走出两汉谶纬神学之后回归人自身的重要表现。今人对于魏晋玄学的研究很多都是只着眼于存在问题之"有""无"之争,并把玄学家划分为"贵无"或"崇有"的阵营①,这种诠释不仅误用了概念(如把"无"看作西方哲学的

---

① 汤用彤说:"玄学者,有无之学,亦即本末之学,亦即后人谓为体用之学也。魏晋玄学有时'贵无',有时'崇有',一般以魏晋玄学家皆崇尚虚无,实属误会。"见汤用彤:《魏晋玄学论稿》,第 196 页。

"本体"),更没有注意到玄学家论"无"说"有"是基于对万物何以存在的考问而展开,而这其中尤其以人如何因其内在性而存在这一问题为关键——这便忽视了性情论在玄学中的价值,而自动放弃了从玄学中归纳出性情论范式的可能性。

而在本章中,我们看到了王弼的"性其情"究竟为后来中国哲学的发展带来了何种影响。从上述对于"自生"论的讨论中可以知道,从王弼开始,关于存在者的自生自化以及自生时所具有的模糊混沌的不可经验认识的状态的论述便成为玄学一个基本的框架。在这个框架下,王弼进一步展开了他关于性情的论述,通过本性是其所是的虚静状态与情欲被归正的需要为我们勾勒一个"性其情"的人性修养理路。这里"性其情"的范式意义便体现在,它内在地含有一种哲学结构,使作为人内在性的本性与情欲产生了价值上的导向,并因此而形成了一个具有关涉性与互动性的关系。从王弼之后的性情论发展来看,这种性情之间的关系一直被保留着。

不过在保留的基础上,后世的哲人们也从不同的角度提出了更为精细复杂的性情观念,大大加深了"性其情"在哲学上的深度。比如,与王弼几乎同时的竹林名士以及之后的张湛等人便抱着更为开放与宽容的态度,更加积极地肯定了人的情感与欲望。当然这份肯定是在对"自然"的推崇中完成的。无论是竹林名士还是张湛,都并非是无条件地认同"情"存在的合理性,而是意欲通过以自然为终极价值的方式说明即使是人的情感欲望中,也天然地含有与自然之清虚静泰相一致的状态,这就在理论上更加深刻地阐明了"情"可以回归于"性"的原因。

不仅如此,在"性其情"理论中没有得以讨论的本性的现实殊异问题,也受到了王弼之后郭象、葛洪、成玄英等人的重视。他们把"性"分为两个层次:在先天的层面上,"性"保持着王弼所强调的存在之初的虚静状态,是性情修养的实践目标;在现实的层面上,"性"表现为人与人之间清浊智愚的差异,是性情修养的障碍所在。本性的现实层面伴随着"情"的妄动,所以"性其情"既是情感欲望向本性的复归,也是"性"的现实性向先天性的回正。

在这种复归和回正的过程中,性情修养的动力来源是保证"性其情"这一动态结构得以实现的关键。这个在王弼思想中未做深入讨论转而通圣人教化的政治构想去解决的问题,随着晋代玄佛合流思潮中般若学对心识的重视而有了理论上新的突破。特别是僧肇把"心"这一概念诠释为可以超越"有""无"的对立而兼摄真俗二谛的主张,使心识作用成为性情修养过程中可以统合"性""情"的绝对动力来源。

本章所讨论的这些内容,是"性其情"在晋代及之后的理论发展,它们不仅在内容上补充丰满了王弼所提出性情修养范式,更为下一阶段理学性情论的建构提供了思想资源上充足的准备。也可以说,"情"的自然化、"性"的分层与"心"的再立,就是从玄学到理学过渡演进过程中的重要环节。

第四章 "性其情"的体系新建

第一节 性理之新:理学对道德义的重视

如果把先秦时代看作是中国性情哲学的初始,把两汉时代看作是性情哲学的延续,那么魏晋时代则是历史完成了正反合的辩证过程之后,对于传统理论的重新继承与超越。但实际上,无解的历史的意义有很大一部分在于不同时代的人们对其进行的不同的重估与重构,当怀着更加现代的学术视角审察过去,就会发现王弼所提出的"性其情"理论以其多层次的哲学性规模而具备了重要的哲学史意义,以至于在之后的性情论发展线索中,很多新的问题意识总要从对"性其情"的重新寻找与回应中产生。即使是在代表中国哲学最高峰的宋明理学中,我们仍然可以找到"性其情"隐隐若现的身影。①

在北宋五子完成理学基础理论的构建之前,唐代儒者已经进行了积极的探索。这个探索首先包含着对于复兴儒学主流学术地位的期望,比如韩愈就在《与孟尚书书》中以对释老的激烈批判而表达了这种期望:

> 释老之害过于杨墨,韩愈之贤不及孟子,孟子不能救之于未亡之前,而韩愈乃欲全之于已坏之后。呜呼,其亦不量其力且见其身之危,莫之救

---

① 韩国学者金是天从另一个侧面说明了王弼思想与宋明理学的关系。他认为王弼并非道家而是儒家,他的《老子注》是以其易学思想完成的,即把老学义理化了。这个"义理"虽然和以心性论为主的宋明理学家的"义理"不完全一致,但是由于它是对两汉象数的反对,实际上与理学之"义理"相差并不多。见[韩]金是天:《〈老子〉与圣人之道——王弼老学的义理性回转》,《时代与哲学》2010 年第 21 卷 2 号,第 51—85 页。

以死也！虽然,使其道由愈而粗传,虽灭死万万无恨!①

如果说这些对异端的反对和对儒家道统的维护只是为儒学复兴营造了有利声势的话,唐代儒者对儒学义理,尤其是性情哲学本身的回归则在本质上接续了玄学的内在理路,同时也为理学的形成创造了条件。

公允地说,在儒学复兴的旗帜刚被举起之时,儒者对于性情的讨论更注重一种立场的表达,其中最具代表性的人物是韩愈。在《原性》中,他说:

> 性也者,与生俱生也;情也者,接于物而生也。性之品有三,而其所以为性者五;情之品有三,而其所以为情者七。曰何也?曰性之品有上、中、下三。上焉者,善焉而已矣;中焉者,可导而上下也;下焉者,恶焉而已矣。其所以为性者五:曰仁、曰礼、曰信、曰义、曰智。上焉者之于五也,主于一而行于四;中焉者之于五也,一不少有焉,则少反焉,其于四也混;下焉者之于五也,反于一而悖于四。性之于情视其品。情之品有上、中、下三,其所以为情者七:曰喜、曰怒、曰哀、曰惧、曰爱、曰恶、曰欲。②

这就是把人的内在性完全表达为儒家思想的内容,而对人修养的运作机制未作出充分的说明。

这种情况到了李翱便有所改变,在《复性书》中李翱对性情的论述可以基本视作王弼"性其情"逻辑的延续。从作为题目的"复性"概念便可以看到李翱论述的目的并非像韩愈一样只是对性情做出描述,而是意图性地通过构建性情的动态结构来强调人性修养何以可能。在对本性的诠释上,李翱和王弼一样把"静"作为"性"的内涵,在对《中庸》"天命之谓性"的解释中,他说:"人生而静,天之性也,性者天之命也"③,而对情欲的诠释上,李翱主要提出两个观点,一是"情"从"性"而生:"无性则情无所生矣。是情由性而生,情不自情,

---

① 韩愈撰,马其昶校注:《韩昌黎文集校注》,第215页。
② 韩愈撰,马其昶校注:《韩昌黎文集校注》,第20页。
③ 李翱撰,郝润华、杜学林校注:《李翱文集校注》,中华书局2021年版,第20页。

因性而情,性不自性,由情以明"①;二是"情"有善有不善,但往往动而为邪:"情有善有不善,而性无不善焉"②,"情者性之动也,百姓溺之而不能知其本者也"③,"情者,妄也,邪也。邪与妄则无所因矣。"④

既然"情"由"性"生,则此"情"不可去除,复性的方法在于使"情"像本性之虚静一样不发不动。圣人因为能够做到寂然不动,虽有情而未尝有情:"圣人者岂其无情耶? 圣人者,寂然不动,不往而到,不言而神,不耀而光,制作参乎天地,变化合乎阴阳,虽有情也,未尝有情也"⑤。但在这样的设定下,李翱同样面临着和王弼"性其情"一样的问题,即能动的情感欲望如何消除自身为恶的可能性而实现自身为善的可能性。这个问题被李翱在《复性书》中以问答的方式总结为"以情止情,其可乎"⑥。这也是在王弼之后明确指出"性其情"的复性模式所面临的动力机制问题。对于这个问题,李翱的回答是:"心寂然不动,邪思自息。惟性明照,邪何所生? 如以情止情,是乃大情也,情互相止,其有已乎?"⑦李翱认为如果是"以情止情",则是夸大了"情"的作用。因为"情"本身还面临着物迁而失正的危险,所以"止情"的必须是"情"之外的要素,于是李翱在"情"之上安置了"心"这一概念,"心"的作用是调节情欲,通过自身的寂然不动使情欲转化到虚静的状态。

从这些论述中可发现,李翱的"复性"和王弼的"性其情"所指向的目标,都是让"情"复归到"性"的虚静状态。而他对于"心"的重视,则又显示出王弼之后性情论的一个发展方向。不仅如此,李翱在《复性论》中有意识地把自己的论述与《论语》《孟子》《大学》《中庸》等儒家经典的话语进行连接的做法

---

① 李翱撰,郝润华、杜学林校注:《李翱文集校注》,中华书局 2021 年版,第 13 页。
② 李翱撰,郝润华、杜学林校注:《李翱文集校注》,中华书局 2021 年版,第 22 页。
③ 李翱撰,郝润华、杜学林校注:《李翱文集校注》,中华书局 2021 年版,第 13 页。
④ 李翱撰,郝润华、杜学林校注:《李翱文集校注》,中华书局 2021 年版,第 23 页。
⑤ 李翱撰,郝润华、杜学林校注:《李翱文集校注》,中华书局 2021 年版,第 13 页。
⑥ 李翱撰,郝润华、杜学林校注:《李翱文集校注》,中华书局 2021 年版,第 19 页。
⑦ 李翱撰,郝润华、杜学林校注:《李翱文集校注》,中华书局 2021 年版,第 19 页。

也使得唐代性情论的发展从玄学的术语体系过渡到了儒学术语体系,这就为宋儒构建出更为复杂的理论做下了重要铺垫。

这些更为复杂的理论也使得中国的思想世界进入了新的阶段。士人阶层以一种相当自觉的方式,通过对先秦儒学的再诠释,用性理之学构建了一个贯通宇宙与道德的哲学体系。① 此性理之学被名为"道学",其"道"字大概意指接续儒学正宗的道统。②《宋史·道学传》说:

> "道学"之名,古无是也。三代盛时,天子以是道为政教,大臣百官有司以是道为职业,庠序师弟子以是道为讲习,四方百姓日用是道而不知。是故盈覆载之间,无一民一物不被是道之泽,以遂其性。于斯时也,道学之名,何自而立哉?③

这里是说三代有被受道泽之实,反而无须"道学"之名,后代道衰学微,士人欲重立古之统序,故以"道学"之名,究天地之高妙而明性理之精微。

除了"道学"一名外,此性理之学亦被称为"理学"。"理学"之名始于南宋,至明代时已经可以指代包括程朱、陆王等不同学术进路在内的宋代思想体系,到清代时已与"道学"一名通用,而当代学界又多以"理学"代替"道

---

① 李泽厚说:"如果从宋明理学的发展行程和整体结构来看,无论是'格物致知'或'知行合一'的认识论,无论是'无极''太极''理''气'等宇宙观世界观,实际上都只是服务于建立这个伦理主体(ethical subjectivity),并把它提到'与天地参'的超道德(trans-moral)的本体地位。"见李泽厚:《新版中国古代思想史》,第 175 页。

② 在此意义上对"道"字的强调,可以追溯到中晚唐复兴儒学的代表人物韩愈。在《原道》中,韩愈说:"尧以是传之舜,舜以是传之禹,禹以是传之汤,汤以是传之文、武、周公,文、武、周公传之孔子,孔子传之孟轲,轲之死,不得其传焉。"这里所言传承之统序,即为被后来宋代理学家们普遍认同的"道统"。而值得注意的是,韩愈所欲立道统之道的主要内容,就是仁义道德:"博爱之谓仁,行而宜之之谓义,由是而之焉之谓道,足乎己而无待于外之谓德。"这点在他对佛老"去仁与义"的批判中也可证明。所以宋代的道学(理学)所面临的重要任务,亦是对儒学中道德哲学的再立,只不过在其再立的过程中会借用到玄学所遗留下来的观念资源与问题意识。这一点将会在本章接下来的内容中展开说明。以上引文参见韩愈撰,马其昶校注:《韩昌黎文集校注》,第 18、13 页。

③ 脱脱等:《宋史》第三十六册,中华书局 1985 年版,第 12710 页。以下引用只标注作者书名页码。

学"①。理学之"理"字表明宋代儒者似乎开始在先秦儒学的传统概念之外创造了新的话语系统来解释新的问题、进行新的理论创构,如北宋程颢所说:"吾学虽有所受,天理二字却是自家体贴出来。"②20 世纪以降,海外学者亦因儒学在宋元明三代的新发展而把此时期的思想称为"新儒学(Neo-Confucianism)"。

不过"新儒学"之"新"真的意味着宋代儒者借由"理"这个概念创造出了异于以往儒学传统的哲学思想吗? 对于这一问题,学界大体有两种观点。第一种观点倾向认同程颢"自家体贴"之说,肯定理学确实有新论发明之处。比如牟宗三便认为,理学之新在外表现为以孔子生命智慧为标准所确立的传法统系③,在内表现为在存有之理和心性之体上探寻至善的思想路径④。理学家们对存有之理和心性之体的看重,便也使得理学之"理"为"性理"之含义,其内容重点在于强调道德本心与道德实践所以可能之先天根据。⑤ 第二种观点则相对比较保守,认为理学之新见实则有一明确的思想演变进路,理学家们所说核心概念与经典命题是可以在更早的哲学史中找到相关的理论资源。比如钱穆便认为,唐以前学人以言道为主,宋以后学人以说理为要,以"理"代替"道"是中国思想史上的一大转变,而王弼则是此转变之关捩。王弼所论之"理",已启宋儒"天理"之观念,且朱熹以天释理、讲论理一分殊等,在王弼、郭

---

① 本书亦遵从现行通则,以"理学"代指宋代之哲学思想。

② 程颢、程颐著、王孝鱼点校《二程集》上册,第 424 页。

③ 牟宗三说:"宋以前是周、孔并称,宋以后是孔、孟并称。周、孔并称,孔子只是尧舜禹汤文武周公的骥尾。对后来言,只是传经之媒介,此只是从外部看孔子,孔子并未得其应得之地位,其独特之生命智慧并未凸现出。但孔、孟并称,则是以孔子为教主,孔子之所以为孔子始正式被认识。"见牟宗三:《心体与性体》第一册,《牟宗三先生全集》第 5 卷,台北联经出版社 2003 年版,第 16 页。以下引用只标注作者书名页码。

④ 相关论述见牟宗三:《心体与性体》第一册,第 13—21 页。另外蔡仁厚亦同意牟氏此说,并于《宋明理学·北宋篇》中有所引述。见蔡仁厚:《宋明理学·北宋篇》,台北学生书局 1977 年版,第 12—16 页。

⑤ 牟宗三:《心体与性体》第一册,第 6 页。

象等玄学家那里已经可见端倪。①

　　这两种观点,各具洞见,不过又言有未尽之处。许理学以创新者,则易造成思想史之断裂,产生理学实乃宋人截断众流所自创之新说的错觉;说理学有其先在理论脉络者,则又易忽视理学从儒学传统中开转出去发前人所未发的独特思考。此二者其实也是中国哲学史研究中,判断一时代思想的特点与性质时常见的两个问题。解决的方法是,对此一时代的思想不做与之前时代思想的静态的比较,而是把它还原成动态的哲学链条上的一环。② 在此链条上,每一环都是对前一环的回应,而又由于自身留下的问题而开启下一环。换句话说,研究某一时代的思想,不应仅仅在“史”的角度,以“新旧”来区分时间和知识上的区别,而更应在“哲学”的角度,以逻辑理路和思想范式的发展来说明中国的哲学体系不断完满的过程。这样一来,“是否在旧学中开出新论”的评价就会转变为“如何以新论接续旧学”的说明。在这个说明中,新论与旧学之间有一种强关涉性——新论之“新”为了解决旧学之弊,解决的思路、论证、概念可能是新的,但背后的主题和逻辑则是未有改变。如果以这样的方法考察理学,就会发现程颢口中所谓“自家体贴出来”的天理以及宋代围绕“理”概

---

　　① 钱穆:《庄老通辨》,生活·读书·新知三联书店 2002 年版,第 385—392 页。与钱穆观点相似,王葆玹认为“宋明理学也讲‘穷理尽性’,并以‘性即理’的命题为基本的出发点,以至有‘性理之学’的称号,其实都是从玄学继承来的。理学承袭玄学,已为学术界公认,而‘性理’便是这种继承的重点之一。”见王葆玹:《正始玄学》,第 283 页。朱汉民亦从“性理”概念的考察出发,指出“由于玄学家们对先秦诸子讨论的性、理概念做出了哲学上的提升,从而初步奠定了‘性理之学’的思想框架和思维模式。”见朱汉民:《玄学与理学的学术思想理路研究》,中国社会科学出版社 2012 年版,第 88 页。相关论述亦可见朱汉民、刘克兵:《玄学与性理之学》,《中国哲学史》2010 年第 1 期。不过日本学者吾妻重二则认为,虽然在王弼、郭象的思想中可以瞥见朱熹“理一分殊”的思维方式,但“玄学的理概念给予朱熹的影响只在于形式的层面,还未及于实质的内容。”见[日]吾妻重二:《朱子学的新研究——近世士大夫思想的展开》,商务印书馆 2017 年版,第 139 页。以下引用此书只标注作者书名页码。

　　② 所谓“静态地比较”是说只看某一时代之思想是否使用了新的观念,或者对传统观念是否发展出了新的内容,抑或是在以往思想中是否已经含有与其类似的内容。而“动态的还原”则是相信哲学的发展有其内在清晰的逻辑,任何时代的思想都是通过对以往时代思想所遗留的问题的解决而补充完善了哲学史的逻辑链条。

念所建构起来的心性之学,其实与玄学有直接的逻辑关联①。这种关联并非意味着以往学界所指出的那样,在玄学里可以发现理学诸多观念若隐若现的身影,而是说理学通过自身的展开补完了在玄学那里所形成的哲学结构。

这个哲学结构即是本书一直所讨论的"性其情"。在上一章中,我们已经了解了在王弼之后,"性其情"作为一种哲学范式是如何被后来的玄学家、经学家、佛道二教中的思想家们提出的理论不断补充发展的。这种发展在宋代仍然在继续,其实从"理"这个概念的提出与诠释来看,我们便可以知道理学对"性其情"的补充将要落于何处。

清儒戴震曾对"理"概念做过一个论断:

> 六经孔孟之言,以及传记群籍,理字不多见。孟子举理以见心能区

---

① 一个十分值得说明的问题是,为什么与宋明理学形成直接逻辑关联是魏晋南北朝时期的玄学,而不是在时间上离宋代更近的唐代的思想? 劳思光曾说:"盖唐代除佛教思想外,并无明确哲学思想或理论出现,所有者仅属零星言论。"见劳思光:《新编中国哲学史》第三卷上,第 1 页。劳氏的这个观点代表了学界一个普遍的共识:唐代思想的发展仅在佛教、道教之教义上有所体现,与儒学则没有进步,反有衰退之势。对于唐代儒学之式微,也有学者从不同的层面上分析了原因。比如钱穆就从信仰与仕途两个角度说了当时儒学的衰落:"在唐代人观念中,从事政治,实远不如汉儒所想之崇高而伟大。汉儒一心所尊,曰周公,曰孔子,六经远有其崇高之地位。唐代人心之所尊向,非释迦,则禅宗诸祖师。周公孔子,转退属次一等,则经学又何从而获盛。次则唐代人之进身仕途,经学地位亦远不如文学地位之高。欲求出身,唐代之文选学,已接代了两汉之六艺学。唐代人无不能吟诗,但绝少能通经。"从而得出结论:"故通论有唐一代,儒学最为衰微,不仅不能比两汉,并亦不能比两晋南北朝。"见钱穆:《朱子新学案》第一册,收录于《钱宾四先生全集》,台北联经出版事业股份有限中心 1998 年版,第 8—9 页。以下引用只标注作者书名页码。葛兆光则是从政权的大一统与考试制度的公式化两个方面来说明儒学在唐代的没落,并把这种没落形容为"盛世的平庸":"但是当一个朝代建立起来,不仅'四海承平,夷狄朝贡',而且'万民富庶,朝政清平',一切看上去都那么完美的时候,似乎思想的使命结束了,因为思想似乎失去了批评的对象,于是,它会迅速沦落为一种依附于经典的知识,并在考试制度的挟迫下,被简约化为一些无意义的文本或公示,知识作为记忆和背诵的内容存在。"见葛兆光:《中国思想史》第二卷,第 5 页。儒学发展的止步不前使得关涉儒学义理的性情论、存在论等思想也必然在唐代处于停滞的状态。于是从哲学链条上来说,唐代思想似乎既没有回应魏晋玄学所留下的问题,也没有为接下来的理学提供新的问题意识。只待理学兴起后,在玄学中塑造出的逻辑才被进一步接续。不过也不能因此认为唐代思想与理学毫无关涉,从学界目前的研究情况看,唐代哲学史尚有诸多空白与断裂之处,比如对唐代的佛教、经学对理学的影响程度,还没有相对明确的结论。也许随着日后探究的进一步深入,我们会从唐代思想中发现更多能够补充玄学与理学两个环节之间的链条上的细节。

分，举义以见心能裁断。明理，明其区分也。精义，精其裁断也。自宋以来，始相习成俗，理为如有物焉，得于天而具于心，因以心之意见当之。①

这个论断有三点内容：第一，"理"不是先秦儒学里的常见概念；第二，"理"有"区分"之义；第三，把"理"看作从天获得且具备于心性的东西，是宋代才形成的观念。戴震在这里其实指出了"理"概念内在含义上的抵牾之处——显然，宋儒相习成俗所说的"理"概念表达的是根源于"天"的普遍义，而不是孟子所意欲表达的区分事物的分别义②。而欲探明理学所论"理"之不同，正在于厘清这一概念如何由分别义而生出普遍义。

"理"这一概念在先秦儒家中指代表不同类别所含各自之原则的"分理"，除上述戴震所引《孟子》之文外，另一经典表述是荀子所说的"类不悖，虽久同理"③，从这个论述中也可看到，"理"的存在与"类"的分别息息相关。在儒家的经典《周易·说卦》和《礼记·乐记》中，有把"理"与"性命""天"等概念连用的例子：

> 和顺于道德而理于义，穷理尽性以至于命。昔者圣人之作易也，将以顺性命之理。④

> 好恶无节于内，知诱于外，不能反躬，天理灭矣。夫物之感人无穷，而人之好恶无节，则是物至而人化物也。人化物也者，灭天理而穷人欲者也。⑤

---

① 戴震：《孟子字义疏证》，中华书局1982年版，第4页。以下引用只标注书名页码。
② 戴震在《孟子字义疏证》中一直坚守着"理"的区分义："理者，察之而几微必区以别之名也，是故谓之分理。""举理，以见心能区分；举义，以见心能裁断。分之，各有其不易之则，名曰理；如斯而宜，名曰义。是故明理者，明其区分也；精者，精其裁断也。"当然，戴震的这种坚守与其批评理学家对"理"的使用违背了孟子原意的立场相关："古人所谓理，未有如后儒之所谓理者矣。"分别见戴震：《孟子字义疏证》，第1、3页。
③ 方勇、李波译注：《荀子》，第61页。
④ 黄寿祺、张善文：《周易译注》，第569—571页。
⑤ 杨天宇：《礼记译注》，第471—472页。

但"理"在这些段落中仍然代表一种分别义,因为《周易》中的"性命之理"乃是人所禀受的定分之理①,而《礼记》中的"天理"则是指天区别人、物所划分之理②。

在儒家之外,先秦道家亦有言"理"之用③,如庄子在《养生主》中说:

依乎天理,批大郤,导大窾,因其固然,技经肯綮之未尝,而况大軱乎!④

庄子后学在《缮性》中说:

夫德,和也。道,理也。德无不容,仁也。道无不理,义也。⑤

"理"在这些表述中仍未获得代表普遍性的意涵。这是因为庄子所说的"天理"乃是基于"理"字原始的"条理"义⑥来表达庖丁解牛时所依据的那个"天然形成的骨肉纹路"。而庄子后学所说的"道无不理"则是说大道可以在任何具体的理则中展现出来,从而达到适宜的效果。⑦ 这些说法中的"理"都

---

① 孔颖达《正义》有注曰:"命者,人所禀受,有其定分,从生至终有长短之极。"见王弼、韩康伯注、孔颖达等:《周易正义》,第306页。《说卦》提"性命之理"的目的是指出圣人作易能够统摄穷尽不同的分理,也就是所谓的"穷理尽性"。

② 按照《乐记》的论述,"灭天理"的表现就是"人化物",也就是人失去了其特定的分限,而"理"则是决定这种分限的内在规定。在《乐记》中,"理"的外在表现是"礼",而"礼"的作用正是用以辨别殊异。见杨天宇:《礼记译注》,第489页。

③ 钱穆说:"理字观念之重要提出,其事实始于道家",并认为"其又一宗为晚出之儒家,亦由汇通道家义,而屡用此理字,如荀卿《易传》《小戴记》皆是,此为有一宗。"见钱穆:《庄老通辨》,第380页。

④ 方勇译注:《庄子》,第45页。

⑤ 方勇译注:《庄子》,第252页。

⑥ 成玄英说:"依天然之腠理,终不横截以伤牛。亦犹养生之妙道,依自然之涯分,必不贪生以夭折也。"见郭象注、成玄英疏:《庄子注疏》,第65页。"理"字的本义是治玉,《说文》曰:"理,治玉也",段玉裁引《战国策》注之曰:"郑人谓玉之未理者为璞。是理为剖析也。"由于治玉之时要根据玉石具体的性质纹路入手,"理"便有了腠理、纹理、条理的含义,但总体仍是代表不同事物所具有不同原则的"分理"义。段玉裁在《说文解字》的注中基本采用了戴震在《孟子字义疏证》中对"理"的观点。见许慎撰、段玉裁注:《说文解字注》,上海古籍出版社:1988年,第15—16页。以下引用只标注作者书名页码。

⑦ 《庄子·缮性》中提到"道无不理,义也。"而"义"本身就有根据不同情况下的适宜义。段玉裁在《说文解字注》中说:"义之本训谓礼容各得其宜。"见许慎撰、段玉裁注:《说文解字注》,第633页。上文《周易·说卦》中"理于义"的用法也是如此。

是"分理"的含义。

"理"在先秦时代虽然没有获得表示纯粹的统一法则的那种含义,但它的分别义其实与普遍义之间,在逻辑发展上并没有难以逾越的障碍。这是因为"分理"已然有一种初步的抽象性,表示隐藏在现象背后的,使万物是其所是的规定。在此基础上,只要能够说明这个规定具有相同的内涵或者统一的形式——万物依据一个统一的标准而各自成为自身并在世界中展开——那么"理"的普遍义就会出现。

在魏晋时代,玄学家们基本上完成了这个理论上的构建工作。比如从王弼的著作中便可看到,他使用了诸如"所以然之理""必然之理"这样的表述把"理"的抽象性进一步提高了①:

夫识物之动,则其所以然之理,皆可知也。②。

明祸福之所生,故不苟说;辩必然之理,故不改其操介如石焉③。

当然,"所以然之理"和"必然之理"还没有完全脱离"理"的分别义,因为"分理"也是事物所以依据的而独特存在的必然之理。不过这些表述意味着王弼有意识地探寻"理"更加根本和普遍的含义,在《老子指略》中,他把这种含义比喻成母亲,认为应该像"复守其母"一样确定这种道理:

篇云"既知其子",而必"复守其母",寻斯理也,何往而不畅哉!④

而在《论语释疑》中,王弼更是认为,"分理"虽然博杂,但是可以化繁为简,以一执多,达致"理极":

夫事有归,理有会。故得其归,事虽殷大,可以一名举;总其会,理虽

① 当然,在魏晋时代"理"作为"分理"的用例还是存在的,比如在王弼的著作中也有表达"分理"的用例,在《周易略例》中,王弼说:"物无妄然,必由其理。统之有宗,会之有元。"见楼宇烈:《王弼集校释》,第591页。这里的"理"就是有待统会的事物的分理。

② 楼宇烈:《王弼集校释》,第216页。

③ 楼宇烈:《王弼集校释》,第299页。

④ 楼宇烈:《王弼集校释》,第199页。

博,可以至约穷也。譬犹以君御民,执一统众之道也。①

　　未有反诸其身而不得物之情,未有能全其恕而不尽理之极也。能尽
理极,则无物不统。极不可二,故谓之一也。②

所谓"理极"就是"分理"之上的终极"理",王弼亦称之为"至理"。在《老
子注》中,王弼还指出,作为"理极"的"至理"其实就是"自然"的另一种表述:

　　我之非强使人从之也,而用夫自然,举其至理,顺之必吉,违之
必凶。③

在本书的第二章中已经谈到,王弼所认为的万物的本性就是"自然",对
于这个本性,只可因循而不能强为,只可通由而不可拘执。"自然"是指"是其
所是的样子",但这里的"是"并非泛指一切的存在方式,而是特指存在者在初
始时的存在状态,这个状态对万物来说是统一且普遍的。不过在王弼的著作
中,以"自然"解"理"只此一处,是故其对"至理"的解说没有更多的论述和更
完整的思考。④

比王弼在"理"含义的建构上更进一步的是郭象。本书第三章中已经谈
到郭象把"理"分为"至极"与"至分"的两个层次,对于前者,他在《庄子注》中
和王弼一样提到了"至理"的观念,并把其与"自然"联系起来:

---

① 楼宇烈:《王弼集校释》,第 623 页。
② 楼宇烈:《王弼集校释》,第 623 页。
③ 楼宇烈:《王弼集校释》,第 118 页。
④ 与王弼同时代的竹林名士也到了"理"与"自然"的关联,比如嵇康在《声无哀乐论》中
说:"夫推类辨物,当先求之自然之理。"戴明扬:《嵇康集校注》下册,第 349 页。阮籍在《通老论》
和《达庄论》中说:"圣人明于天人之理,达于自然之分,通于治化之体,审于大慎之训,故君臣垂
拱,完太素之朴;百姓熙怡,保性命之和。""故自然之理不得作,天地不泰而日月争随,朝夕失期
而昼夜无分,竞逐趋利,舛倚横驰,父子不合,君臣乖离。"陈伯君:《阮籍集脚注》,第 159、146 页。
但从这些论述中也可看到,竹林名士所说的"自然之理"是指类别划分的先天之理,仍偏向于"分
理"的含义,反不如王弼所以"自然"论"至理"之抽象性。不过在竹林名士想思想中,代表众理之
上那个最为抽象的"至理"的概念也出现过,比如嵇康在《答向子期难养生论》所说的"夫至理诚
微,善溺于世,然或可求诸身而后悟,校外物以知之者"。戴明扬:《嵇康集校注》下册,第 303 页。
只是这里没有对"至理"进行说明,所以在竹林名士那里,"至理"的含义以及它与自然之"分理"
的关系,都是模糊不明的。

夫物有自然，理有至极。循而直往，则冥然自合。①

不过郭象更为细致地谈到了获得"至理"的关键在于顺应万物的本性，而不能人为地助长，这也是庄子所说"神人无功"的含义：

今顺而不助，与至理为一，故无功。②

因为"至理"没有自身的妄动而虽万物变转，所以郭象又称之为"无为之理"：

故各司其任，则上下咸得而无为之理至矣。③

"无为之理"说明世界之中没有一个役使万物的最高理则，万物依其自身而存在，这本身就是"至理"的内容。从这个说明中也可以看到，郭象对于"至理"的规定与其"独化"论息息相关，所以"无为之理"其实也就是"独化之理"：

卒至于无待，而独化之理明。④

相比于王弼，郭象在理论上把"无为""独化"等概念和"至理"关联起来，在丰富"至理"内涵的同时，也破除了作为最高理则的主动性与施为性：

凡所无者，凡所为者，凡所遇者，皆非我也，理自尔耳。⑤

虽然"独化"论常被认为是郭象的创建，但在第三章中我们已经分析过"独化"中所包含的"自生"观念从王弼开始已经存在于玄学之中。郭象讲独化之理不是说万物自生时还要依据某些外在的法则，而恰恰是说万物之存在没有终极的本原，只有初始状态的玄冥。这种观点是在王弼的性情论中以"虚静"来诠释本性之"无"时就确立下来的，所以王弼、郭象等玄学家用"自然""无为""独化"所解说的"至理"在逻辑上也同样会指向"虚静"和"无"。

① 郭象注、成玄英疏：《庄子注疏》，第53页。
② 郭象注、成玄英疏：《庄子注疏》，第12页。
③ 郭象注、成玄英疏：《庄子注疏》，第252页。
④ 郭象注、成玄英疏：《庄子注疏》，第60页。
⑤ 郭象注、成玄英疏：《庄子注疏》，第110页。

在玄学晚期的张湛那里,就可以发现"虚静之理"与"虚无之理"的观念:

> 夫虚静之理,非心虑之表,形骸之外,求而得之,即我之性。内安诸己,则自然真全矣。故物所以全者,皆由虚静,故得其所安;所以败者,皆由动求,故失其所处。[①]

> 至理虚无,但存其言说,曾不知道之自我,假言以为诠,得意忘言,离言以求证,徒以是非生灭之思虑,因情动用之俗心,矜彼道华,求名丧实。[②]

在张湛的诠释下,"理"的内涵被进一步阐发出来——它既不是心虑所认知辨析的智识对象,也不是形骸之外超越了人身存在的终极本原,而是人的自我本性。这个本性是人自然的真全状态,也就是从王弼以来玄学家们一直所强调的虚静。由于在玄学中,作为先天状态与后天复归目标的虚静一直在存在论的层面上被称之为"无",所以"理"也自然指代存在论上的虚无之理。

在王弼到郭象再到张湛等玄学家的论述中,我们可以看到"理"这一概念如何从先秦时代那种表示是其所是的分理的含义转化为魏晋时代表示自然虚静的性理,如何在逻辑上从分别义过渡到了普遍义。换句话说,"理"经过了玄学家们的诠释,成为一个抽象的哲学概念,并且这个概念开始在人的性情结构中被讨论说明。而宋代理学家们,亦是沿着这个进路来发解"理"概念的。不过如果说"理"已经在魏晋时代获得了普遍义,似乎就意味着之后的理学家无法在理论上提高这个概念的抽象程度,而只能在内涵上对"理"的普遍性做出更多的描述性说明。如果是这样的话,那么理学作为新儒学究竟新在何处,理学家所说的"自家体贴"又究竟体贴出什么内容呢?

从作为理学集大成者的朱熹的论述来看,"理"这个概念在理学中被发展出来的新内容就在于它的道德义。在谈及人之本性时,朱熹把性中之理与先秦儒家所强调的仁义礼智四种德目联系起来:

---

① 杨伯峻:《列子集释》,第 29 页。
② 杨伯峻:《列子集释》,第 281 页。

因看𪫺等说性，曰："论性，要须先识得性是个甚么样物事。程子：'性即理也'，此说最好。今且以理言之，毕竟却无形影，只是这一个道理。在人，仁义礼智，性也。然四者有何形状，亦只是有如此道理。有如此道理，便做得许多事出来，所以能恻隐、羞恶、辞逊、是非也。譬如论药性，性寒、性热之类，药上亦无讨这形状处。只是服了后，却做得冷做得热底，便是性，便只是仁义礼智。孟子说：'仁义礼智根于心。'如曰'恻隐之心'，便是心上说情。"①

朱熹在这里讨论"性"的内涵时，特别称赞了程颐所讲的"性即理"，从这个命题也可以看到理学家们确实没有打破玄学论"理"的性情论进路。但是他们在概念上做了进一步的延展，为"理"加入了道德性的内容，这就是朱熹所讲的，"理"虽然是没有形象材质的抽象价值，但是在人身上却可以表现出如仁、义、礼、智这样具体的德性，进而能发动为像恻隐、羞恶、辞逊、是非这样的道德情感。

"理"在人性上可以表现为这些与道德相关的内容，这似乎意味着"理"可以被具体化为不同的道德之理。但如果是这样，"理"就要随着德性的不同条目的划分而在逻辑上重新变为"分理"。对此，朱熹认为"理"可以有不同的表现，但是这些不同的表现并不能在实质上真的成为彼此相异的理则，因为如果按照玄学家们的思路承认"理"的普遍义，就要在理论上接受"理"的唯一性。换句话说，可以划分的只是"理"的不同表现形式，亦即伦理规范中的具体德性规定：

问："既是一理，又谓五常，何也？"曰："谓之一理亦可，五理亦可。以一包之则一，分之则五。"问分为五之序。曰："浑然不可分。"②

而浑然不可分的，则是作为唯一普遍法则的"理"的自身。与"理"的形式表现的是多样的德性相对应，"理"自身所代表的是道德上的至善：

---

① 黎靖德编、王星贤点校：《朱子语类》第 1 册，第 63—64 页。
② 黎靖德编、王星贤点校：《朱子语类》第 1 册，第 100 页。

> 盛德以身之所得而言,至善以理之极致而言。①

朱熹认为"理"既有自身的唯一性又有形式的多样性的这个观点,也可以概括为"理一分殊"。这个命题最早是由程颐提出来的,为了回答其弟子杨时所说《西铭》体不及用的问题②。所谓"理一"说的是"理"作为最高法则其自身是唯一的和普遍的,所谓"分殊"说的是"理"在事物中的表现是具体而多样的:

> 理只是这一个。道理则同,其分不同。君臣有君臣之理,父子有父子之理。③

如果说玄学家对"理"概念的推进是让其从分别义中生出普遍义,那么理学家对"理"概念的完善则是通过"理一分殊"的设定让"理"在拥有普遍义的同时又与分别义产生了明确的共存关系。在这个共存关系中,"理"的普遍性是本质的,而它的分别性则是衍生的——分殊是对"理"在事物中的体现而言,而并非对"理"自身而言。这样一来,"理"的普遍义与分别义就从最初"一"与"多"的关系转化成了"体"与"用"的关系。宋代的理学家之所以要用这种转化在"理"的普遍义之下重新安置分别义,就是因为后者能够接纳道德上的具体内容——仅凭"理"的普遍义来关联至善,则易因至善没有伦理规范上的具体表述而流于空疏,只有让"理"接纳了儒家思想中一直强调的仁义孝悌等内容,"理"的道德义才会具备知识观念的明晰与实践修养的可能。所以可见理学家对于"理"的概念建构全源自其强调道德义的意图。

宋代理学家对道德义的这种重视,与其时代背景息息相关。宋朝初立之

① 黎靖德编、王星贤点校:《朱子语类》第1册,第101页。朱熹在这里似乎沿袭了玄学家们的传统,用"理之极致"这样的表述来说明"理"的普遍义。在注释《大学》的"止于至善"时,朱熹说:"至善,则事理当然之极也。"这里的"当然之极"也同样在表达"理"的普遍义。见朱熹:《四书章句集注》,第3页。
② 关于程颐与杨时就《西铭》问题的论辩过程可参见李存山:《程颐与杨时关于〈西铭〉的讨论》,《人文论丛》2017年第2期。
③ 黎靖德编、王星贤点校:《朱子语类》第1册,第99页。

时,后蜀、南唐、吴越、南平、北汉、南汉等割据政权尚未收复。即便是在宋太宗赵匡义结束了五代十国之乱之后,北方尚有契丹、党项等少数民族政权的威胁。所以在黄袍加身之后,宋太祖及其继位者需要考虑的是如何在论证王朝合法性的同时,建立足以抵御外夷的国家权威。这时就必须让思想文化上的自信进入到制度的顶层设计中,让百姓通过仁义之教来重拾对国家的认同感,让中国通过礼乐之道来树立对夷狄的价值优越性。于是传统儒家,那种以德性仁民爱物、怀柔远人的道德义又重新被重视起来。

不过除了时代背景之外,理学家对道德义的重视亦与宋初重振儒学的思潮相关。这个思潮其实是唐代以韩愈为首的儒者所倡立的儒学复兴的延续。有唐一代,佛教大兴,对政治、经济等诸多方面均产生了影响,韩愈就曾在诗中批评说:

> 佛法入中国,尔来六百年。齐民逃赋役,高士著幽禅。官吏不之制,纷纷听其然。耕桑日失隶,朝署时遗贤。[1]

当然真正为当时士人所愤懑的,是这个异域宗教所标榜的体空离苦之说与儒学所重视的人伦实践多有抵牾,佛教流行之后必然会导致儒学式微。从李商隐的《别令狐拾遗书》中可以看到,至晚唐时,家族内部已经不再具有人际上的紧密联系与亲缘秩序:

> 儿冠出门,父翁不知其枉正;女笄上车,夫人不保其贞污。此于亲亲,不能无异势也。亲者尚尔,则不亲者,恶望其无隙哉!故近世交道,几丧欲尽。[2]

所以从唐代时,儒者们就已经力图恢复儒学在王朝观念世界中的地位,重建礼法教化对百姓生活的指导意义。这个目标到了宋代建国之后仍未改变,中晚唐以来的纲纪沦丧、五代十国的政权分裂使得宋初知识阶层在心中仍有

---

[1] 韩愈著、方世举笺注、郝润华、丁俊丽整理:《韩昌黎诗集编年笺注》上册,中华书局 2012 年版,第 103 页。

[2] 董诰等辑:《全唐文》卷七八九,上海古籍出版社 1990 年版,第 3660 页。

相当程度的忧虑与警惕,所以拨乱世以反治、兴儒学以明道仍然是宋代儒者无比看重的事业。在理学出现之前,北宋初期已有一批儒学家开始通过在官方的太学以及民间的书院讲学授业的方式振兴儒学①,其代表人物就是宋初三先生胡瑗、石介与孙复。胡瑗的学生曾经回忆自己老师说:

> 臣师胡瑗以道德仁义教东南诸生时,王安石方在场屋中修进士业。臣闻圣人之道,有体、有用、有文。君臣父子,仁义礼乐,历世不可变者,其体也。《诗》《书》《史》《子》《集》,垂法后世者,其文也。举而措之天下,能润泽斯民,归于皇极者,其用也。国家累朝取士,不以体用为本,而尚声律浮华之词,是以风俗偷薄。臣师当宝元、明道之间,尤病其失,遂以明体达用之学授诸生。夙夜勤瘁,二十余年,专切学校。始于苏、湖,终于太学,出其门者数千余人。故今学者明夫圣人体用,以为政教之本,皆臣师之功,非安石可比也。②

欧阳修也曾为石介撰写墓志铭,引用其言曰:

> 其辞博辩雄伟,而忧思深远。其为言曰:"学者,学为仁义也。惟忠能忘其身,信笃于自信者,乃可以力行也。以是行于己,赤以是教于人,所谓尧、舜、禹、汤、文、武、周公、孔子、孟轲、扬雄、韩愈氏者,未尝一日不诵于口。思与天下之士,皆为周、孔之徒,以致其君为尧舜之君,民为尧舜之民,亦未尝一日少忘于心。至其违世惊众,人或笑之,则曰:'吾非狂痴者也。'是以君子察其行而信其言,推其用心而哀其志。"③

从这些表述中也可以看到,宋初儒学家已经非常明确地把传道统、讲圣学的关键定义为道德仁义之说。后来的理学家亦是在这种背景与思潮中,试图

---

① 钱穆说:"下及宋儒,便使人易于联想到理学,理学则后人称为是一种新儒学。其实理学在宋儒中亦属后起。理学兴起以前,已先有一大批宋儒,此一大批宋儒,早可称为是新儒。"见钱穆:《朱子新学案》第一册,收录于《钱宾四先生全集》,第10页。
② 熙宁二年宋神宗问刘彝"胡瑗与王安石孰优?"于是刘彝做此回答。见黄宗羲:《宋元学案》,中华书局1986年版,第25页。以下引用只标注作者书名页码。
③ 欧阳修著、李逸安点校:《欧阳修全集》第二册,中华书局2001年版,第507页。

在理论的创构中开立出道德上的意涵。具体到"理"这个概念来说,它在玄学家们的论述中已经从是其所是的分别义中生发出代表自然虚静的普遍义。不过这里的普遍义与分别义其实都是针对存在而言,其表达的是事物在统一或各自的状态中所以然的理则。到了理学家这里,"理"又分别从普遍义与特殊义上获得了对至善和各种德性的关涉,这是针对道德而言,其表达的是人的修养成长、待人处事所当然的理则。① 朱熹曾说:

> 至于天下之物,则必各有所以然之故,与其所当然之则,所谓理也。②

另外,无论是玄学家说的所以然还是理学家说的所当然,都是唯一性与多样性的统一,唯一性是指"理"自身的本然状态,多样性是指"理"表现在实际

---

① 关于所以然之理和所当然之理的内涵及关系,学界有不同的看法。牟宗三认为:"但伊川、朱子所说的'所以然之理'则是形而上的、超越的本体论的推证的、异质异层的'所以然之理'。此理不抒表一存在物或事之内容的曲曲折折之征象,而单是抒表一'存在之然'之存在。单是超越地、静态地、形式地说明其存在,不是内在地、实际地说明其征象,故此'所以然之理'即曰'存在之理'(principle of existence),亦曰'实现之理'(principle of actualization)。"在这种诠释之下,牟宗三进一步认为:"此一系统亦使一切活动只要是顺理即是道德的,此时唯智论与实在论之泛道德,而道德义亦减杀。……是以伊川、朱子系统中作为'存在之理'之性理所表示的'当然而不容已与所以然而不可易'实并提不住道德上之'应当'义。"见牟宗三:《心体与性体》第一册,第94、115—116页。牟宗三认为程朱之"理"是从存在的本质中建立一种价值指向,开出道德。日本学者吾妻重二对此总结为"在这里,'存在形式',也即意味着'应为的规则'。"见吾妻重二:《朱子学的新研究——近世士大夫思想的展开》,第130页。其实"存在形式"意味着"应为规则"这一思路,从王弼所提出的"性其情"那里已然可以见到,对此本书第二章中已有论述。按照本书之观点,理学家们的贡献正在于把儒家对于德性的讨论引入性情结构之中,使"理"的存在义之下能开出道德义,也使得"应为规则"获得更具体的内容依据。至于此道德义是否如牟宗三所言,是不构成"应当"的弱的道德,则尚有商榷空间。比如唐君毅就持相反立场,认为对于理学家来说,"当然之理"比"所以然之理"更为根本:"原宋明理学家之根本问题,唯是一如何作圣之问题……作圣之道,在乎以理导行,故其所求之理,初重在'应如何'之当然之理,而不重在宇宙'是如何'之存在之理。"唐君毅认为周敦颐、张载、程颢、程颐所言之"理"皆是以"当然之理"为主要含义,进而他得出结论:"吾人既知朱子所承之理学问题,原是当然之理之问题,即以言当然之理为主,以言存在之理为次。"见唐君毅:《中国哲学原论·原道篇》下册,中国社会科学出版社2006年版,第901—902页。关于此问题之其他讨论,可参见张岱年:《论当然》,《哲学动态》1997年第2期。蒙培元:《"所以然"与"所当然"如何统一——从朱子对存在与价值问题的解决看中西哲学之异同》,《泉州师范学院学报》2005年第1期。杨国荣:《化当然为必然:朱熹思想的内在趋向》,《中山大学学报(社会科学版)》2009年第1期。乐爱国:《朱熹的"理":"所以然"还是"所当然"——以李相显、唐君毅的观点为中心》,《四川大学学报(哲学社会科学版)》2016年第2期。

② 朱熹:《大学或问》,朱人求等编:《朱子全书》第6册,第512页。

事物与情况中的实然状态。比如,朱熹说:"当然之理,无有不善者"①,这是在讲"理"的本然是善,是唯一的;而朱熹说:"然父子兄弟君臣之间,各有一个当然之理,是道也"②,这是在讲"理"的实然是具体的德性规范,是多样的。至此,"理"这个概念也形成了普遍义与分别义、存在义与道德义、所以然与所当然、本然与实然的合一(见图13):

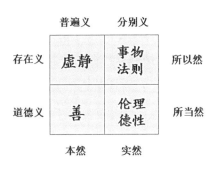

图 13 "理"的意义面向

值得注意的是,正如上文所言,在张湛所谓虚静之理即我之性的论述下,"理"已经开始在性情论的视域中被讨论,程颐提出的"性即理"更是进一步明确了"理"的问题其实就是性情的问题。所以理学家对于道德义的重视不仅是针对"理"这一概念而言,更是针对包括"理"概念在内的整个性情论而言。

从中国哲学自身的发展逻辑来看,王弼提出的"性其情"在成为魏晋时代的性情论范式之后,又不断地借由后来哲学家的观点从不同角度开拓理论的延展方向、补充着新的内容,使其自身在含义上更加丰满。不过在理学出现之前,"性其情"确实没有明晰的道德义。玄学家们对儒学所提倡的仁义道德,始终有一种怀疑的态度,正如王弼所说:

兴仁义以敦薄俗,未若抱朴以全笃实③。

---

① 黎靖德编、王星贤点校:《朱子语类》第 1 册。第 67 页。
② 黎靖德编、王星贤点校:《朱子语类》第 3 册。第 917 页。
③ 楼宇烈:《王弼集校释》,第 198 页。

玄学家所希望的是在滋章烦琐的政令教化之上,确立一个本质的价值。所以他们提出的人性修养路径,亦是从种种流于形式的礼法规定之中超越出来,直接返回本性天然所具有的虚静状态。这个思路所提供的是一种抽象价值的导向,因为虚静作为人存在的初始状态以及情感欲望复归的目标,实际上很难在日常生活的展开中被体验到。这也是为什么在王弼那里"性其情"的实践要靠圣人治道来完成,换句话说,普通人很难通过个体自身的实践来实现性情上的修养。

王弼在他的性其情论中引入"圣人"概念的意图,是让已经完成了以性化情的理想人格去引导未完成性情修养目标的普通人。这种理论上的设计对于实践问题的解决其实是不彻底的,尚且不论作为理想人格的圣人的现实存在如何得到保障,单从普通人的性情修养要外求于他人这一点来看,王弼的性情论并没有真的为人们提供一种可以自主实践的可能性。

王弼之后的思想家们对性情问题亦提出了很多观点,这些观点在丰富"性其情"的意涵的同时,也在逻辑上为宋明理学的出现做了铺垫。从本节对"理"概念内涵发展的说明中,我们已经了解了理学家对道德义的重视。在接下来几节的讨论中,我们将会把目光聚焦在比朱熹更早的北宋初期的理学家身上,看看他们是如何在接续"性其情"的理论逻辑的前提下,重新引入儒家所重视的对仁义道德的论说,又是如何消解这种新的道德意涵与崇尚虚静的旧的存在意涵之间的张力。

第二节　复诚主静:周敦颐"太极说"中的本性诠释

宋代理学有一个很大的特点,就是思想的发展与师承学脉的延续相互依存、密不可分。这一方面与晚唐以来儒者对"师道"强调相关①,另一方面也与宋代大兴书院使民间的求知论道在制度和场所上有了保障相关。师生之间的

---

① 钱穆说:"宋学最先姿态,是偏重在教育的一种师道运动。"见钱穆:《宋明理学概述》,收录于《钱宾四先生全集》,台北联经出版事业股份有限中心1998年版,第2页。

讲学解惑、同道之间的论辩切磋在推动学问产生的同时,亦促进了知识集团的形成。这种特点使得后人对于理学的研究,往往要依其学术谱系的开展条序而进行。上一节考察宋代"理"概念之新义,以朱熹一家之言为例,虽可见一斑,但于理学内在进路之形成却未能有所观照。欲解明宋儒性理之学的延承与创新,还须依其学统渊源,还原出一思想脉络。

虽然理学家们自述其道遥接孔孟,但从学统来看,其思想实滥觞于北宋周敦颐。[1]《宋史·道学传》说:

> 孔子没,曾子独得其传,传之子思,以及孟子,孟子没而无传。两汉而下,儒者之论大道,察焉而弗精,语焉而弗详,异端邪说起而乘之,几至大坏。至宋中叶,周敦颐乃得圣贤不传之学,推明阴阳五行之理。[2]

《道学传》指出宋代理学兴起于周敦颐,后世之儒者也多有持相同意见者。比如朱熹的《伊洛渊源录》和后来孙奇逢的《理学宗传》都把周敦颐排在第一位,以此表示周敦颐乃理学开山祖师。[3] 黄宗羲之子黄百家在评价《宋儒学案》里的周敦颐时也说:

> 孔子而后,汉儒止有传经之学,性道微言之绝久矣。元公崛起,二程嗣之,又复横渠诸大儒辈出,圣学大昌。故安定、徂徕卓乎有儒者之矩范,

---

① 朱熹《伊洛渊源录》载:"姓周氏,名惇实,字茂叔。后避英宗旧名,改惇颐。"见朱人求等编:《朱子全书》第 12 册,第 923 页。张端《贵耳集》载:"周濂溪以舅官出仕,两改名。先名宗实,因英庙旧名改,后名颐,又以光宗御名改。"见庄绰、张端义:《鸡肋编·贵耳集》,上海古籍出版社 2012 年版,第 96 页。两说虽有不同,但周敦颐因避讳两改其名则基本可以确定。今从学界通行之称,仍以"周敦颐"名之。

② 脱脱等:《宋史》第三十六册,第 12710 页。

③ 不过后人也有不同的意见,因为关于周敦颐与二程之间是否有学术上的传承,一直是一个有争论的问题。如果二程所讲论的根本不是周敦颐的学问,那么认为后者作为理学鼻祖的看法似乎就不能成立。清代学者全祖望就认为:"濂溪之门,二程子少尝游焉。其后伊洛所得,实不由于濂溪,是在高弟荥阳吕公已明言之,其孙紫微又申言之,汪玉山亦云然。今观二程子终身不甚推濂溪,并未得与马、邵之列,可以见二吕之言不诬也。晦翁、南轩始确然以为二程子所自出,自是后世宗之,而疑者亦踵相接焉。然虽疑之,而皆未尝考及二吕之言以为证,则终无据。予谓濂溪诚入圣人之室,而二程子未尝传其学,则必欲沟而合之,良无庸矣。"见黄宗羲:《宋元学案》,第 480 页。但其实像全祖望这样的观点也有问题,因为判断二程有没有在思想上融汇接纳

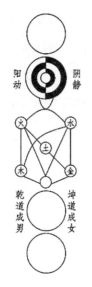

图14　周敦颐
太极图

然仅可谓有开之必先。若论阐发心性义理之精微,端数元公之破暗也①。

　　黄百家认为宋初胡瑗、石介等人只是复兴了儒者的风范,但论及学术思想,则当属周敦颐为宋学第一人。后学之所以如此推崇周敦颐,是因为他确实使用了一种不同以往的学术表达方式,并且以此对儒学的重要问题提出了相当新颖的回应思路。这个学术表达方式便是周敦颐《太极图》及其图说所展现出的以图明说、以说解图(见图14)②。

　　周敦颐用《太极图》说明了宇宙化生万物从初始状态到现象状态的过程。这个过程在图中分别以五个部分依次表示:第一部分以圆圈表示万物之本体太极;第二部分以黑白

了周敦颐的理论,不能仅根据是否是师徒关系来判断(何况二程还明确说过"昔受学于周茂叔,每令寻颜子、仲尼乐处,所乐何事。"见程颢、程颐著、王孝鱼点校:《二程集》上册:第16页),更要根据思想上是否含有逻辑演变的脉络来判断。包括本书在内的当今学界的不少研究成果,都是从思想自身出发来说明周敦颐与二程在思想上的连续性远大于断裂性。学界其他研究成果可参见周学武:《平心论濂溪和二程的传承关系》,《朱子学刊》1994年第1期。杨柱才:《道学宗主——周敦颐哲学思想研究》,人民出版社2004年版,第362—363页。以下引用只标注作者书名页码。吾妻重二:《朱子学的新研究——近世士大夫思想的展开》,第38—45页。傅锡洪:《从"无极而太极"到"天理自然":周程授受关系》,《哲学研究》2021年第5期。

①　黄宗羲:《宋元学案》,第482页。

②　关于《太极图》是否为周敦颐所亲自创作,后世有不同的观点。在理学内部,周敦颐自创《太极图》的说法是一通行看法,最早由潘兴嗣给周敦颐写的《墓誌铭》提出,后为朱熹、张栻等人所接受并主张。陆九韶、陆九渊认为《太极图》与《通书》不类,可能是周敦颐学而未成时所作(或者干脆不是他所作)。除此种观点外,朱震认为《太极图》始出陈抟,经种放和穆修而传于周敦颐;黄宗炎认为《太极图》传自河上公《无极图》,后经魏伯阳《参同契》、钟离权、吕洞宾,陈图南、种放、穆修传于周敦颐;毛龄奇认为《太极图》有佛道两个来源,一是唐代宗密《十重图》,二是道教《周易参同契》中本含有的《水火匡廓图》和《三五至精图》;晁以道认为《太极图》乃周敦颐得于禅僧寿涯。其相关说明可参见李申:《太极图渊源辩》,《周易研究》1991年第1期;陈昭利:《周敦颐太极图来源考及其与道教之关系》,《问学集》1993年第3期;束景南:《太易图与太极图——周敦颐太极图渊源论》,《东南文化》1994年第1期;杨柱才:《道学宗主——周敦颐哲学思想研究》,第3-215页;吾妻重二:《〈太极图〉之形成——围绕儒释道三教的再检讨》,载《朱子学的新研究——近世士大夫思想的展开》,第46—68页。这其中杨柱才与吾妻重二均做了详细的考证,认为《太极图》早有所传的各种说法都无法成立,而是确实由周敦颐本人所作。

圆圈(坎离相抱图)表示太极有动静之后的阴阳二气;第三部分以五行交涉图表示阴阳和合而成的五行之气;第四部分以圆圈表示阴阳五行妙合而化生的男女;第五部分以圆圈表示阴阳交感而化生的万物。这五部分所表达的内容被周敦颐写在《太极图说》中。

《太极图说》虽有文字上的说明,但欲了解周敦颐在《太极图》中的思想,还需要参考他的另一部著作《通书》。在《通书》中,周敦颐提供了更多的概念与更丰富的论证,可以帮助我们更好地理解他的性理之学。[1] 除《通书》之外,本节亦会比照注释朱熹的《太极图解》《太极图说解》(二者合称为《太极解义》)和《通书解》加以讨论。这是一方面是因为《太极图说》《通书》之传世本皆由朱熹审定[2],后人所见周敦颐之著作已是带有朱熹判准框架的文本[3],如

----

[1] 关于《太极图》《太极图说》与《通书》是否有思想关涉这一问题,最早由陆九渊之兄陆九韶言二者不类。见陆九渊著、钟哲点校:《陆九渊集》,中华书局1980年版,第22页。但在给陆九渊的回信中,朱熹已经指出《通书》所言诸多概念均是对《太极图》及《太极图说》的诠释。见朱人求等编:《朱子全书》第21册,第1567—1568页。今日学界之研究,如学者们亦多认为《通书》是思想是对《太极图》与《太极图说》的发挥。如牟宗三说:"此《图说》全文,无论思理或语脉,皆同于《通书》,大体是根据《动静》章、《理性命》章、《道》章、《圣学》章而写成。"见牟宗三:《心体与性体》第一册,第376页。蔡仁厚和牟宗三有类似观点,他说:"据以上之比观,可知太极图说之义理骨干,主要不外乎通书此四章之义。"见《宋明理学·北宋篇》,第59页。另外如唐君毅说:"然通书首章以乾元释诚,终于以易为性命之原,此正与太极图之首言天道化生万物,终言易之原始要终之义,互相应合。"见唐君毅:《中国哲学原论·导论篇》,中国社会科学出版社2005年版,第258页。如劳思光说:"但濂溪之解《易》,与章句训诂之工作不同。其目的在于建立含有一形而上学及宇宙论双重成分之理论。此理论之骨干即表现于《太极图说》中,而许多问题之发挥论断又见于《通书》。"见劳思光:《新编中国哲学史》第三卷上,第69页。

[2] 在《太极通书后序》中,朱熹说:"今舂陵、零陵、九江皆有本,而互有同异。长沙本最后出,乃熹所编定,视他本最详密矣,然犹有所未尽也。"在《再定太极通书后序》中,朱熹说:"通书四十章,世传旧本遗文九篇,遗事十五条,事状一篇。熹所集次,皆已校定,可缮写。熹按先生之书,近岁以来,其传既益广矣,然皆不能无谬误。唯长沙建安板本为庶几焉!而犹颇有所未尽也。"见周敦颐著、陈克明点校:《周敦颐集》,中华书局2009年版,第44、45—46页。以下引用只标注作者书名页码。

[3] 学者田智忠认为朱熹"大规模地对《通书》原来的附录内容进行了删节和整理,主要针对的就是蒲宗孟为周敦颐所作的《墓碣铭》。朱子的上述整理,彻底改变了此前人们重视《通书》而轻视《太极图》、重视蒲宗孟的《墓碣铭》而忽视潘兴嗣的《墓志铭》的历史,从而也把《太极图》置于了周敦颐思想之核心的地位。"见田智忠:《从"舂陵本"〈通书〉论〈通书〉的早期流传》,《周易研究》2013年第1期。

朱熹把太极图置于全书之首①、把《太极图说》第一句定为"无极而太极"②等。另一方面也是因为极力表彰周敦颐的朱熹亦把自己的理论建立在周氏思想的基础上,是故从《太极图解》《太极图说解》中便可看到性理之学从初创到成熟的发展轨迹。

周敦颐之思想中首先值得深察的就是"无极而太极"这句话。它是对《太极图》第一个圆圈的描述,也是《太极图说》的第一句话。如果按照朱熹的观点,把周敦颐视为理学祖师,并把《太极图》及其图说置于周敦颐著作之首的话,则也可以说"无极而太极"实乃理学成立的第一观点。虽然只有短短五个字,但已彰显出理学接续性与歧出性并存、融汇性与创新性共在的性格。所谓接续性,是说理学之成立仍然要依托传统儒学之观念,"太极"一词便是出自与儒家经典《易传》③。所谓歧出性,则是说理学之展开,还出现了传统儒学之外的思想,如"无极"一词便是先儒不曾谈而老庄尝言之。④ 也正因如此,朱熹与陆九韶、陆九渊兄弟还为周敦颐使用"无极"一词是否符合儒家立场而产生过书信论辩。

陆九韶与陆九渊的观点很明确,那就是"无极"一词先儒之书所未有,乃

---

① 在建安本的《太极通书后序》中,朱熹说:"故潘清逸志先生之墓,叙所著书,特以作太极图为称首。然则此图当为书首,不疑也。然先生既手以授二程本,因附书后。祁宽居之云。传者见其如此,遂误以图为书之卒章,不复厘正。"见周敦颐著、陈克明点校:《周敦颐集》,第44页。
② 朱熹在《记濂溪传》中自述见当时国史修《濂溪传》中所引周敦颐《通书》第一句为"自无极而为太极":"然此说本语首句但云'无极而太极',今传所载乃云'自无极而为太极'。不知其何所据而增此'自'、'为'二字也。"见朱人求等编:《朱子全书》第24册,第3410页。另朱熹在对延平本《通书》的说明中,亦曾指出自己见过杨方九江故家传本的《太极图说》首句为"无极而生太极":"……如《太极说》云'无极而太极','而'下误多一'生'字。"见周敦颐著、陈克明点校:《周敦颐集》,第51页。
③ 关于《易传》之成书及思想性质归属,郭沂师已详确论证。可参见郭沂:《〈易传〉成书与性质若干观点平议》,《齐鲁学刊》1998年第1期。
④ "无极"为老子首言,《老子》第二十八章说:"知其雄,守其雌,为天下溪。为天下溪,常德不离,复归于婴儿。知其白,守其黑,为天下式。为天下式,常德不忒,复归于无极。"《庄子》中"无极"有四处,一为《逍遥游》中肩吾问于连叔曰:"吾惊怖其言,犹河汉而无极也,大有径庭,不近人情焉。"二为《大宗师》中子桑户、孟子反、子琴张三人说道的"孰能登天游雾,挠挑无极,相忘以生,无所终穷?"三为《在宥》中广成子说的"故余将去女,入无穷之门,以游无极之野。"四为《刻

老子思想之宗旨,而"老氏学之不正,见理不明"①,不应为儒学所接受。但朱熹则认为伏羲作《易》、文王演《易》皆未言"太极",但孔子《易传》言之;孔子未言"无极",但周敦颐言之,新概念的出现意味着后儒不断以己之灼见发明先儒思想之精奥,这是正常的现象。朱熹还指出,不同于老庄所讲的"无穷尽、无边界"的那种"无极",周敦颐讲的"无极"是对道体的描述②:

> 周子所以谓之"无极",正以其无方所,无形状,以为在无物之前,而未尝不立于有物之后;以为在阴阳之外,而未尝不行乎阴阳之中;以为通贯全体,无乎不在,则又初无声臭影响之可言也。③

但陆九渊则认为这样的描述完全不必要,因为"太极"作为对万物本原之表达,已经含有了形而上的抽象性,不需要另外通过"无极"来表达。不过后来陆九渊似乎不愿意继续与朱熹论辩下去,在两人尚未达成共识的情况下,就结束了对"无极而太极"的讨论。④ 这场讨论表面上看起来争执的焦点在于"无极"的使用是否符合儒学的思想,实际上则反映了理学在被建构的过程中可以在多大程度上吸收不同的观念,从而完善自身理论逻辑的问题。换句话说,尽管理学家们对此问题有不同的回答,但理学在成立之初就显现出了拓展

意》所说"澹然无极而众美从之。"分别见汤漳平、王朝华译注:《老子》,第108页。方勇译注:《庄子》,第10、111、166、247页。另外闻一多说《逍遥游》"穷发之北有冥海者"之前脱汤问棘事一段,陈鼓应补之:"汤问棘曰:'上下四方有极乎?'棘曰:'无极之外,复无极也。'"见陈鼓应:《庄子今注今译》第一册,中华书局2009年版,第15—16页。不过老庄所言"无极"均有"无边界、无穷尽"之义,与周敦颐"无极"之义还有不同,这一点将在下文详论。

① 陆九渊著,钟哲点校:《陆九渊集》,第24页。
② 在朱熹写给陆九韶的回信中就曾经表达过,"无极"与"太极"这两个概念对于描述道体的必要性:"只如《太极篇》首一句,最是长者所深排。然殊不知不言无极,则太极同于一物,而不足为万化之根;不言太极,则无极沦于空寂,而不能为万物之根。只此一句,便见其下语精密微妙无穷。"见朱人求等编:《朱子全书》第21册,第1560页。
③ 朱人求等编:《朱子全书》第21册,第1568页。
④ 陆九渊与朱熹的辩论,是其兄陆九韶与朱熹论辩的接续,主要体现在陆九渊写给朱熹的两封书信以及朱熹的两封回信中。除上文所言,二人围绕"无极而太极"还讨论了诸多细节上的问题,如把"极"训为"中"或"形"是否恰当、"阴阳"是否为形而上之道等等。关于二人论辩往来之梳理研究,可参看陈荣捷:《朱陆通讯详述》,载《朱子论集》,华东师范大学出版社2007年版,第164—175页。蔡家和:《朱子与象山关于〈太极图说〉的论辩》,《朱子学刊》2015年第1期。

思想边界的积极，开始尝试对本不属于儒学的概念进行新诠，进而表达出新的思考内容。这也便是前文所言理学融汇性与创新性共在的性格。

朱熹在与陆氏兄弟的论辩中，就表现出了对理学的融汇性与创新性的接受。他认为周敦颐提出"无极"是"说出人不敢说底道理"①，这其实说明朱熹敏锐地察觉到了儒家的思想发展到宋代，已经非常需要引入"无"的概念，从有无关系的角度去深入说明那个作为万物存在之依据的终极本原。朱熹的这种问题意识，从中国哲学的发展逻辑看，是对魏晋玄学的接续。在周敦颐所说的"无"与老子所说的"无"的区别上，朱熹指出：

熹详老氏之言有无，以有无为二，周子之言有无，以有无为一。②

本书第二章中曾经论述过王弼把老子所说的"有生于无"注释成"有始于无"——如果"有"与"无"是被生成与生成的关系，那么"无"是比"有"更高级、更本质的存在，这就是朱熹所说的"以有无为二"。但如果"有"与"无"如王弼所说，是时间上的相续关系，"无"便不是什么更高级的存在，而是"有"的初始阶段，这就是朱熹所说的"以有无为一"。王弼在"有始于无"的思路中把"无"解释为："故'未形'、'无名'之时则为万物之始"，这和前文所讲的朱熹把"无极"之"无"解释成"正以其无方所，无形状，以为在无物之前"可谓是几乎一样的说明。不过理学在开端上就表现出的这种对"无"概念的重视以及对玄学理论逻辑的接续，是否只是朱熹个人的解读，并非是周敦颐的本义呢？

实际上，在周敦颐本人的思想中，可以发现更多与玄学的关涉，而朱熹除了在与陆九渊的通信中说明了讲"无极"的必要外，也在《太极解义》和《通书解》中对周敦颐的这些通玄之论做了注解。遗憾的是，也许由于朱熹没有明确地指出周敦颐的思想与玄学的关联③，后世学者也就都没有从接续玄学的

---

① 朱人求等编：《朱子全书》第 21 册，第 1568 页。

② 朱人求等编：《朱子全书》第 21 册，第 1571 页。

③ 不过朱熹在说明二程的思想的时候，则明确指出了其与玄学特别是王弼"性其情"思想的关联，这一点将在下文详论。

角度对理学进行研究,以至于在当今学界对玄学、理学如何在理论发展上得以接续这一问题的关注并不多。

其实如果沿着朱熹的思路继续前进,就会发现周敦颐自己对"无极"这个概念做出了很多玄学式的论述。首先,就像王弼用"无"来描述本性的状态一样,周敦颐所说的"无极"之"无"也是对本性的描述。在《太极图说》的最后一句,周敦颐表达了他的图作和图说都是对《易》的阐发:"大哉易也,斯其至矣。"①在《通书》中又表达了易的道理与性命之本原息息相关:"大哉易也,性命之源乎!"②这样一来,周敦颐的思考也必然含有对性情理论的关涉。在注释周敦颐"太极,本无极也"这句话时,朱熹说:

> 至于所以为太极者,又初无声臭之可言,是性之本体然也。天下岂有性外之物哉?③

"所以为太极者"便是"无极",朱熹认为周敦颐所说的这个没有任何物质属性的无极就是本性最根本最原初的状态,所以对"无极"的强调自然会涉及对本性之"无"的强调。像玄学家把代表存在初始状态的本性形容为虚静一样,在周敦颐这里,"静"也同样是本性之"无"的另一种描述,他说:"静无而动有,至正而明达也。"④就是说"静"对应"无",是"至正"表现,而"动"对应"有",是"明达"的表现。在本书第二章我们曾经讲过,在王弼对本性的描述中,"无"与"静"同样对应着价值上的"正",他认为"不性其情,何能久行其正?"只有返回到本性存在之初的虚静状态,才会获得"正"的价值实现。

王弼"性其情"而得"正"的论述来自他对《周易注》中《文言》"乾元者,始而亨者也。利贞者,性情也"的注释。而周敦颐在《通书》也同样提到了《周易》乾卦的卦辞"元亨利贞":

---

① 周敦颐著、陈克明点校:《周敦颐集》,第 8 页。
② 周敦颐著、陈克明点校:《周敦颐集》,第 14 页。
③ 周敦颐著、陈克明点校:《周敦颐集》,第 14 页。
④ 周敦颐著、陈克明点校:《周敦颐集》,第 15 页。

元、亨,诚之通;利、贞,诚之复。①

在这里周敦颐用"诚之通"和"诚之复"分别对"元亨"和"利贞"进行了说明。"诚"这个概念在《太极图说》中未见,而在《通书》中则多次被谈到。周敦颐使用这个传统的儒家概念,仍然是在表达《中庸》中所说的那种本性最真实状态的含义②,只不过在他这里,本性的真实状态是"无",是"静"。所以他又说:"诚,无为"③,"寂然不动者,诚也"④。在这样的设定下,周敦颐解读乾卦"利贞"所说的"诚之复",就是恢复到无为不动的本性之静中,这可以说是和王弼解读《文言》中"利贞者,性情也"而提出的"性其情"的修养路径是一样的。

不仅如此,本书曾谈过在王弼的性情理论中,普通人最后的修养实践要靠圣人的教化引导来实现,因为圣人可以在完全的意义上实现"性其情"的境界——在周敦颐的思想中,"诚"亦是描述圣人存在状态的一个概念。在《通书》第一篇和第二篇的第一句中,周敦颐分别说:

诚者,圣人之本。⑤

圣,诚而已矣。⑥

朱熹认为《通书》与《太极图》相为表里,并在注释中指出:"诚即所谓'太极'也。"⑦也就是说,作为圣人之根本境界的"诚",也就是"太极"之无声无

---

① 周敦颐著、陈克明点校:《周敦颐集》,第14页。
② 《中庸》中"诚"与本性状态相关,第二十一章说:"自诚明,谓之性;自明诚,谓之教。诚则明矣,明则诚矣。"第二十二章说:"唯天下至诚,为能尽其性;能尽其性,则能尽人之性;能尽人之性,则能尽物之性;能尽物之性,则可以赞天地之化育;可以赞天地之化育,则可以与天地参矣。"只不过《中庸》更加强调这种处于真实无妄状态的本性是上天的赋予,所以第二十章说:"诚者,天之道也;诚之者,人之道。"杨天宇:《礼记译注》下册,第704、705页。
③ 周敦颐著、陈克明点校:《周敦颐集》,第16页。
④ 周敦颐著、陈克明点校:《周敦颐集》,第17页。
⑤ 周敦颐著、陈克明点校:《周敦颐集》,第13页。
⑥ 周敦颐著、陈克明点校:《周敦颐集》,第15页。
⑦ 周敦颐著、陈克明点校:《周敦颐集》,第13页。

臭,本来虚静。只不过作为对太极的描述,"无极"是直接从万物存在的终极
依据上说,是一种高度的抽象,而"诚"则是针对圣人的存有境界而说,是一种
对性情状态的描述。在《太极图说》中,周敦颐把这种状态描述为:

> 圣人定之以中正仁义,而主静,立人极焉①。

朱熹注释道:

> 此言圣人全动静之德,而常本之于静也。盖人禀阴阳五行之秀气以
> 生,而圣人之生,又得其秀之秀者。是以其行之也中,其处之也正,其发之
> 也仁,其裁之也义。盖一动一静,莫不有以全夫太极之道,而无所亏焉,则
> 向之所谓欲动情胜、利害相攻者,于此乎定矣。然静者诚之复,而性之真
> 也。苟非此心寂然无欲而静,则又何以酬酢事物之变,而一天下之动哉!
> 故圣人中正仁义,动静周流,而其动也必主乎静②。

周敦颐以"中正仁义"为圣人之定准,朱熹对此解释为"其行之也中,其处
之也正,其发之也仁,其裁之也义",这是说圣人在行动上所表现出的道德性。
周敦颐又说圣人"主静",朱熹认为"静"就是圣人对"诚"的复归,是本性天然
的真实状态,并且还提到了在这种状态中是没有欲望的发动的。朱熹的这个
解读基本符合周敦颐的原意,因为在《通书》中,周敦颐就直接讲明,学习圣人
的关键就在于达致内在的统一状态,这个统一状态是表现为无欲,即欲望复归
到和本性一样的虚静:

> "圣可学乎?"曰:"可。"曰:"有要乎?"曰:"有。""请闻焉。"曰:"一
> 为要。一者无欲也,无欲则静虚、动直,静虚则明,明则通;动直则公,公则
> 溥。明通公溥,庶矣乎!"③

这种限制欲望发动而返回本性的寂然虚静的路径,就是作为玄学性情论
范式的"性其情"的修养方向。在周敦颐的论述中,"无极""无""静""诚"都

---

① 周敦颐著、陈克明点校:《周敦颐集》,第6页。
② 周敦颐著、陈克明点校:《周敦颐集》,第7页。
③ 周敦颐著、陈克明点校:《周敦颐集》,第31页。

是相通的观念,而这些观念所描述的作为普遍义的存在状态,亦是玄学所一直强调的内容。由此也可以看到玄学性情论的基本逻辑在理学中仍然存在。不过如果周敦颐对性情的讨论并非只是玄学性情论的翻版。正如本章第一节对理学所分析的那样,周敦颐的创见在于提出了虚静本性之中的道德蕴含,并且这个创见亦是通过对太极内涵的挖掘来实现的。

前文中已经提到,周敦颐把圣人的存有境界描述为"定之以中正仁义,而主静",这就意味着虚静的本性之中已然包含了中正仁义。那么这种中正仁义之善如何在本性之中产生的呢? 在《太极图说》中,周敦颐指出:

> 惟人也,得其秀而最灵。形既生矣,神发知矣,五性感动,而善恶分,万事出矣。①

周敦颐认为人的善产生于三个条件:一是"形即生矣",就是说中正仁义要出现在经验世界;二是"神发知矣",就是说中正仁义的出现与心灵的作用相关;三是"五性感动",就是说中正仁义的存在与五行之性交感运动相关。这三个条件中,最重要的是"五性感动"。② "五性"也就是五行之性,在《太极图》中,五行由阴阳和合而成,阴阳由太极动静而生,周敦颐说:

> 太极动而生阳,动极而静,静而生阴。静极复动。一动一静,互为其根;

---

① 周敦颐著、陈克明点校:《周敦颐集》,第 6 页。

② 第一个条件谈形下世界,只是针对人事之善而言,下文将会指出善亦有形而上的根源。第二个条件谈心灵作用,本来对性情论与心性论的创构很重要,但遗憾的是,周敦颐并没有就此抓住"心"这一概念展开深入的论述。在周敦颐的《太极图说》和《通书》中,"心"概念出现极少,倒是一篇名为《养心亭说》的散文中提到了"予谓养心不止于寡焉而存耳,盖寡焉以至于无。无则诚立、明通。诚立,贤也;明通,圣也。是圣贤非性生,必养心而至之。养心之善有大焉如此,存乎其人而已。"见周敦颐著、陈克明点校:《周敦颐集》,第 52 页。此处虽把"养心"与"至于无"关联起来,在一定程度上强调了"心"的重要,但对于"心"的功能则做出说明。总体来说,"心"这一概念在周敦颐的思想中都是隐暗不明的。所以要理解周敦颐所说的"善"的含义,必须从第三个条件"五性感动"中加以分析。不过需要补充的是,周敦颐虽然对"心"没有做出过多的论述,但朱熹在注释中则屡次提到"心"这一概念,比如对于"神发知矣",他就讲:"然阴阳五行,气质交运,而人之所禀独得其秀,故其心为最灵,而有以不失其性之全,所谓天地之心,而人之极也。"周敦颐著、陈克明点校:《周敦颐集》,第 6 页。可见"心"这一概念在南宋理学时已经发展得极为成熟。

分阴分阳,两仪立焉。阳变阴合,而生水、火、木、金、土。五气顺布,四时行焉。五行,一阴阳也;阴阳,一太极也;太极,本无极也。五行之生也,各一其性。①

太极生成阴阳之后,亦在阴阳之中,阴阳化为五行之后,也在五行之中。阴阳二气是太极形器化的结果,而五行形之气又是阴阳质料化的结果,但无论是阴阳还是五行,都以太极为本原,并且都含具太极的内在规定,即具有无极的内涵。在《通书》中,周敦颐把这个道理用更抽象的数字来表示:

二气五行,化生万物。五殊二实,二本则一。是万为一,一实万分。万一各正,小大有定。②

太极到五行的演化也对应着人性从本原到现实的发展。"五性感动"之性就是在阴阳之气的作用下表现为水、火、木、金、土五种不同的现实之性。通过"阴阳""五行"这些古老概念的引入,周敦颐为人性现实面向上的殊异树立了元质上的支撑。这样一来,周敦颐在理论上就比郭象、葛洪、成玄英等人对"性"的分层的讨论更深了一步,因为五行之性不仅在"性分"的层面上解释了"性"的现实差异,更从宇宙化生的层面上用构成经验世界的五种元素说明了"性分"得以成立的质料性依据。③ 而更重要的一点在于,周敦颐直接借用了古代思想资源中对太极原本的设定,解释了为什么"性"会从普遍的"性极"的状态分化为特殊的"性分"状态——因为形而上的太极本身所具有的运动性质使它不断地向形而下的万物分化衍生。

在这样的分析下,周敦颐认为在太极运动的过程中,善恶价值也随之出现。这就意味着,周敦颐对于虚静本性的道德蕴含的分析不仅仅局限在经验

① 周敦颐著、陈克明点校:《周敦颐集》,第4—5页。
② 从这里我们也可以看到周敦颐的太极论说对朱熹"理一分殊"思想的影响。朱熹在注释这一段时说:"此言命也。二气五行,天之所以赋受万物而生之者也。自其末以缘本,则五行之异,本二气之实,二气之实,又本一理之极。是合万物而言之,为一太极而已也。自其本而之末,则一理之实,而万物分之以为体。故万物之中,各有一太极,而小大之物,莫不各有一定之分也。"周敦颐著、陈克明点校:《周敦颐集》,第32页。
③ 周敦颐并没有对作为"性分"质料性依据的五行做出过多的说明,在他那里,"五性感动"只是一个虚指,另外一些时候又称之为"刚柔"。

205

世界中各种人伦事务的仁义道德上,而是借由太极化生万物的模型把对善的讨论引向了形而上的维度。在《通书》中,周敦颐用"几,善恶"①这个抽象的命题谈到了善恶与动的关系。朱熹对此命题注释说:

> 几者,动之微,善恶之所由分也。②

这个说法也对应着周敦颐本人对"几"的解释:

> 动而未形、有无之闲者,几也。③

从这些说明来看,在太极刚刚开始运动,还未形成有形器质地的阴阳五行时,善恶价值便开始分化。换句话说,只要太极一发动而开始向形而下的方向演化,善恶就开始显现。在《通书》中,周敦颐还引用过《易经·系辞》中的"一阴一阳之谓道,继之者善也,成之者性也",来说明善的形成与阴阳之动的关系。朱熹对周敦颐的引用做过更详细的解释,他说:

> 继之者,气之方出而未有所成之谓也。善则理之方行而未有所立之名也,阳之属也,诚之源也。成则物之已成,性则理之已立者也,阴之属也,诚之立也。④

朱熹把"继之者"说成是阴阳二气刚刚发动还没有具体成形的阶段,和周敦颐把"几"解释成"动而未形、有无之闲者"是一样的意思。所以"继之者善"就是"几,善恶"。与之相对,"诚之者"则是二五之气已化为万物,善已寓于人的内在,通过本性而显现的阶段。⑤

朱熹的解释让周敦颐关于善生于几微的观点更加清楚分明。周敦颐之所以认为善恶从太极"动而未形"的阶段就会出现,是因为他在理论上把判断善

---

① 周敦颐著、陈克明点校:《周敦颐集》,第16页。
② 周敦颐著、陈克明点校:《周敦颐集》,第16页。
③ 周敦颐著、陈克明点校:《周敦颐集》,第17页。
④ 周敦颐著、陈克明点校:《周敦颐集》,第14页。
⑤ 朱熹在《太极图说解》的附辩中还特别提到,"继之者善"和"成之者性"只是分别从阴阳化生和人物禀受的两个角度分别描述善与性,实际上并不存在一种经验上善先与性存在的时间次序,善与性在现实中是不会分离为二的:"夫善之与性,不可谓有二物,明矣!然继之者善,自其阴阳变化而言也;成之者性,自夫人物禀受而言也。"见周敦颐著、陈克明点校:《周敦颐集》,第9页。

恶的标准和运动的正邪联系了起来。在《通书》中有一个篇目便叫作《慎动》，在其中周敦颐提道：

> 动而正，日道。……邪动，辱也；甚焉，害也。①

这就是说，只要一动便有中正和偏邪的区别，一有正邪便分善恶，所以善恶与太极之动必然同时存在。而对于周敦颐来说，所谓正邪区别，便在于是否符合于道，也就是太极。②而太极可以被符合的内容，就是它虚静的状态。这就是为什么在前面提到的引文中，周敦颐要把"圣人定之以中正仁义"和"主静"联系起来，并且一直强调为圣的关键便在于对虚静状态的保持。也就是说，周敦颐对本性之道德蕴含的赋予其实在于他在理论上对虚静进行了道德价值上的认定。

前文已经谈到，周敦颐像王弼一样认为"无"和"静"对应着价值上的"正"，在这个基础上周敦颐进一步把"正"规定为"中正仁义"，即把儒家所推崇的道德价值的内涵融汇其中，完成了"虚静—正—善—仁义"的逻辑建构。在这个逻辑建构中，价值是一步步被具体化的。虚静是万物存在的初始状态，亦是万物复归的终极目标，它是一个最抽象、最终极的价值。而仁义则是人在道德实践中所表现出来的性情和行为上的价值。在此也可以感觉到，在周敦颐的思想中有一种明显的融合儒道两家的价值倾向。其实这种努力在玄学那里已然发生，如王弼等人对于儒家所谈的仁义已经没有了先秦道家那种鲜明的反对的立场，并且在治道方面充分接受了儒家的圣人学说。不过玄学在性情论上所崇尚的价值仍然偏向于道家，并未在理论上留出容纳儒家仁义之说的空间。这一点在理学这里得到了改善，如周敦颐把仁义道德作为虚静状态在人事上的体现。当然这个主张得以成立的前提是，周敦颐把存在论与性情

---

① 周敦颐著、陈克明点校：《周敦颐集》，第18页。

② 在周敦颐那里，"道"与"太极"是相通的概念。《太极图说》里讲太极一动一静而有阴阳，就是对《周易》中"一阴一阳之谓道"（即"使阴阳流行不已的叫作道"）的转述。所以朱熹在《太极图说解》中也明确注释道："太极，形而上之道也。"见周敦颐著、陈克明点校：《周敦颐集》，第4页。

论的诸多问题嵌置到太极化生万物的模型中去讨论。

在这种理论设计下，作为人间价值的道德仁义获得了超人间的价值本原，即太极。本来在儒家哲学的传统中，道德仁义自有一形而上的价值本原，那就是《中庸》所构建的"天命赋性"模型中提出的"天"。但《中庸》的"天"只是对终极本原的虚指，其通篇没有对"天"的内容做出说明，更未从"天"之中分析出"静"的含义。周敦颐则是通过对太极所含有的无极状态的描述，清晰地指出了价值本原的终极规定。

这样一来，在周敦颐那里，"善"既可以被还原成存在初始状态的虚静，也可以被具化为人伦实践中的道德仁义。比如周敦颐说"诚"的境界是"纯粹至善者也"①，这是就价值本原上说善，此处的善是虚静，亦是朱熹所谓的"然性善，形而上者也"②；而周敦颐说"有善一，不善二，则学其一，而劝其二"③，这是从价值的表现上说善，此处的善是仁义，亦是朱熹所谓的"其行之也中，其处之也正，其发之也仁，其裁之也义"。④ 可以说，周敦颐对"善"做出了如图15所示的规定。

图15　周敦颐论"善"的结构

周敦颐为了在虚静的本性中挖掘出道德的蕴含，把善分成了本原与现实两个层面，形而上的虚静与形而下的仁义通过太极、阴阳、五行的层层运动而实现过渡的可能。周敦颐的思想与玄学在理论逻辑上有很强的接续关系，但

① 周敦颐著、陈克明点校：《周敦颐集》，第14页。
② 周敦颐著、陈克明点校：《周敦颐集》，第9页。
③ 周敦颐著、陈克明点校：《周敦颐集》，第26页。
④ 周敦颐著、陈克明点校：《周敦颐集》，第7页。

这种接续又是在一个与玄学相当不同的话语体系中完成的。他借用了一个可以被儒家学者所接受的太极演化模型,把玄学家们所讨论的有无关系引入了儒学的论域中,并且通过对作为太极状态的无极的强调,使玄学家们所崇尚的虚静亦成为儒学的价值本原。更重要的是,太极化生万物作为一个从抽象到具体的动态理论模型,还会关涉经验世界中的人伦事物,这就让儒家所看重的道德仁义也进入了被讨论的范围中,并和"无极""虚静"这些概念产生了连接。

从本节对周敦颐的思想的分析中,可以知道理学早期最重要的一个问题便是,如何给虚静本性赋以道德蕴含。从哲学史的发展来看,这个问题试图解决的其实是如何把儒学传统之外哲学资源融收于儒学的框架,使其开拓出属于儒学的理论空间。也就是如何在接续玄学的前提下,发展出具有新的问题意识的理学。周敦颐虽然用自己的哲学体系对这些问题做了回应,但对虚静本性中道德蕴含的考察工作却远没有结束。在接下来几节的讨论中,我们将会看到同时代的理学家们是如何在周敦颐的理论基础上把这一问题推向了更为复杂的讨论,如何在对周敦颐思想的补全与修正中提出新的观点与理论。

第三节　尽性归虚:张载"气化论"中的心性建构

周敦颐借由太极之演化过程把对性情问题的探讨置于天命流行之中,这种做法颇能代表北宋初期性理学家们所具有的共同哲学进路——以世界从简入繁的演变图景来论说道德成立之依据与规定。在此种进路之下,性理之学比之于玄学性情论则重视树立一个宇宙化生的创造性视域,似乎汉代对天地运转的系统性建构在宋代又恢复了一定程度上的理论价值①。

---

① 汤用彤先生曾区分过汉代宇宙论与玄学的不同:"汉代偏重天体运行之物理,魏晋贵谈有无之玄致。二者虽均尝托始于老子。然前者常不免依物象数理之消息盈虚,言天道,合人事;

这个价值体现在，为着眼于人伦教化的儒学提供上达真际本原的理论可能。

也就是说，早期理学家们的努力方向是用一个宇宙化生的框架更清晰地表明仁义之性的先天根据——显然传统儒学中类似于"天"或"天道"这样的概念已经不能满足宋代儒学的形而上建构①，而"太极—阴阳五行—万物"的创生框架则可以为经验世界的万物存有以及道德价值析溯出一个最初来源。但与汉代以自然存演之理附比于社会政教之事的董仲舒、扬雄、张衡等人不同，宋代绝大多数的理学家的思想旨趣并不在于描绘出一个更为宏大的宇宙框架，而在于为人间道德找到超越人间的终极依据。尤其当周敦颐在《太极图说》中引入了"无""静"等概念之后，理学家们的任务似乎就变得更为明确：建立其一个从虚静到仁德的逻辑链条。

当然，在理学早期的北宋五子那里，这个逻辑链条并非倏然而就，而是有一个自我调节、逐渐明晰的过程。比如邵雍虽然与周敦颐颇有学术传承之渊源②，但由于其"先天之学"注重数学推演，反而在某种意义上发扬了汉代的象

后者建言大道之玄远无联。而不执著于实物，凡阴阳五行以及象数之谈，遂均废置不用。"见汤用彤：《魏晋玄学论稿》，第40页。虽然汤用彤先生用 cosmology 与 ontology 来分别指称汉代与魏晋的思想有以西诠中的问题（本书第二章已做出讨论），但在这段引文中对于汉代宇宙论与魏晋玄学的学术旨趣的判断还是比较准确的。而且从这里也可以反映出早期理学对汉代与魏晋的思想做了某种程度的调和，即试图把虚静之无用阴阳五行的图示与天地万物建立起关联。

① 杨泽波认为先秦时代孔孟对于"天"的讨论只是"借天为说""认其为真"，即"不过是借用天论的思想传统，对道德根据作一个形上交代罢了。"见杨泽波：《信念的还是实体的？——儒家生生伦理学关于德性之天与仁性关系的思考》，《孔子研究》2018年第1期。

② 明代儒者黄宗炎在《太极图辩》中曾提道："考河上公本图，名《无极图》，魏伯阳得之以著《参同契》，钟离权得之，以授吕洞宾。洞宾后与陈图南同隐华山，而以授陈，陈刻之华山石壁，陈又得《先天图》于麻衣道者，皆以授种放。放以授穆修与僧寿涯。修以《先天图》授李挺之，挺之以授邵天叟，天叟以授予尧夫。修以《无极图》授周子，周子又得先天地之偈于寿涯。"按此说法，周敦颐和邵雍的学术渊源可共同追溯之穆修，而二人分别继承的《太极图》与《先天图》则可以追溯至更为古早。当然黄宗炎此说并不可尽信，其兄黄宗羲便言："而后世之异论者，谓《太极图》传自陈抟，其图刻于华山石壁，列玄牝等名，是周学出于老氏矣。又谓周子与胡文恭同师僧寿涯，是周学又出于释氏矣。此皆不食其藏而说味也。使其学而果是乎.则陈抟、寿涯亦周子之老聃、苌弘也。"以上引文分别见黄宗羲：《宋元学案》，515页、523页。

数之学。① 清代刘师培便说:"盖邵子之学,虽由李挺之绍,陈抟之传,然师淑扬雄,则仍汉学之别派也。"②也正是因为邵雍的思想中有大量关于卦数演算、天文历法推步的内容,"先天之学"并没有在早期理学性情论的逻辑链条中留下特别的痕迹。如二程等人也对邵雍的象数之说不甚看重③,程颐便曾自述道:"某与尧夫同里巷居三十余年,世间事无所不问,惟未尝一字及数。"④

程颐所回避谈论的"数"在邵雍那里表示的是世界运行有一个基本的可以定量的规则,也就是说,万物在获得具体形器的规定性之前,已经有了一个"数"上的存在形式。在邵雍那里,万物都在经历着一个"神—数—象—器"的演化模式:

> 太极一也,不动生二,二则神也。神生数,数生象,象生器。

---

① 当然,邵雍的先天之学并非是汉代象数之学的一味继承。二程曾言:"尧夫之学,大抵似扬雄,然亦不尽如之。"见程颢、程颐著、王孝鱼点校:《二程集》上册,150 页。对于"尧夫之学似扬雄"的说法,朱熹亦曾评价:"以数言。"见朱人求等编:《朱子全书》第 17 册,第 3344 页。可见,在像汉儒一样以"数"来表达宇宙演进规律的基础上,邵雍还有不同于以往的学术创见。对此,周建刚评价:"邵雍在继承汉代'象数学'的基础上,不满足于用象数学解释自然现象,而是进一步追溯到天地自然变化的'数'之根源,显示了深厚的抽象思辨能力。"见周建刚:《周敦颐与邵雍思想异辨》,《哲学研究》2017 年第 9 期。其实即使是在象数之学的层面,邵雍也提出了不同于以往的"数"的推演方式,关于邵雍在易学方面的创新,可参见詹石窗、冯静武:《邵雍的"皇极经世"学及其历史影响》,《文史哲》2008 年第 5 期;陈睿超:《论邵雍先天易学哲学的体用观念》,《哲学动态》2018 年第 6 期。

② 刘师培撰、万仕国点校:《汉宋学术异同论》,《仪征刘申叔遗书》第 3 卷,广陵书社 2014 年版,第 1597 页。

③ 二程特别是程颐对于邵雍先天之学中象数内容的回避来源于前者对易学的根本态度,即认为研易在于求理。其时张闳中给程颐写信谈及"易之义本起于数"时,程子批评说:"谓易起于数则非也。有理而后有象,有象而后有数。易因象以明理,由象以知数,得其义则象数在其中矣。必欲穷象之隐微,尽数之毫忽,乃寻流逐末,术家之所尚,非儒者之所务也,管辂、郭璞之学是也。"见程颢、程颐著、王孝鱼点校:《二程集》上册,第 271 页。以此也可知程颐并不会赞成邵雍以"数"为易学之本、以"数"为宇宙演化基本法则的观点。当然邵雍的先天易学经过其子邵伯温传述之后,在宋代也自成一派,甚至某些观点还影响到了后来朱熹对易学的理解。关于邵氏之易的流传,可参见李震:《从邵雍到朱子:"一分为二"说的演变与定型》,《中国哲学史》2021 年第 6 期。

④ 黄宗羲:《宋元学案》,第 465 页。

太极不动,性也。发则神,神则数,数则象,象则器,器则变,复归于神也。①

这个演化模式虽然因为"数"概念置于其中而多了几分邵雍个人治学的特色,但总体来说,却和周敦颐《太极图说》所谈及的宇宙化生框架没有什么本质的不同。因为邵雍认为"数"仍要凭借阴阳两仪而存在,而阴阳两仪又是太极发动的结果。所以邵雍所论"神—数—象—器"的演化似乎只是把周敦颐所说的"二气交感,化生万物"②这一阶段给具体化了,至于宇宙的完整生变过程,仍然是《太极图》所表达的从太极到阴阳再到万物。从以上引文中还可以看到,他像周敦颐一样把"太极"视作为静而不动的终极存在,并以之作为本性的来源。

邵雍与周敦颐平生素未谋面,二人在宇宙化生框架建构上的不谋而合反倒反映了早期理学家欲为儒学新建形而上学的默契。只是在默契之余,邵雍没有进一步把对太极的形上设定与道德价值的生成关联起来,是故本性兼摄虚静与仁义何以可能的问题自然也不在邵雍所关注的范围之内,这也是为什么邵氏的先天之学没有实质上推进理学早期性情观念的发展。③ 相比之下,比邵雍稍晚的张载则是以完全不同的思路设计出新的宇宙论,并以此推进了对如何在本性之中兼容虚静仁义之问题的回答。

张载的哲学虽然也是建立在宇宙化生的框架之内,但与周敦颐、邵雍不同的是,他并没有使用"太极"这一概念作为宇宙的起点与万物存在的终极依据。在《正蒙》和《横渠易说》中,"太极"只出现了寥寥几次,且均与"天所以参"和

---

① 邵雍著、郭彧整理:《邵雍集》,第162页。

② 周敦颐著、陈克明点校:《周敦颐集》,第5页。

③ 邵雍也谈到了"性"与"情"的区分:"任我则情,情则蔽,蔽则昏矣。因物则性,性则神,神则明矣。"见邵雍著、郭彧整理:《邵雍集》,第152页。这里邵雍把"性"理解为以无我的态度对万物进行的观照,把"情"理解为以一己私意对万物产生的情绪感受。"性"显然是复归的目标,而"情"显然是需要改变的对象。据此,邵雍特别提出了"观物"以表达因顺天地的修养境界,此与王弼所言"圣人之情,应物而无累于物者也"多有相合之处。不过邵雍对于性情的论述也仅限于这种以虚静为性、化情为正的层面,虽仍在"性其情"的逻辑之内,但对"性"与"情"的概念未作出含义上更多的拓展。

"一物两体"相关——关于前者,张载是用"太极"和"阴阳"解释《易传·说卦》中关于天之数为三的论断;关于后者,张载是用表达两种相反体段融于同一存在之中的"一物两体"来说明"太极"的指称含义。张载虽然承认"太极"是包含对立的统一体,却未有如周、邵一般的对"太极"演化万物的过程论说。于张载而言,"太极"更像是因循《周易》旧语所使用的概念,而并非对宇宙本原不言自明的指代。这种认识反映出张载打算突破以往的话语体系而对万物的性理之原做一番更详尽的考察的意图,于是他以"气"这一范畴重新厘定宇宙本原与人物本性之义,深刻影响了后来理学性情论的走向,成了理学气论之宗主。

张载气论的要义体现在以下两段话:

> 由太虚,有天之名;由气化,有道之名。合虚与气,有性之名;合性与知觉,有心之名。①

> 太虚无形,气之本体,其聚其散,变化之客形尔;至静无感,性之渊源,有识有知,物交之客感尔。客感客形与无感无形,惟尽性者一之。②

在第一段话中,张载分别对"天""道""性""心"这四个概念进行了一番新的诠解,形而上学与性情论也随之被构建在一个以"气"为中心的逻辑链条上——太虚为宇宙之最初本体③,宇宙化生万物的实质是气化流行,在此过程

---

① 张载著、章锡琛点校:《张载集》,中华书局 1978 年版,第 9 页。以下引用只标注书名页码。

② 张载著、章锡琛点校:《张载集》,第 7 页。

③ 除"太虚"外,张载亦有"太和"之表述,但后者使用频率并不多。美国学者葛艾儒认为:"首章之后,张氏用'太虚'一词代替'太和',随即对其状态及其与物质世界的关系做了更为详细的阐述。"见葛艾儒著、罗立刚译:《张载的思想(1020—1077)》,上海世纪出版股份有限中心 2010 年版,第 42 页。关于"太虚"这一概念,最早见于《黄帝内经》和《庄子》,其意甚至可以追溯至《诗经》。后来《淮南子》《列子》等文献亦有所论述。具体考证可参见丁为祥:《虚气相即:张载哲学体系及其定位》,人民出版社 2000 年版,第 51—53 页。以下引用只标注作者书名页码。另外日本学者大岛晃还特别注意到唐代道士吴筠在《玄纲论》中对"太虚"的论述和张载有相似之处。见大岛晃:《邵雍、张载的气的思想》,收录于小野泽精一、福永光司、山井涌编、李庆议:《气的思想》,上海人民出版社 2014 年版,第 372—375 页。

中本体之纯粹与气禀之驳杂融合为万物之性,本性所依和知觉所动又共同构成"心"之虚灵。这些内容实际上是张载哲学思想的高度概括。在第二段话中,前述观点得到了进一步的论述,张载更清晰地指出,无论是作为本体的太虚还是作为客形的万物,都是"气"的聚散所导致,在这一过程中,无形的太虚成了本性的先天依据,所以人的"性"在根本上是"至静无感"的,而有形的万物互相交感,所以人可以通过感知来认识外在世界,但是对于外在世界及其本原的整体觉察和理解,却无法仅靠感知来实现,还需要动用心的能力。①

张载这种把万物的存在变化理解为"气"的聚散的理论,在某种意义上已然走出了周敦颐、邵雍所讲的太极化生万物的本原宇宙论,而进入了本体宇宙论的论域。② 所谓本原宇宙论是说万物之存在源自某个终极实在的层层演变,比如太极演变为阴阳五行,阴阳五行又演变为万物——这里的"演变"是一种生成的关系,作为被生成者的万物虽然会在本性中体现本原的性质,但与本原不是同体同质的关系。比如周敦颐在《太极图说》中提到了水火木金土的"五气顺布"③和乾坤的"二气交感,化生万物"④。但是对于"太极"本身是否为"气"却未置一词。邵雍在《观物吟》中虽然提到"一气才分,两仪已备"⑤,但也没有明确说明这"一气"究竟是太极本身,还是太极向两仪过渡的

---

① 张载在《正蒙》中明确提到能够"尽性"的就是"心":"心能尽性,'人能弘道'也;性不知检其心,'非道弘人'也。"见张载著、章锡琛点校:《张载集》,第22页。因为"性"中既包含这太虚的先天性,也包含着气禀的现实性,所以所谓的"尽性"就是对气化的形而上层面和形而下层面的全面体认。

② 除了本原宇宙论和本体宇宙论之外,尚有秦汉时期兴起的天体宇宙论可单独划归一类,其代表观点有宣夜、盖天和浑天三说。《宋书·天文志》载:"言天者有三家,一曰宣夜,二曰盖天,三曰浑天,而天之正体,经无前说,马《书》、班《志》,又阙其文。汉灵帝议郎蔡邕于朔方上书曰:'论天体者三家,宣夜之学,绝无师法。《周髀》术数具存,考验天状,多所违失。惟浑天仅得其情,今史官所用候台铜仪,则其法也……'"见沈约:《宋书》第3册,中华书局2011年版,第673页。三说虽有内容之差异,但均于天地形体、星体方位、历法演算等问题有所关注,是基于经验观察与主观想象的古代天文论说,学界亦有称其为"自然宇宙论"。

③ 周敦颐著、陈克明点校:《周敦颐集》,第4页。

④ 周敦颐著、陈克明点校:《周敦颐集》,第5页。

⑤ 邵雍著、郭彧整理:《邵雍集》,第453页。

某个阶段。① 所以一般来说,本原宇宙论会按照一种相当确定的顺序,在每一个演变阶段都有不同的实在形成,然后推生出下一阶段的新的实在。

与之相对,所谓本体宇宙论是说宇宙的演变从始至终都只有一种实在,是这种实在的不同状态造成了先天的本体与后天的客体的出现。对于张载来说,这个本体是无形的"太虚",客体则是具有"客形"的万物。张载虽然使用了"本体"这个概念,但它并不是西方哲学中"本体"含义,特别是这里"体"字的用法,仍然是王弼"不能舍无以为体"②的用法。③ 也就是说,本体宇宙论中的要义在于发明宇宙自身之实在本初的存在状态。可以说张载和王弼一样,不认为"体"与"用"之间有着不可逾越的鸿沟,"体"不过是"用"的本然状态,"用"不过是"体"的实然显现。只不过在王弼的观点之上,张载还进一步用"气"这一概念说明了"体"与"用"本质上的同一,并用气化的聚散说明了二者的转化机制。

这种"气通体用"的思考也使得张载推进了王弼的"有无之论"。正如本书第二章所言,《老子注》中王弼对于"无"的创新诠释在于从根本上扬弃了"无"与"有"的生成关系,用"有始于无"的思路把两者描绘成时间上的相续

---

① 之所以不能把周敦颐和邵雍的宇宙论理解为像张载一样的以"气"贯穿始终的宇宙图景,是因为在二人的文本中不能找到相关的论述来解决"无极"与"气"的关系问题。周敦颐讲"无极而太极"(见周敦颐著、陈克明点校:《周敦颐集》,第3页),邵雍讲"无极之前,阴含阳也。有象之后,阳分阴也。"(见邵雍著、郭彧整理:《邵雍集》,第144页)二人虽然对把"无极"置于不同阶段的宇宙生成过程,但就把虚静之"无"引入宇宙论这一点来说则是一致的——这几乎是玄学之后中国哲学的普遍思路。本原宇宙论中,不同阶段所产生的实在不同,所以可以把"无极"设计为其中某一阶段的性质,而不影响其他阶段的实在性。于是对于周敦颐和邵雍来说,如果"无极"不是阴阳之气的阶段的性质,就不存在如何用"无极"来解释"气"的问题。但在本体宇宙论中,不同阶段的实在都是同一的,这便面临着贯穿宇宙化生全过程的同一实在各阶段与"无极"的关系的问题,特别是当这个同一实在被规定为"气"的时候,就需要解释"气"何以为无的问题。这显然需要更复杂的说明,而周敦颐和邵雍并没有提供这种说明。

② 楼宇烈:《王弼集校释》,第94页。

③ 张载文本中的"体"字,几乎也涵盖了第二章所述王弼"体"字的五种含义:"身体""形体""体验""自身全体"和"卦体",其中与"用"相对的"体"也仍然是"自身全体"义,"本体"亦是属于此种用法。

关系。这样一来，"无"便不是什么高级的超越性存在，而是"有"的初始阶段。到了张载这里，"无"与"有"的相续则被明确化为宇宙论视域下的气化过程。"气"本无形而后有情状，"无"与"有"并非指代二物，而是"气"的不同状态。在此理解下，"有"为实有①，但"无"不是真无。为了避免由"无"字所引发的误认，张载特意代之以"虚"字②，并用"太虚"这一概念来指称宇宙演化和万物存在的初始状态：

> 气之聚散于太虚，犹冰凝释于水，知太虚即气，则无无。故圣人语性与天道之极，尽于参伍之神变易而已。诸子浅妄，有有无之分，非穷理之学也。③

为了反对"无"和"有"的断然二分，张载提出了"太虚即气"的说法，以表明万物在存有之初的"无"只是"气"的无形阶段，此阶段"气"虽虚而不空，在"气"之上或之前并没有一个彻底的空无。张载由是批评"诸子浅妄"，这显然是在针对老庄"无中生有"和佛教"无实有幻"的观点。④ 当然在这样以"无无"为旨的辟排佛老的立场中，张载像周敦颐和邵雍一样为儒学新立一形而

① 张载曾说："太虚不能无气，气不能不聚而为万物，万物不能不散而为太虚。循是出入，是皆不得已而然也。"见张载著、章锡琛点校：《张载集》，第1页。万物之实有虽然具有客观性，但在气化的视域下只是暂时的，因为气聚而形成万物之后，又会散为太虚。在此循环往复的过程中，真正实有之存在只有"气"。

② 牟宗三说："以虚或太虚言之者，一在对治老子之言'无'，二在对治佛家之言'空'。"见牟宗三：《心体与性体》第一册，第445页。

③ 张载著、章锡琛点校：《张载集》，第8—9页。

④ 张载曾经批评佛老的理论说："若谓虚能生气，则虚无穷，气有限，体用殊绝，入老氏'有生于无'自然之论，不识所谓有无混一之常；若谓万象为太虚中所见之物，则物与虚不相资，形自形，性自性，形性、天人不相待而有，陷放浮屠以山河大地为见病之说。"见张载著、章锡琛点校：《张载集》，第8页。这是说如果按照老子"有生于无"的说法去理解"无"和"有"，那么太虚则为气化之上的至高实体，前者永恒无限，后者可逝而有限，于是二者之间便有了本质上的殊绝。如果像佛教一样认为万物本空，为太虚幻化所致，那么万物之生长变动似乎就丧失了与太虚的真实连接，天和人之间也没有了真实的相待关系。张载在这里对于佛老的批判当然有值得商榷的地方，比如老子未必认为"无"与"有"是断然二分的，佛教也未必认为幻化之象中没有天人相接的机制，但张载论述的目的并不在于精准而全面地推翻佛老的理论，而更在于表达欲新建构一个儒家版本的"无—有"理论模型，在这个模型中，本体与万物的关系是同质的，这样一来，儒学传统中的天人关系也仍然是真且有效的。

上学的意图也十分明显。但与周、邵二人不同的是,张载的宇宙论设定面临着一个十分棘手的问题,那就是作为本体的"太虚"一旦"即气",形而上的存在就被形而下化,质言之,张载对儒学的形而上的建构便可能失败。

　　针对这一问题,学术界也展开了不同的回应。比如牟宗三主张"太虚即气"是神体气化不即不离的体用圆融之义,"即"乃"不能无"也。在这种主张之下牟宗三认为太虚是气的本体,是"清通无象之神",对气来说具有超越性,所以太虚与气虽相即但异质。① 牟氏之后,蔡仁厚、朱建民、朱汉民、丁为祥等人亦持类似观点。② 与此观点相反,冯友兰认为太虚乃气未聚之状态,所谓"太虚即气"是说太虚就是气,而气本身是物质性的。③ 张岱年也认为,张载所说"太虚无形,气之本体"的"本体"不同于西方哲学中的"本体",只是气的本来状况,从太虚到万物,都是物质之气的变化,所以张载的思想是中国古代唯物论中的气一元论。④ 冯氏与张氏之后,任继愈、方立天、陈俊民、陈来等人亦持此观点。⑤

---

　　① 见牟宗三:《心体与性体》第一册,第480、第466页,及第二部第二章第一节相关内容。
　　② 蔡仁厚完全继承牟宗三的观点,认为张载哲学的主导观念不是"气"而是"太虚之神",并说"割截太虚之神而径谓横渠为唯气论或气化之宇宙论者,其为谬误,显然可见。见蔡仁厚:《宋明理学·北宋篇》,第111页。朱建民发挥牟宗三的思想说:"太虚就体而言,乃形而上者,气就用言,耐性而下者。……太虚之神不能离气而现,然气亦不能离太虚之神而成化。"见朱建民:《张载思想研究》,台北文津出版社1991年版,第157—158页。朱汉民在解释"太虚"时谈到"物质世界是聚散变化的'气'构成的,但是在此之上还有一个'无感无形'的超越性'气之本体'。"又说:"作为'本体',应该不同于'可状''皆象'的气化存在,而应该是一种'本虚而神'的无状无象但是又有神性作用的形上本体。"见朱汉民:《张载究天人之际的太虚论》,《人文杂志》2020年第11期。丁为祥认为把太虚视作气的原初状态或空间是一种误解,并说"这一误解的根源就在于否认了太虚独立自在的本体性质及对气的超越性"。见丁为祥:《虚气相即:张载哲学体系及其定位》,第59—60页。
　　③ 见冯友兰:《中国哲学史》下册,第177—178页;《中国哲学史新编》下册,120—124页。
　　④ 见张岱年:《关于张载的思想和著作》,收录于张载著、章锡琛点校:《张载集》,第2—3页。
　　⑤ 任继愈认为:"太虚不是身体感觉器官,如眼、耳等可以直接掌握的,它是极细致的物质(气),他不以人的意志为转移,较深刻地反映了作为万物本体的气的客观实在性。"见任继愈:《中国哲学史(三)》,人民出版社2010年版,第202页。方立天认为太虚是气的一种状态,并认为"气是物质的原始状态,实际上也就是指的物质实体,所以,其相当于物理学和哲学的物质概

以上这两种观点,各有说理独到之处,但同时也不无问题。① 比如牟宗三虽讲体用圆融,但毕竟把太虚与气理解为二物,但张载在《正蒙》里说"气之性本虚而神"②,在《横渠易说》谈到"太虚之气"③,都表明太虚不是气之上另存一超越实体。牟宗三讲"太虚神体",在某种意义上已经改变了张载的原意,把"太虚即气"变成了"太虚即神"。冯友兰、张岱年等人气一元论的说法虽然避免了割裂太虚与气的问题,但他们把气解释为物质的观点又落于以唯物主义为张载哲学定性的窠臼。④ 而更重要的一点在于,这种唯物论的倾向从根本上否定了张载像周敦颐、邵雍一样欲为儒学新立超越性的意图,张载的思想也会全面堕入形而下之境,使得中国哲学的发展在张载这里突现了一个奇怪的逻辑转折。甚至相较于牟宗三的主张,这种唯物论的诠释在张载的文本中面临着更多的难以自洽的理论挑战,比如无法解释在物质性的气上为何会发生张载所说的不可测的"神化"作用、物质之气何以产生道德价值等问题。⑤

念"。见方立天:《中国古代哲学问题发展史》上册,中华书局1990年版,第88页。陈俊民把太虚视为"太虚之气",并认为"其自身首先是一个对立统一的物质实体"。见陈俊民:《张载〈正蒙〉逻辑范畴结构论》,《陕西师范大学学报(哲学社会科学版)》1984年第3期。陈来认为:"无形无状的太虚实质上是气的本来状态……张载的自然哲学无疑的是气一元论的唯物主义哲学。"见陈来:《宋明理学》,第47页。

① 关于这两种观点更为详尽的总结和讨论,可参见陈政扬:《张载思想的哲学诠释》,台北文史哲出版社2007年版,第23—56页(即第二章《张载"太虚即气"说辨析》)。值得注意的是,陈政扬还特别把唐君毅的"虚气不二"之论作为第三种观点提出,且陈氏本人也持此观点,并进一步论述了太虚与气"一而有分"的关系。二人之外,劳思光也认为"'太虚'与'气'二词为最高实有之两义,而非在'气'外另立一'太虚'。"见劳思光:《新编中国哲学史》三卷上,第132页。本章亦是从"虚气不二"的角度对张载宇宙论进行讨论。只不过,仅从"虚气不二"这一观念来看,牟宗三、冯友兰等人也会赞同,即使把"不二"限定为同质的,唯物论的诠释立场也仍然满足这一观念的规定。所以严格地说,"虚气不二"本身并不能成为解读虚气关系的观点类型,学者们在认为"虚气不二"的同时,对太虚和气是什么、是否以及如何处于形上或形下的维度等问题都会有不同的论述。

② 张载著、章锡琛点校:《张载集》,第63页。
③ 张载著、章锡琛点校:《张载集》,第231页。
④ 关于此问题,可参考林乐昌:《论张载的理学纲领和气论定位》,《孔学堂》2020年第1期。
⑤ 这些问题使得唯物论的诠释者不得不承认张载思想中含有滑向唯心主义的不足,比如张岱年虽然把"神"解释为微妙的变化,但是又说张载"有时把神与气对立起来",所以他认为"张

反观牟宗三,他对于张载的解读虽然加入了个人的哲学创造,但实际上更加契合中国哲学的发展逻辑,清楚地点明了宋代理学着力建构形而上学的理论特点。①

但这里的问题在于,张载思想中的形而上维度是否一定如牟宗三那样,把太虚设定为超越气的终极存在才能实现呢? 实际上,张载对"形而上"这个概念有自己独特的思考。而这个思考中也确实包含着一种在"气虚同质"前提下实现形而上建构的可能性。首先,张载认为区分形而上和形而下的标准在于"形",即是否以感官经验可见的形体为存在形式:

> 形而上者是无形体者,故形而上者谓之道也;形而下者是有形体者,故形而下者谓之器。②

按照这个标准,气聚所成的万物便是有形的形而下者,气散所返的太虚便是无形的形而上者,而且张载还强调,不能把形而上的太虚看作空无:

> 气聚则离明得施而有形,气不聚则离明不得施而无形。方其聚也,安得不谓之客? 方其散也,安得遽谓之无?③

其次,张载用"意""名""象"等概念从认知层次上对形而上与形而下的中介做出了规定:

载的唯物论思想有不少缺点,是不彻底的。"见张岱年:《关于张载的思想和著作》,张载著、章锡琛点校:《张载集》,第 4 页。近二十年来中国哲学的研究逐渐摆脱了唯物与唯心二元斗争的话语体系,学者在论述张载思想时,有回避把气直接表述为物质的倾向,比如杨立华主张:"太虚与气的关系就是无形之气与有形之气的关系",并认为气同时包含形上与形下。见杨立华:《气本与神化:张载哲学论述》,北京大学出版社 2008 年版,第 40、31 页。以下引用只标注作者书名页码。不过这种说法没有解决冯友兰、张岱年等人留下的问题,仍然面临着如果太虚不是本体,气为何以及如何兼摄形上、形下的追问。与之相似,直接把神化设定为气的性质或属性也同样面临这种追问。

①　正如何乏笔所评价的那样,"牟宗三乃认为,如果放弃'虚'能创生'气'、'无'能创生'有'的可能性(牟宗三把'创生'或'创始'之含义淡化为'始活'、'引发'、'滋生'之义),虚的超越性则崩溃而哲学陷入毫无道德理想的'自然主义唯气论'。"见何乏笔:《何谓"兼体无累"的工夫——论牟宗三与创造性的问题化》,收录于杨儒宾、祝平次编:《儒学的气论与工夫论》,华东师范大学出版社 2008 年版,第 60 页。

②　张载著、章锡琛点校:《张载集》,第 207 页。

③　张载著、章锡琛点校:《张载集》,第 8 页。

　　形而上者,得意斯得名,得名斯得象;不得名,非得象者也。故语道至于不能象,则名言亡矣。①

　　张载认为形而上者虽然无形,但可以通过象来显现意涵。② 形与象区别在于,前者是气聚化之后万物固定的、具体的空间属性,后者是气聚化之前气自身隐秘的、变动的存在状态。③ 形是万物在经验世界的自然显现,人可以通过感官接受,但象是万物背后的实在在经验世界的存有与变化,人无法通过感官识别,只能通过思维在理念中加以总结认知。这也是为什么张载认为要先有"意"和"名",然后再有"象"——人要先对形而上的意义有所解悟(意),进而以概念(名)对解悟之内容进行指称与言说,最后借由此言说来表达超越具体经验之物的抽象迹兆和样态(象)。④

　　在张载这里,象已然是智性活动的边界,质言之,人很难认知象之上的先

---

　　① 张载著、章锡琛点校:《张载集》,第15页。
　　② 杨立华指出:"在张载的著述中,'象'字有三种典型的用法:第一种是'形'与'象'的互用,如'气本之虚则湛一无形,感而生则聚而有象',这里的'象'就是形的意思,这种用法比较罕见,主要出于某种修辞上的需要;第二种是没有什么哲学意味的日常用法,如'于人为寡发广颖,躁人之象也';第三种也是最重要的一种用法,是作为与'形'相对的重要哲学概念来使用的,而其动词用法'可象',也是从这种用法中派生出来的。"见杨立华:《气本与神化:张载哲学论述》,第31页。下文仅就第三种"象"的用法进行分析。
　　③ 张载在《横渠易说》中解释"太虚之气"时,特别提到了"变"是构成"象"这个概念成立的条件之一:"有变则有象,如干健坤顺,有此气则有此象可得而言;若无则直无而已,谓之何而可?"见张载著、章锡琛点校:《张载集》,第231页。
　　④ 张载的这个思路和王弼论述从"无"到"有"要随着人认识活动中的"指事造形"来完成这一点是一致的(关于王弼的相关论述见第二章)。不过略有不同的一点在于,王弼认为万物处于"无"这一状态时,不仅无形,而且还是无名的:"凡有皆始于无,故'未形'、'无名'之时则为万物之始,及其'有形'、'有名'之时,则长之育之,亭之毒之,为其母也。"见楼宇烈:《王弼集校释》上册,第1页。但这里的"无名"是纯粹从"无"自身的角度出发,说明万物存在的初始状态没有本来的概念名称,如果从人的认知过程来看,王弼当然也像老子一样,承认"无""道""玄"这些"取于不可得而谓之然"的名称。另一方面,张载当然也认同对于形而上者"以名得象"过程中的"名"不过是人借"名"为说,所以他又把这个名说称为"辞",并区分为"急辞"和"缓辞":"形而上者,得辞斯得象矣。神为不测,故缓辞不足以尽神,缓则化矣;化为难知,故急辞不足以体化,急则反神。"见张载著、章锡琛点校:《张载集》,第16页。所谓"急辞"是指对言说对象的直接指称,即特做一专有概念说明之,如"太虚"者,而所谓"缓辞"则是指对言说对象的间接描述,即对其性质、属性、特征的说明,如"清通而不可象"者。张载也认为,无论是急辞还是缓辞,都各有未尽之处,不能再完全意义上表达出形而上维度的实在者。

验存在。所以象的存在本身就意味着人的理智会随着认识对象的升级而不断坍缩,最后以至于无用,在理智的极限之外,还有一个无可名说的维度。在这个意义上,象又成了连接经验层面和先验层面的中介,人虽然不能直接认识到"象"背后的本体,却可以通过"象"觉解出一个终极维度的存在。

更值得注意的是,在张载的思想中,作为认知中介的象直接对应着作为宇宙实在的气:

> 所谓气也者,非待其蒸郁凝聚,接于目而后知之;苟健、顺、动、止、浩然、湛然之得言,皆可名之象尔。然则象若非气,指何为象?①

但这里所说的"气"实际上是指气脱离了太虚开始运动变化,但尚未形成万物的中间阶段。因其只是气化暂时变动不居的过程,反倒以"气"直接称呼最为合适②。这个"气"所代表的中间阶段,张载亦称之为"有无相接"的"形不形处":

> 凡不形以上者,皆谓之道,惟是有无相接与形不形处知之为难。须知气从此首,盖为气能一有无,无则气自然生,气之生即是道是易。③

"形不形处"代表的是从形而上的本体向形而下的具体实有的过渡,是一个"形而中"的维度。此维度中,因为有无相接而成象的"气"实际上是一个狭义的表述。因为太虚和万物也是气在不同阶段的状态和表现,所以广义的"气"则可表示一个包括形而上到形而中再到形而下的气化的全部过程。在这样的理解下,张载的本体宇宙论亦可用图16表示。

在这个宇宙论图示中,作为本体的太虚和作为客体的万物都是气聚散的呈现,也就是说形而上与形而下的维度其实都是气化的不同状态,宇宙化生的过程中只有气是作为真体而实在。这种实在在无形与有形的交接处以象的方

---

① 张载著、章锡琛点校:《张载集》,第16页。

② 唐君毅评价张载的思想时,曾说"气质流行中之气,依吾人前所论,其意义固只是一流行的存在或存在的流行而已。"见唐君毅:《中国哲学原论·原教篇》,中国社会科学出版社2006年版,第59页。

③ 张载著、章锡琛点校:《张载集》,第207页。

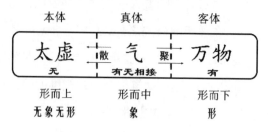

图16 张载的本体宇宙论

式被解悟与验证，从而使人完成对于世界的终极认知。从这样的设定中也可以看到，张载对形而上与形而下的讨论自始至终都是在宇宙论视域下进行的，前者对后者的超越是气化过程中同一实在的状态层级之间的超越，而不是不同的实在之间具有不可逾越之鸿沟的绝对超越。这是因为对于有无相接之前的气的状态，人已经无法悉知而只能强字为名，而在此未知状态之上又推立出另外未知的超越实在，则既不可能，也不必要。换句话说，如果太虚作为状态能够满足张载对于形而上维度的创构，那么它就不必如牟宗三所诠释的那样，要成为气之上另外的实在。当然，如果认同张载把太虚置于形而上维度的这种设计，就也要承认气并非如冯友兰、张岱年等人所说，是物质性的存在，而是一种超越物质并且能够在形而上、形而下维度自由转化的主体性的存在①。

在明确了张载本体宇宙论的理论结构，特别是理解了太虚与气的含义之后，张载性情论中诸多概念的内涵也就随之清晰起来。在前面的引文中已经提到，张载认为"合虚与气，有性之名"②，这是把气化流行放到人的生命上来

---

① 这种主体性张载称之为"良能"，它含有气变化流转、兼合有无的动因和驱力。又因此良能不测而不可致思，张载又称其为"神"。在张载的文本中，当"神"与"鬼"对举时，则前者专指气从形而上到形而下的变化，而后者专指气从形而下到形而上的变化："精气者，自无而有；游魂者，自有而无。自无而有，神之情也；自有而无，鬼之情也。"张载著、章锡琛点校：《张载集》，第184页。与"鬼"相对的"神"是对气在形而上维度的存有状态的另一种描述。如果说"太虚"强调的是气之虚清，那么"神"强调的则是气之能动。而在张载看来，气的虚清无碍恰恰是它能起动发变的原因，于是他说："太虚为清，清则无碍，无碍故神；反清为浊，浊则碍，碍则形。""凡气清则通，昏则壅，清极则神。"见张载著、章锡琛点校：《张载集》，第9页。

② 张载著、章锡琛点校：《张载集》，第9页。

讲,试图表明在人性中同样包含着超越的层面与现实的层面。超越的层面是性最初始的存有状态,张载描述为"至静无感,性之渊源"①;现实的层面是性后天陷入具体规定性中所显现的不同面向,张载描述为"人之刚柔、缓急、有才与不才,气之偏也"。② 对于性的这两种不同的层面,张载又分别称之为"天地之性"和"气质之性":

> 形而后有气质之性,善反之则天地之性存焉。故气质之性,君子有弗性者焉。③

天地之性对应着太虚之静,是至初本真的完满状态,气质之性对应着气禀之杂,是有难以清通的偏颇状态。这种存有状态上的不同也直接形成了性情论上的修养路径,即从气质之性返回天地之性。④ 由于天地之性是人的本性,君子"善反之"的实践又被张载称为"尽性"⑤:

> 天本参和不偏。养其气,反之本而不偏,则尽性而天矣。⑥

张载对于性情修养路径的说明,仍然和王弼所说的"性其情"在结构上是一致的,即从偏浊狭私的妄动状态返回到是其所是的虚静状态。表面看上去,张载和王弼有一点不同,那就是认为需要被归正的妄动状态也仍然是性。但实际上,这个偏颇的现实之性就是王弼所说的情感欲望。张载显然继承了王弼之后郭象、葛洪、成玄英等人把性分层的思路,让性在承担本体之价值的同时,亦从材质的角度解释了现实中人性的缺陷。因此也就没有必要在"气质之性"这一概念之外另论"情"之不足。于是当因袭旧说谈到"情"时,张载也没有表现出对这个概念的批判。

---

　① 张载著、章锡琛点校:《张载集》,第7页。
　② 张载著、章锡琛点校:《张载集》,第23页。
　③ 张载著、章锡琛点校:《张载集》,第23页。
　④ 从气质之性返回天地之性的修养也对应着气化过程中的"反原":"形聚为物,形溃反原,反原者,其游魂为变与。"张载著、章锡琛点校:《张载集》,第66页。
　⑤ 在《经学理窟》中,张载还把这种修养实在称之为"变化气质"。"变化气质"是从一个渐变的实践过程中来讲,而"尽性"则是从实践的目标和结果来讲。
　⑥ 张载著、章锡琛点校:《张载集》,第23页。

在《横渠易说》中,张载对《文言》中"乾元者,始而亨者也。利贞者,性情也"这句话也做了注释。与王弼据此提出"性其情"不同,张载则是尤重发挥"情是性之自然"的观点:

> "利贞者,性情也",以利解性,以贞解情。利,流通之义,贞者实也;利,快利也,贞,实也;利,性也,贞,情也。情尽在气之外,其发见莫非性之自然,快利尽性,所以神也。情则是实事,喜怒哀乐之谓也,欲喜者如此喜之,欲怒者如此怒之,欲哀欲乐者如此乐之哀之,莫非性中发出实事也。①

张载把"利"解作"流通"之义,是意欲说明性有不同状态之流转的存在特点,把"贞"解作"实",则是想表达情感欲望实乃后天之性的真实表露。张载在这段注释中不谈情发之偏,只说喜怒哀乐皆是"实事",这明显表现出了对情感欲望的宽容立场。他不仅和王弼一样,认为自然之欲不可革除:

> 饮食男女皆性也,是乌可灭?②

还和王弼之后那些对情的态度更加积极的竹林名士们一样,认为人的情感欲望中天然含有与虚静状态相一致的关联,从而把"情"进一步地自然化:

> 气本之虚则湛一无形,感而生则聚而有象。有象斯有对,对必反其为;有反斯有仇,仇必和而解。故爱恶之情同出于太虚,而卒归于物欲,倏而生,忽而成,不容有毫发之间,其神矣夫!③

张载把情的成立还原为气化的形而中阶段,认为爱与恶来自象的对与和,但在根本上,他认为情的出现可追溯至形而上的太虚状态,即,情感欲望在神的作用下始生于虚静之中。由此可见在张载的性情论中,情作为性的自然表现实乃性固有之内容,它虽显于外在之物欲,但亦可通本体之太虚。也可以说,张载论"情"的特点是把情与性的对立给模糊化了,并用人性后天的现实层次来代替传统性情论中"情"的角色。

---

① 张载著、章锡琛点校:《张载集》,第78页。
② 张载著、章锡琛点校:《张载集》,第63页。
③ 张载著、章锡琛点校:《张载集》,第10页。

在王弼的"性其情"中,情不仅是性情修养的归正对象,亦是性情修养的动力。张载的性情论同样需要实践的动力要素,只是在他把情视作性的自然之实后,情的能动性便被大大消解,于是便有必要另外设立一个能动性的概念。这个概念就是王弼之后的性情论受六家七宗之影响而越发重视的"心":

> 心能尽性,"人能弘道"也;性不知检其心,"非道弘人"也。①

"心能尽性"说明心是使气质之性复归为天地之性的主宰。张载为了突出心作为动力机制的主动性,还特别借"人能弘道,非道弘人"的说法把心和人道对应,把性和天道对应——心即人之能动,可改偏返本,性如天之虚静,不知检验其心。当然,心虽然能够尽性弘道,但亦面临着是否能充分发动的问题,所以张载又提出了"大其心"的主张:

> 大其心则能体天下之物,物有未体,则心为有外。世人之心,止于闻见之狭。圣人尽性,不以见闻梏其心,其视天下无一物非我,孟子谓尽心则知性知天以此。天大无外,故有外之心不足以合天心。见闻之知,乃物交而知,非德性所知;德性所知,不萌于见闻。②

张载认为心的作用不仅止于对见闻的感知,如果只从经验的层面用心,反倒会阻碍心对超验维度的体证。张载区分了心的两种认识对象,其中"见闻之知"是指对具体事物的感知,"德性之知"则是指内蕴于本性可与天相契从而观照万物一体的证会。在这样的设计下,心便有了认知上的超越性,即不仅能认识有形的现象世界,亦能认识无形的气化一体流行的世界。上文谈到象乃人智识活动的边界,是无形与有形之间的形而中的维度,张载也明确提到,这个象就是靠心来识得的,不仅如此,张载还充满洞见地揭示到,能识象的超越之心因其抽象之功能,自身亦是一种象:

> 知象者心,存象之心,亦象而已,谓之心可乎?③

① 张载著、章锡琛点校:《张载集》,第22页。
② 张载著、章锡琛点校:《张载集》,第24页。
③ 张载著、章锡琛点校:《张载集》,第24页。

从这里也可以看到，张载对于性情论的讨论，几乎都是按照宇宙论的框架来讲的——气从形而上到形而下的流转对应着人性先天与后天的分层，气的本体太虚又对应着本性至静无感的初始状态，而气在形而中的维度使有无相接的神化良能则对应着尽性而体万物的能动之心。也正是在这样的对应中，张载在综合魏晋以来性情论的前提下，完成了性与天道的深入考察，提出了一个与周敦颐、邵雍颇有区别的形而上论述。比之于周、邵二人对太极虚静的直接设定，张载则是用气化初始之散落清通的太虚状态来说明人性如何以无为本。这也意味着，张载通过气化流行的理论建构更具体地解释了自玄学起几成定论的本性之无究竟是什么，更充足地说明了本性的虚静状态究竟从何而来。

在这个说明中，张载也沿着本体宇宙论的逻辑对虚静本性何以兼摄仁德的问题作出了进一步的分析。他把仁作为根植于本性的道德状态，因为本性天然虚静，所以仁德自然能以静为安，当然在具体的道德实践上，则要靠义来变动以致知合宜：

　　　　仁通极其性，故能致养而静以安；义致行其知，故能尽文而动以变。①

所以张载和周敦颐一样，认为虚静是仁义之善的根本，并且在此基础上更为细致地把虚作为静的根本加以说明：

　　　　静者善之本，虚者静之本。静犹对动，虚则至一。②

然而和周敦颐不同的是，张载没有把仁和义一起看作善在现实层面的表现，而是把"仁"这一概念进一步分层，认为其中既有虚静作为道德状态的根本，亦有后天经验世界中表现为"义"或"礼"的仁之发用：

　　　　虚者，仁之原，忠恕者与仁俱生，礼义者仁之用。③

---

① 张载著、章锡琛点校：《张载集》，第34页。
② 张载著、章锡琛点校：《张载集》，第325页。
③ 张载著、章锡琛点校：《张载集》，第325页。

敦厚虚静,仁之本;敬和接物,仁之用。①

这种对仁的分层明显是张载论性之逻辑的进一步延续——性有先天、后天之分,仁亦有根本与发用之别。所谓仁之根本,其实就是人性的初始状态,这便意味着"仁"这个概念的意涵本身亦有形而上的维度(见图 17)。

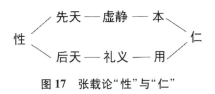

图 17 张载论"性"与"仁"

在这样的设定之下,仁之本不在虚静之外,而是和虚静同为一种状态,所以本性也就自然不存在如何兼摄仁德与虚静的问题。这种从人性的存有状态中推出仁德的思路虽然能够为道德本身确立一个形而上的维度②,但是已经和先秦儒学那种在人伦日用的经验情感中讲论仁德的路径相当不同了。而且比之于周敦颐,张载对虚静与仁德在逻辑关系上做出了更大胆的构建,认为二者有着形而上的同一性,这就把道德意志、道德情感、道德直觉等诸多要素都在根源上归于太虚。太虚亦是宇宙实在之气,以实然之气论应然之道德的结果就是,仁德没有自在的价值,而是把存有状态本身当作价值。③ 然而太虚作

---

① 张载著、章锡琛点校:《张载集》,第 325 页。

② 因为张载的人性论都是放在本体宇宙论的框架中讲,所以他不仅从人性的存有状态中推出仁德,也从人性的存有状态中推出嗜欲:"湛一,气之本;攻取,气之欲。口腹于饮食,鼻舌于臭味,皆攻取之性也。知德者属厌而已,不以嗜欲累其心,不以小害大、末丧本焉尔。"他认为气从太虚状态进入流行变动的状态后便有攻取之动,此气动落实在人的内在性中便是感官对于外物的连接与需要。所以在这个角度上,张载又说"性未成则善恶混",这里的"性"是现实之性,也就是说人性在形成之前已经有虚静作为善的源头和嗜欲作为恶的源头,而无论是虚静还是嗜欲,都是气化的显现。不过综合张载的思想来看,显然虚静比嗜欲更加根本。以上见张载著、章锡琛点校:《张载集》,第 22、23 页。

③ 李泽厚认为张载思想体系的特点是由宇宙规律进入道德伦理,朱熹的思想体系则相反,是由道德伦理进入宇宙规律,并把朱熹的观点总结为"应当(认识伦常)=必然(宇宙规律)"。见李泽厚:《新版中国古代思想史论》,第 184 页。由此也可知张载观点属于"必然(宇宙规律)=应当(认识伦常)",这里的"应当"其实就是宇宙的实然,即宇宙万物的存有状态。是故亦可以说张载的思想可以用"实然=应然"这一公式表示。

为气的初始状态是无形无象、无为无思的,视此为价值则价值反倒会有被消解的危险。换句话说,在张载以虚静为仁之本的论述下,道德有在根本上被取消的问题。所以张载的本体宇宙论在为性情的形而上维度奠基的同时,却消减了道德存立的真正根基。这个改变当然也受到了当时理学家们的警觉,作为后辈的程颐、程颢便不赞同张载以太虚为本体的形而上设定。于是二程又开始了新一轮的形而上学建构,试图在为性情找到先天根据的同时,保证道德价值的独立。理学亦因之展开了新的面向。

第四节　一体持敬:二程"天理论"中的性情新说

程颢与程颐作为北宋五子之二,与周敦颐、邵雍和张载皆有往来,并在会通三人思想的前提下,做出了扬弃与革新。宋嘉祐元年,程颢、程颐随父亲程珦至京师,此时兄弟二人之学问已初立规模①,亦于此契机与同在汴梁讲学的表叔张载切磋论道。如《二程外书》中便载:"伯淳尝与子厚在兴国寺曾讲论终日,而曰:'不知旧日曾有甚人于此处讲此事'。"②可知二程之学,对张载多有启发,以至于二程门人一度认为张载日后关中讲学之论源自二程。如杨时说:"横渠之学,其源出于程氏,而关中诸生尊其书,欲自为一家。"③游酢说:"(程颢)年逾冠,明诚夫子张子厚友而师之。"④这些言论不免有程氏弟子抬立门户之意,二程本人从未以启学张载之身份自居。后来吕大临作《横渠行状》,

---

① 程颢在京师收了第一个弟子刘立之,后来刘立之叙述程颢行状时曾谈到初至京师的程颢很快名声斐然,士林无论老幼皆愿登门请学:"踰冠,应书京师,声望蔼然,老儒宿学,皆自以为不及,莫不造门请交。"程颐在京师则入太学读书,期间写命题文章《颜子所好何学论》而使太学主持胡瑗惊异其见地之高:"时海陵胡翼之先生方主教导,尝以'颜子所好何学论'试诸生。得先生所试,大惊,即延见,处以学职。"分别见程颢、程颐著、王孝鱼点校:《二程集》上册,第328、338页。
② 程颢、程颐著、王孝鱼点校:《二程集》上册,第26页。
③ 张载著、章锡琛点校:《张载集》,第385页。
④ 程颢、程颐著、王孝鱼点校:《二程集》上册,第334页。

其中谈到张载见到二程之后尽弃其学,程颐对这种说法表示出严厉的批评①:

> 吕与叔作《横渠行状》,有"见二程尽弃其学"之语。尹子言之,先生曰:"表叔平生议论,谓颐兄弟有同处则可,若谓学于颐兄弟,则无是事。顷年属与叔删去,不谓尚存斯言,几于无忌惮矣。"②

程颐在这里表现出的清醒,不止是来自于晚辈身份的谦让,而是切实意识到了彼此在探研天人之理上的差异。在与张载的书信往来中,程颐也委婉表达过对"太虚即气"等说法的不认同:

> 观吾叔之见,志正而谨严。如"虚无即气则无无"之语,深探远赜,岂后世学者所尝虑及也?(自注:然此语未能无过。)余所论,以大概气象言之,则有苦心极力之象,而无宽裕温厚之气。非明睿所照,而考索至此。故意屡偏而言多窒,小出入时有之。更望完养思虑,涵泳义理,他日当自条畅。③

程颐明白张载讲"太虚即气"是为了反对道家之真无,但同时也认为以"虚"解"无"不能无过,虽已极力思索,但言意仍有偏窒。不过程颐的看法并没有在本质上改变张载的思路④,在收到这封来信的第二年⑤,张载辞官返回

---

① 后来吕大临还是按照程颐的意见,把对张载与二程的交往描述为:"嘉佑初,见洛阳程伯淳、正叔昆弟于京师,共语道学之要,先生涣然自信曰:'吾道自足,何事旁求!'乃尽弃异学,淳如也。"见张载著、章锡琛点校:《张载集》,第381—382页。之后游酢在程颢行状中亦谈到"(张载)既而得闻先生论议,乃归谢其徒,尽弃其旧学,以从事于道。"《二程集》上册,第334页。从这里也可以知道,程颐能够接受的说法,是帮助了张载不借佛老而归旨道学——尽管后来二程仍认为张载思想有使学者走入佛老的危险。所以说张载之学出于二程则过,说张载受二程影响更精于道学则可。

② 程颢、程颐著,王孝鱼点校:《二程集》上册,第414—415页。

③ 程颢、程颐著,王孝鱼点校:《二程集》上册,第596页。

④ 《朱子语类》记载朱熹的话:"横渠'清虚一大'却是偏。他后来又要兼清浊虚实言,然皆是形而下者。"当弟子问朱熹为什么张载后来要"兼清浊虚实"时,朱熹回答说:"渠初云'清虚一大',为伊川诘难,乃云'清兼浊,虚兼实,一兼二,大兼小。'"黎靖德编、王星贤点校:《朱子语类》第7册,第2539页。

⑤ 据庞万里考证,程颐的《答横渠先生说》写于熙宁二年(1069年),其时张载与程颢同在京师,一起讨论了学问,后身在汉州的程颐听说后写了这封信。见庞万里:《二程哲学体系》,北京航空航天大学出版社1992年版,第23页。

横渠,"终日危坐一室,左右简编,俯而读,仰而思"①,并在这段时间完成了《正蒙》的写作,围绕"太虚即气"的观念创立更加复杂的宇宙本体论。至此程颐所说的"小出入"已然变成了明显的分歧。张载去世之后,二程在与学生的讨论中更加明确地谈到了太虚之气的种种问题:

> "形而上者谓之道,形而下者谓之器。"若如或者以清虚一大为天道,则乃以器言而非道也。②

> 横渠教人,本只是谓世学胶固,故说一个清虚一大,只图得人稍损得,没去就道理来,然而人又更别处走,今日且只道敬。③(程颢语)

> 又语及太虚,曰:"亦无太虚。"遂指虚曰:"皆是理,安得谓之虚?天下无实于理者。"④(程颐语)

太虚作为气的初始状态,乃是气化过程的重要环节,"太虚"概念也是张载本体宇宙论得以展开的关键。二程虽对张载之学亦有表彰之处⑤,但于"清虚一大"多有批评,则是对其思想之最有独见发明处进行指摘,"太虚"一失,则《正蒙》难立。⑥ 公允地说,在二程的批评中,有些意见未必真的能构成对张载的驳难,比如"以器言道"的问题在张载那里其实并不成立,因为张载在根本上就不是把气单纯视作"器",而是以气化的过程中的无形与有形来分判形而上

---

① 张载著、章锡琛点校:《张载集》,第 383 页。
② 程颐、程颢著:《二程集》上册,第 118 页。
③ 程颐、程颢著:《二程集》上册,第 34 页。
④ 程颐、程颢著:《二程集》上册,第 66 页。
⑤ 比如二程就十分推崇张载的《西铭》,程颢评价此篇说:"《西铭》某得此意,只是须得他子厚有如此笔力,他人无缘做得。孟子以后,未有人及此。得此文字,省多少言语。"程颐也说:"《订顽》之言,极纯无杂,秦汉以来学者所未到。"另外,有学生问程颐"《西铭》如何",程颐答:"此横渠文之粹者也。"以上分别见程颢、程颐著,王孝鱼点校:《二程集》上册,第 39、22、196 页。
⑥ 程颐便曾说:"横渠立言诚有过者,乃在《正蒙》。"见程颢、程颐著,王孝鱼点校:《二程集》上册,第 609 页。后来朱熹也说:"《正蒙》所论道体,觉得源头有未是处,故伊川云'过处乃在《正蒙》'。"见黎靖德编、王星贤点校:《朱子语类》第 7 册,2532 页。

和形而下。不过在另外一些批评中,二程则隐隐地触及了张载思想中的关键问题。比如在上述引文中,无论是程颢所说的"没去就道理来",还是程颐所说的"(实理)安得谓之虚",都是在讲张载的"太虚"会导致"理"的遮蔽或失位,其结果便是儒家所讲的仁义没有获得形而上维度的根本支撑。这也便是前一节分析中所指出的,张载以实然之气论应然之道德的结果会引发消解价值的危险。

也许正是因为意识到这样的问题,二程在道学理论上的构建便没有试图从宇宙实在的流转机制去讲万物脱无入有的过程,而是直接就价值之理立言,为生命的道德性筑立一个形而上之基。这种构建这不仅和张载的理论逻辑有别,也突破了宋代周敦颐以来的宇宙论进路。[①] 当然,突破了宇宙论模式的二程并非不谈及宇宙生化万物的问题,在对张载"反原"说的批评中,二程也表达出自己对天地造化的看法:

> 若谓既返之气复将为方伸之气,必资于此,则殊与天地之化不相似。天地之化,自然生生不穷,更何复资于既毙之形、既返之气以为造化? 近取诸身,其开阖往来见之鼻息,然不必须假吸复入以为呼,气则自然生。人气之生,生于真元。天之气,亦自然生生不穷。[②]

> 凡物之散,其气遂尽,无复归本原之理。天地间如洪炉,虽生物销铄亦尽,况既散之气,岂有复在? 天地造化又焉用此既散之气? 其造化者,自是生气。[③]

在这里,程颐认为张载所说的物散之后反原于气的观点并不符合天地之化的规律,他用分别鼻息和烘炉为喻,指出就像呼出去的气不会被重新吸入、

---

① 钱穆就曾说:"在北宋理学四大家中,二程于宇宙论形上学方面较少探究。濂溪、横渠则于此有大贡献。"见钱穆:《朱子新学案》第一册,收录于《钱宾四先生全集》,台北联经出版事业股份有限中心1998年版,第36页。劳思光也认为:"周张立说,皆混杂宇宙论成分,二程则建立较纯粹之形上学系统。"见劳思光:《新编中国哲学史》三卷上,第37页。
② 程颢、程颐著,王孝鱼点校:《二程集》上册,第148页。
③ 程颢、程颐著,王孝鱼点校:《二程集》上册,第163页。

销铄尽的物品不会重新入炉一样,气散之后,物自然不可复在,天地之存有不息不是因为气的聚散不止,而是因为自然的生生不穷。程颐对"反原"说的批评,实际上仍然指向对"太虚"概念的不认同。① 而更值得注意的是,程颐虽然没有在对张载的反对中提供新的宇宙论解读,而是借用了儒学传统中的经典概念"生生"②作为其对宇宙状态的描述,但这个借用却给他和其兄对道德价值的强调做了重要的铺垫。二程曾说③:

> "生生之谓易",是天之所以为道也。天只是以生为道,继此生理者,即是善也。善便有一个元底意思,"元者善之长"。万物皆有春意,便是"继之者善也"。"成之者性也",成却待他万物自成其性须得。④

二程认为天之所以为道,在于其有生生之理。⑤ "生生"在《易传》中是

① 后来朱熹也继承了程颐对张载"反原"说的反对,并把张载气散归虚的观点形容为"大轮回",以说明批判佛教的张载反而有陷入佛教转世之论的问题:"《正蒙》说道体处,如'太和''太虚''虚空'云者,止是说气。说聚散处,其流乃是个大轮回。""横渠辟释氏轮回之说。然其说聚散屈伸处,其弊却是大轮回。盖释氏是个各自轮回,横渠是一发和了,依旧一大轮回。"见黎靖德编、王星贤点校:《朱子语类》第7册,第2532、2537页。方旭东认为这也是程颐批评张载"反原"说的原因。相关讨论可见方旭东:《反原与轮回——张载对"游魂为变"的诠释及其争议》,《周易研究》2021年第3期。杨立华则认为程颐批评张载的原因,在于虚气循环思想肯定了气作为材料的永恒存在,导致理附属于气,生生造化也成了有条件的形态变化。见杨立华:《朱子理气动静思想再探讨》,《云南大学学报(社会科学版)》2015年第14卷第1期。唐纪宇亦认为程颐批评张载是因为在后者的理论下造化之生物将受到太虚的制约。见唐纪宇:《不已、生生与对待——〈程氏易传〉中的天道观》,《周易研究》2020年第2期。不过唐纪宇在文中进一步把张载的问题归结为"造化有穷"则不符合张载的原意,其实无论是张载还是程颐,在"造化无穷"这一点上都是没有分歧的,二人观点上的区别在于"无穷"的究竟是气的聚散还是天地的生生。
② 《易传·系辞上》说:"生生之谓易,成象之谓乾,效法之谓坤,极数知来之谓占,通变之谓事,阴阳不测之谓神。"《易传·系辞下》说:"天地之大德曰生"。关于"生生"概念在先秦典籍中的出现与原始含义,可参见李承贵:《从"生"到"生生"——儒家"生生"之学的雏形》,《周易研究》2020年第3期。
③ 以下两端引用均出自《河南程氏遗书》卷二上吕大临记载的《东见录》中,未详细标明是程颢还是程颐的言论。
④ 程颢、程颐著,王孝鱼点校:《二程集》上册,第29页。
⑤ 唐君毅曾说:"在伊川之思想中,其言理,除为以吾人之诚敬,与之相契应之'天命于吾人之当然之性理'外,自亦言及天地万物之生生之理。而此天地万物之生生之理,即天地万物之性理。天地万物之性理,与吾人之性理,实同是一理。此义乃发于明道。"见唐君毅:《中国哲学原论·导论篇》,第276页。

"天之德",天是第一位的,是对具有主宰性、规律性和神秘性的宇宙总体的指称,而"生生"只是天的技能属性。但在二程这里,"生生"是"天之理",天是第二位的,是对基于经验感知的自然运行的代称,而"生生"是天的规律与法则,是使天之所以为天的抽象本质,是第一位的。作为天之抽象本质的"生生之理"亦是善的"元底意思",即是道德价值的根本来源。如本章前文所述,在谈到道德根源时,周敦颐和张载都是把初始的虚静状态作为价值的起点,而由此推出的道德其实是一种消极的形式,因为善是在复归虚静的过程中通过对妄动与不当欲望的减损而展开的。而二程所说的"生生"则是直就天对万物的生命关怀而言,由此所推出的道德便是积极的,因为生生之理会在人身上直接表现为对他人主动的道德情感与道德意志——这也是二程所说的"万物皆有春意""继之者善"。

由此比较也可知,在周张二人的宇宙论进路中,无论是太极化生万物的模式还是气化的模式,形而上学的建构都必须关涉着万物存在机制的探讨。但二程突破了周张的宇宙论后,以天地的生生之理揭橥善之元,其立说的落脚点乃是要为道德寻得一终极依据,所以二程所建构的"生生——善"模式可视为道德形而上学。它关注的对象不是宇宙的演变图景,而是道德的天赋价值以及具有此价值的本性的内涵。这个内涵后来被程颐概括为"性即理",并成为理学的经典命题:

> 性即理也。所谓理,性是也。天下之理,原其所自,未有不善。[1]

"性即理"不仅说明了本性之道德价值所含具的先天维度,即人之性善源自生生之理,更表达出本性在先天维度的一体普遍性,即人人之本性都只是一个生生之理。换句话说,在二程的道德形而上学中,天理与人性的对应关系使得道德的先天性必然推出普遍性。这个普遍性在程颢那里被表述为"万物一体"。

---

[1] 程颢、程颐著,王孝鱼点校:《二程集》上册,第292页。

> 仁者以天地万物为一体,莫非己也。认得为己,何所不至?若不有诸己,自不与己相干。①

程颢认为,既然万物皆禀受生生之理而存在,那么任何个体亦可因此理而连接为一个整体。不过此整体之视域尚未穷尽"一体"之义,程颢还指出,仁者会在这样的宇宙关联中产生"莫非己也"的体认,即人我关系和物我关系的完全泯除,从而达致与他者的同感②,这样才能把他人之事视为自己之事,把天下之事看成一身之事。在这个意义上说,"一体"最终指向的是"同体"的含义。这也是为什么程颢在谈到"万物一体"时,常以痛痒感觉和身体四肢为喻,以说明仁者与万物的同体连接是一种切身的感知:

> 医家以不认痛痒谓之不仁,人以不知觉不认义理为不仁,譬最近。③

> 若夫至仁,则天地为一身,而天地之间,品物万形为四肢百体。夫人岂有视四肢百体而不爱者哉?④

在"万物一体"的切实体会下,仁者可以感通他者的疾痛,自然就会像爱惜自己的身体一样爱惜天下万物。在这样的表述下,仁者的道德动机似乎源自对自身痛苦的去除,但程颢真正想说明的是,"以天地为一身"的仁者虽然会有好恶的道德态度以及由此产生的道德行为,但这些态度和行为都有着强

---

① 程颢、程颐著,王孝鱼点校:《二程集》上册,第15页。

② 这个"同感"指的是感同身受的"移情(empathy)",即切实地感受到他人的感受。当代道德情感主义的倡导者和辩护者迈克尔·斯洛特(Michael Slote)就指出一切道德活动或道德现象都根源于人类的移情能力。斯洛特还特别指出,"移情"的提出虽然在西方哲学中有一个从马勒伯朗士(Malebranche)到休谟的过程,但是在中国哲学这里,则可以由王阳明、程颢一直追溯到更为久远的孟子。见 Michael Slote, *Moral Sentimentalism*, Oxford /New York: Oxford University Press,2010,p. 6. 关于程颢的思想与情感主义的比较,也可参见黄勇:《程颢的美德伦理学:超越理性主义与情感主义之争》,《东南大学学报(哲学社会科学版)》2020年第22卷第5期。

③ 程颢、程颐著、王孝鱼点校:《二程集》上册,第33页。此条《二程遗书》中未注明程颢、程颐谁之语,但从程颢惯用医家之比喻来开,应为程颢之言。学界如牟宗三、陈来、杨儒宾、朱汉民等大多数学者亦持此观点。

④ 程颢、程颐著、王孝鱼点校:《二程集》上册,第74页。此条《二程遗书》中未注明程颢、程颐谁之语,但收于《宋元学案》中《明道学案》之下。

烈的非主体性,因为道德主体的存在意味着与客体的对立,一旦对立出现,就不可能在完全意义上实现与万物的融合。所以仁者在爱惜一身的过程中,本来就没有自己与他人的区分,其道德实践也并不指向利己主义。为了强调仁者证会了"万物一体"之后会实现绝对无外的境界,程颢甚至对传统儒学中所讲的"天人合一""赞天地化育"提出微词:

> 今看得不一,只是心生。除了身只是理,便说合天人。合天人,已是为不知者引而致之。天人无闲。夫不充塞则不能化育,言赞化育,已是离人而言之。①

程颢认为"合天人"说明天人有分,"赞化育"说明人在化育之外,此皆未获致"万物一体"的认识,乃"不知者"所偏,故皆有言语未莹之处。而知与不知的区别就在于是否能从生生之理的普遍性认识到万物的一体关联性。这个一体关联性在程颢那里意味着道德的形而上维度在人的生经验体悟上的显现,于此没有体证,则生命无法上达本原,儒家传统中意欲彰显的道德价值与道德境界亦不可能是其所是。儒者为学修身之要,在于能从"万物一体"的认知中理解道德的真义,仁之根底处便可没有遮蔽,由此程颢还特别提出了"识仁"的主张②:

> 学者须先识仁。仁者,浑然与物同体,义、礼、智、信皆仁也。识得此理,以诚敬存之而已,不须防检,不须穷索。若心懈,则有防;心苟不懈,何防之有!理有未得,故须穷索;存久自明,安待穷索!此道与物无对,"大"不足以明之。天地之用,皆我之用。孟子言"万物皆备于我",须"反身而诚",乃为大乐。若反身未诚,则犹是二物有对,以己合彼,终未有

---

① 程颢、程颐著,王孝鱼点校:《二程集》上册,第33页。此条《二程遗书》中未注明程颢、程颐谁之语,但收于《宋元学案》中《明道学案》之下,文字小有变动。

② 程颢《识仁篇》的创作与对其吕大临为学的纠正直接相关,《宋元学案》载:"初学于横渠,横渠卒,乃东见二程先生,故深淳近道,而以防检穷索为学。明道语之以识仁,且以'不须防检,不须穷索'开之,先生默识心契,豁如也,作《克己铭》以见意。"见黄宗羲:《宋元学案》,第1105页。

之,又安得乐!①

"识仁"识的是仁者的"浑然与物同体",即道德主体与客体的无间消融,所以程颢在此不断地强调要消解道与物、身与物、己与彼的对待关系。而一旦领会到天地与我为一,则心正理得,自然不须防检穷索。防检和穷索本是致仁的工夫,程颢认为若滞于此工夫而不知仁德之本质,则有向外求仁、物我相分的问题,于是极言仁体,而对为仁之方不甚在意。② 但此识仁之指点又不免语义太高,毕竟越过求仁之手段而直接识得仁之本质并非易事,疏于工夫则学者反倒没有入门之径。③ 这个问题后来似乎被程颐所察觉,于是他谈仁时不直就"一体"观念立论,而是多以"公"字解仁,这就在一定程度上修正了程颢忽略为仁之方的问题④:

> 仁之道,要之只消道一公字。公只是仁之理,不可将公便唤做仁。公而以人体之,故为仁。只为公,则物我兼照,故仁,所以能恕,所以能爱,恕

---

① 程颢、程颐著,王孝鱼点校:《二程集》上册,第16—17页。
② 二程认为先秦孔子论仁,多从为仁之方入手,但后世学者若把为仁之方认成仁本身,则反不识仁之实质:"语仁而曰'可谓仁之方也已'者,何也? 盖若便以为仁,则反使不识仁,只以所言为仁也。故但曰仁之方,则使自得之以为仁也。"见程颢、程颐著,王孝鱼点校:《二程集》上册,第4页。
③ 关于程颢《识仁篇》语义过高的问题,朱熹曾说:"明道言'学者须先识仁'一段,说话极好。只是说得太广,学者难入。"见黎靖德编、王星贤点校:《朱子语类》第7册,第2484页。黄宗羲著《宋元学案》时亦引用朱熹的话来说明程颢之言易引起流弊:"故其语言流转如弹丸,说'诚敬存之'便说'不须防检,不须穷索',说'执事须敬'便说'不可矜持太过',惟恐稍有留滞,则与天不相似。……朱子谓:'明道说话浑沦,然太高,学者难看。'又谓:'程门高弟,如谢上蔡、游定夫、杨龟山,下稍皆入禅学去。必是程先生当初说得高了,他们只睟见上一截,少下面着实工夫,故流弊至此。'此所谓程先生者,单指明道而言。"见黄宗羲:《宋元学案》,第542页。
④ 朱汉民认为:"从某种意义上说,程颐以'公'释仁,是'一体'释仁自然的展开。"见朱汉民、李立广:《'一体'训仁与以'公'释仁:二程仁说的比较》,《湖南大学学报(社会科学版)》2020年第1期。学界对于程颢与程颐论仁之区别,以及背后学术路径的不同,已多有研究,但亦有学者认为二程观点同属一脉,不可强作区分。程颐自己曾明确说过:"我之道盖与明道同。"见《二程集》上册,第346页。由此可知,程颐并不认为他与其兄在思想上有所差别。所以程颐以其兄之观点为基础展开更精密的探讨,并由此显示出不同的表达,这种不同其实是同一逻辑的前后开展,并不能证明二人的分歧。本书亦因之把二程的思想放在一起来讨论。关于二程思想异同的研究梳理,可参见彭耀光:《近百年来二程哲学思想异同研究述评》,《哲学动态》2007年第6期。

则仁之施,爱则仁之用也。①

"唯仁者能好人,能恶人。"仁者用心以公,故能好恶人。公最近仁。人循私欲则不忠,公理则忠矣。以公理施于人,所以恕也。②

程颐讲"公"的目的是"物我兼照",但这个没有私意的观照中,仍然有对客体的意识,所以他承认仁者对他人的好恶。程颐在这里之所以没有像程颢一样消解己与彼的对待关系,是因为"公"概念着眼的是仁的实践、仁的发用③,即"以公理施于人",所以在对道德行动的论说中必然会涉及行动作用的对象。

不过值得注意的是,程颐虽多以"公"论仁,但仍然服膺于"万物一体"的观念,这一点从他与程颢对《西铭》一致的推崇中便可看出。④《西铭》(又称《订顽》)本是张载自作之铭文,其中"民,吾同胞;物,吾与也"⑤的说法阐明了人与万物的一体性关联,实乃"万物一体"观念之先驱。程颢就曾指出《西铭》备言仁体,其旨即是其"识仁"之义:

《订顽》意思,乃备言此体,以此意存之,更有何事。⑥

程颐亦十分认同《西铭》中"民胞物与"的"一体"之论⑦,以至于其弟子杨时认为《西铭》有流弊于兼爱之危险时⑧,程颐还特别提出了"理一分殊"这一

<hr>

① 程颢、程颐著,王孝鱼点校:《二程集》上册,第153页。
② 程颢、程颐著,王孝鱼点校:《二程集》上册,第372页。此条收于《河南程氏外书》第四卷,未注明程颢、程颐谁之语。从以"公"说"仁"的特点来看,应为程颐之言。
③ 朱熹曾说:"公是仁之方法","公却是仁发处"。见黎靖德编、王星贤点校:《朱子语类》第1册,第116页。
④ 二程虽然不认同张载《正蒙》中的"清虚一大"之说,但对《西铭》却极为肯认,如程颐说:"横渠立言,诚有过者,乃在《正蒙》。《西铭》之为书,推理以存义,扩前圣所未发,与孟子性善养气之论同功,二者亦前圣所未发。"见程颢、程颐著,王孝鱼点校:《二程集》上册,第609页。
⑤ 张载著、章锡琛点校:《张载集》,第62页。
⑥ 程颢、程颐著,王孝鱼点校:《二程集》上册,第17页。
⑦ 程颐曾评价《西铭》说:"若《西铭》一篇,谁说得到此?今以管窥天,固是见北斗,别处虽不得见,然见北斗,不可谓不是也。"见程颢、程颐著,王孝鱼点校:《二程集》上册,第308页。
⑧ 北宋绍圣三年(1096年)杨时给老师程颐写信,信中谈道:"《西铭》之书,发明圣人微意至深,然而言体而不及用,恐其流遂至于兼爱,则后世有圣贤者出,推本而论之,未免归罪于横渠也。"见杨时、林海权校理:《杨时集》,中华书局2018年版,第450页。

概念来说明《西铭》已然体用兼备——乾坤以生生之理化育万物一体,这是"理一",也是"仁之体";推衍此理作用在不同的道德对象中,这是"分殊",也是"仁之用"。对"仁体"的重视,是二程道德形而上学必然具备的特点①,程颐虽然比程颢更兼顾了分殊层面的为仁之方,但亦不能不首先标举从"理一"推出的"万物一体"的道德境界。这种对于"仁体"普遍性的重视也导致儒学传统中的论仁路径在二程这里发生了转变——先秦时代孔子、孟子都是从具体人伦关系中的情感经验来发明仁之含义②,而二程却把仁提高到了抽象的层面,以宇宙生生之理来解释仁德的本质。

二程虽然在抽象层面强调了本性之中道德价值的普遍性,但也没有对现实层面人性的特殊展现有所忽视。程颢和程颐在从"性即理"的角度推出"一体之仁"后,也从"性即气"的角度说明了人性表现出善恶不同的原因:

> "生之谓性",性即气,气即性,生之谓也。人生气禀,理有善恶,然不是性中元有此两物相对而生也。有自幼而善,有自幼而恶,是气禀有然也。善固性也,然恶亦不可不谓之性也。盖"生之谓性""人生而静"以上不容说,才说性时,便已不是性也。③

二程虽然没有像张载一样构造一个气化的宇宙论,却接受了张载"气"的概念,并且像张载一样认为气对人性的形成具有不可避免的影响。所以二程在这里说,自幼而有的善恶表现都是气禀使然,同时也提醒,当论说后天之人性时,已然不是指纯粹的只含具生生之理的那个本性,而是兼有气禀的现实之性。这种区分表明二程亦是在性分层的思路之下讨论人性的复杂层次。后来朱熹便提到张载与二程的这个思路于圣门有功,不仅补全了孟子"性善说"下面未尝提及的内容,也解决了诸子对性的理解的歧义:

---

① 二程曾说:"学者识得仁体,实有诸己,只要义理栽培。如求经义,皆栽培之意。"见程颢、程颐著,王孝鱼点校:《二程集》上册,第15页。
② 牟宗三便认为孔子"是从生活实例上'能近取譬'来指点仁之实义,来开启人之不安、不忍、愤悱、不容己之真实生命"。见牟宗三:《心体与性体》第二册,第236页。
③ 程颢、程颐著,王孝鱼点校:《二程集》,第10页。

道夫问:"气质之说,始于何人?"曰:"此起于张程。某以为极有功于圣门,有补于后学,读之使人深有感于张程,前此未曾有人说到此。如韩退之原性中说三品,说得也是,但不曾分明说是气质之性耳。性那里有三品来!孟子说性善,但说得本原处,下面却不曾说得气质之性,所以亦费分疏。诸子说性恶与善恶混。使张程之说早出,则这许多说话自不用纷争。故张程之说立,则诸子之说泯矣。"因举横渠:"形而后有气质之性。善反之,则天地之性存焉。故气质之性,君子有弗性者焉。"又举明道云:"论性不论气,不备;论气不论性,不明,二之则不是。"且如只说个仁义礼智是性,世间却有生出来便无状底,是如何? 只是气禀如此。若不论那气,这道理便不周匝,所以不备。若只论气禀,这个善,这个恶,却不论那一原处只是这个道理,又却不明。①

朱熹所引用的程颢的话十分明确地表达出,只考察本性中的道德价值则不能陈状世间的人性百态,只分析气禀变化则不能知晓人性中的共同本原,所以在对人性的研究上不能把普遍性和特殊性二分。程颐也是和程颢一致的立场,他认为先哲所说的"性善"是在理上就本性而言,而"生之谓性"或"习相近"则是在气上就现实所禀而言:

凡言性处,须看立意如何。且如言人性善,性之本也;生之谓性,论其所禀也。孔子言性相近,若论其本,岂可言相近? 止论其所禀也。②

为了使言性处立意更加分明,程颐还使用"才"这一概念与"性"相对,来分别表示气与理在人的生命上的体现,并以此来解释善恶的来源:

性无不善,而有不善者才也。性即是理,理则自尧舜至于涂人,一也。才禀于气,气有清浊。禀其清者为贤,禀其浊者为愚。③

总体来说,二程的人性论仍然是沿着玄学之后把性分层的逻辑来展开的。

① 黎靖德编、王星贤点校:《朱子语类》第1册,第70页。
② 程颢、程颐著,王孝鱼点校:《二程集》上册,第207页。
③ 程颢、程颐著,王孝鱼点校:《二程集》上册,第204页。

但需要注意的,二程不断地强调是生生之理塑造了根本的人性,也就是说,二程认为善才是人的普遍性极,而清浊贤愚是人的不同性分,这便与以郭象为代表的玄学家的说法形成了鲜明的对比——后者认为仁义道德亦属性分,真正的性极只有本性的虚静状态①。这种不同当然与二程欲为道德树立天赋价值的思路相关,但同时也为二程带来了问题:如果人的本性是体现着道德价值生生之理,那么虚静的状态是否以及如何可能在本性中实现? 这个问题的实质仍然是在追问虚静和仁德的兼容何以可能的问题。对于这个问题,二程的解决方案是用"定性""敬"等儒家的性情修养观念为"虚静"做出新的诠释。

"定性"观念的提出,源自张载和程颢的讨论。张载曾写信询问"定性未能不动,犹累于外物,何如"②的问题,程颢在答书中谈到了"性无内外"的主张:

> 所谓定者,动亦定,静亦定,无将迎,无内外。苟以外物为外,牵己而从之,是以己性为有内外也。且以己性为随物于外,则当其在外时,何者为在内? 是有意于绝外诱,而不知性之无内外也。既以内外为二本,则又乌可遽语定哉!③

张载所说的"定性"是把物看作外在的对象,而把性看作了"绝外诱"的修养主体。但在程颢看来,这样的看法显然是以物我为二本,而不知性无内外——真正的"定性"并非离却外物空把捉一个不动的本性,而是要在物我对立的破除中实现本性的随时安顿。这个安顿的状态便是程颢所说的"内外两忘":

> 与其非外而是内,不若内外之两忘也。两忘,则澄然无事矣。无事则定,定则明,明则尚何应物之为累哉!④

---

① 关于郭象以仁义为性分的说明,可参见杨立华:《郭象〈庄子注〉研究》,第 123—124 页。
② 黄宗羲:《宋元学案》,第 546 页。
③ 程颢、程颐著,王孝鱼点校:《二程集》上册,第 460 页。
④ 程颢、程颐著,王孝鱼点校:《二程集》上册,第 461 页。

程颢认为内外两忘自然可以无事澄明,最终达到应物而无累的境地。应物而不累于物的观点本出自王弼。在第二章的讨论中我们已经知道,王弼批评何晏的一个重要原因是不认同后者对圣人脱离物而存在的设定。王弼虽然没有像程颢一样提出人与万物的一体融合,但在人物二分的反对上却和程颢有着相似的立场。而在写给张载的答书中,程颢亦基于此立场给出了几乎和王弼一样的关于"圣人有情"的论述:

> 圣人之喜,以物之当喜;圣人之怒,以物之当怒。是圣人之喜怒,不系于心而系于物也。是则圣人岂不应于物哉?乌得以从外者为非,而更求在内者为是也?①

圣人有喜有怒,但其情感发而不用私,以物之情实而应之以己之实情,即以物之实际而有自然之情,此仍为物我合一之论。可见程颢也和王弼一样对"情"抱有积极的立场。只不过在讨论圣人的物我合一时,程颢似乎更多强调了无我而随物的无主体意识,所以他又引入"心"的概念讲"不系于心而系于物"。"不系于心"并非是说不发挥心的功能,恰恰相反,圣人之所以能够以应物之情为情,正是因为心发挥了根本的明觉能力,这个能力程颢称之为"心普万物":

> 夫天地之常,以其心普万物而无心;圣人之常,以其情顺万物而无情。故君子之学,莫若廓然而大公,物来而顺应。②

"心普万物"就是说心能证悟万物的一体相连,从而达到对物我没有分辨的"无心"状态。达到了"无心"的状态,情自然就会物来而顺应,以实现看似无情的廓然大公的效果。程颢在这里是借用天地之常来说明人在定性的过程中要发挥心的作用。③ 而至此亦可发现,在这篇被后人称为《定性书》的答信

---

① 程颢、程颐著,王孝鱼点校:《二程集》上册,第461页。
② 程颢、程颐著,王孝鱼点校:《二程集》上册,第460页。
③ 关于心对定性的作用,程颢很早便有所思考。程颢的大弟子刘立之曾说,程颢年幼时便写过一首《酌贪泉》,其中言道:"中心如自固,外物岂能迁。"程颢、程颐著,王孝鱼点校:《二程集》上册,第328页。

中,程颢不仅由"万物一体"的观念谈到了性的贞定,也谈到了情的应物和心的明觉,似乎在程颢那里,性、情、心也是一体难分的。这样的逻辑后来也被程颐继承,他曾说:

> 称性之善谓之道,道与性一也。以性之善如此,故谓之性善。性之本谓之命,性之自然者谓之天,自性之有形者谓之心,自性之有动者谓之情,凡此数者皆一也。圣人因事以制名,故不同若此。而后之学者,随文析义,求奇异之说,而去圣人之意远矣。①

"性之善谓之道"是指本性之道德价值源自宇宙的生生流行;"道与性一"说明人的生命本质即是对宇宙生生之意的彰显。在这个彰显中,生命的本质因其言说角度各异而有不同命名,以其本来天赋者称之为"命",以其先天如此者称之为"天",以其着落形著者称之为"心",以其应物而发动者称之为"情",但其实皆同也。② 相比于程颢,程颐把性、情、心三者的一体异名关系讲得更加清楚,而由此关系反观程颢之说,则可知所谓"定性"其实定的是心物关系③——不是心绝物而退隐为虚,而是心明物我合一之理而应发为情。在程颢那里,从"万物一体"这个前提出发,人的修养亦是一个无外的视域,反求诸己即是安定宇宙,不可在自身之外理解外物的存在。而更重要的一点在于,既然我与万物实为一体,那么定性就不能只在应物之前的未发之静,亦须在应物之后的已发之动。所以程颢所说的"定性"必须含有本性存有的全部状态与本性运动的全部过程。

关于"定性"的问题,王弼在注《老子》第二十一章"窈兮冥兮,其中有精;其精甚真,其中有信"这一句时亦尝提到过:

---

① 程颢、程颐著,王孝鱼点校:《二程集》上册,第318页。

② 程颐还曾说过:"在天为命,在义为理,在人为性,主于身为心,其实一也。心本善,发于思虑,则有善有不善。若要发,则可谓之情,不可谓之心。譬如水,只谓之水,至于流而为派,或行于东,或行于西,却谓之流也。"见程颢、程颐著,王孝鱼点校:《二程集》上册,第204页。

③ 朱熹曾和学生周舜弼谈及程颢这篇答书中以心说定性的特点:"'定性'字,说得也诧异。此'性'字,是个'心'字意。"见黎靖德编、王星贤点校:《朱子语类》第6册,第2441页。

窈、冥,深远之叹,深远不可得而见。然而万物由之,不可得见,以定
其真。故曰"窈兮冥兮,其中有精"也。信,信验也。物反窈冥,则真精之
极得,万物之性定,故曰"其精甚真,其中有信"也。①

不过这里的"性定"乃是"定真"之义,即万物获得其在存在之初与道同体
的状态,也就是老子这一章提到的"众甫之状"。王弼认为万物获得这个极真
之状,需要重反窈冥,因此他所说的"定性"问题仍然是在讲要返回本性初始
的虚静状态,其"定"字可做"静"字解。但程颢所说的"定"却是全赅动静,只
要本性在不同的情形下表现出了相宜的反应,就都属于安定的状态。于是和
王弼的"以定为静"不同,程颢的"定性"是"定包动静",而且由于他在"定性"
的过程中特别强调心的能力,所以程颢对动的强调其实超过了对静的强调。

在程颐的思想中,也能看到一致的倾向。比如在《周易程氏传》中,程颐
曾在对复卦彖辞的解释中提道:

一阳复于下,乃天地生物之心也。先儒皆以静见天地之心,盖不知动
之端乃天地之心也。非知道者,孰能识之?②

程颐把复卦中位于初位的阳爻比为天地之心,但他认为天地之心乃是化
生万物之动,而并非先儒所理解的宇宙本体之静。③ 程颐在这里对动的强调
当然是他和程颐以生生之理为天之本质的观念的自然衔接,但另一方面,二程

---

① 楼宇烈:《王弼集校释》上册,第53页。

② 程颢、程颐著,王孝鱼点校:《二程集》上册,第819页。

③ 王弼在《周易注》中便把"天地之心"理解为寂然至无之静:"复者,反本之谓也,天地以
本为心者也。凡动息则静,静非对动者也;语息则默,默非对语者也。然则天地虽大,富有万物,
雷动风行,运化万变,寂然至无是其本矣。故动息地中,乃天地之心见也。若其以有为心,则异类
未获具存矣。"见楼宇烈:《王弼集校释》上册,第336—337页。张载在《横渠易说》中虽然和程颐
一样以生物之德来解"天地之心",但他同时也提到这种天地之心动而不穷者,在于其根本在静。
反应在人的修养上,亦应该以静为进德之基:"大抵言'天地之心'者,天地之大德曰生,则以生物
为本者,乃天地之心也。……此动是静中之动,静中之动,动而不穷,又有甚首尾起灭? 自有天地
以来以迄于今,盖为静而动。天则无心无为,无所主宰,恒然如此,有何休歇? 人之德性亦与此
合,乃是己有,苟心中造作安排而静,则安能久! 然必从此去,盖静者进德之基也。"见张载著,章
锡琛点校:《张载集》,第113页。张载仍然像王弼一样以静为本,是和他对作为宇宙本体"太虚"
的强调有关。从这里也可以看出二程在对性情论动静关系的言说上确实与先儒不同。

对"静"字使用上的谨慎也和他们批评佛老的立场相关:

> 与叔所问,今日宜不在有疑,今尚差池者,盖为昔亦有杂学。故今日疑所进有相似处,则遂疑养气为有助,便休信此说。盖为前日思虑纷扰,今要虚静,故以为有助。前日思虑纷扰,又非义理,又非事故,如是则只是狂妄人耳。惩此以为病,故要得虚静。其极,欲得如槁木死灰,又却不是。盖人,活物也,又安得为槁木死灰? 既活,则须有动作,须有思虑。必欲为槁木死灰,除是死也。①

> 今语道,则须待要寂灭湛静,形便如槁木,心便如死灰。岂有直做墙壁木石而谓之道? 所贵乎"智周天地万物而不遗",又几时要如死灰? 所贵乎"动容周旋中礼",又几时要如槁木? 论心术,无如孟子,也只谓"必有事焉"。今既如槁木死灰,则却于何处有事?②

二程认为,无论是道教所说的养气,还是佛教所说的寂灭,其旨归难免教人把守一个断离外物、形如槁木心如死灰的虚寂之静。这个虚寂之静最大的问题是与人在后天作为"活物"自然存有的思虑动作的状态相矛盾,并且也不符合儒家"必有事焉"的传统,即性情修养需要在不同的具体事件中实践体证。所以出于对佛老虚寂之静的反对,二程并没有像张载乃至王弼一样,赋予静根本的地位。

不过值得注意的是,二程对静的观点又有其复杂性。虽然他们从天地生生化育的前提出发不去强调静的本体价值,但是在动静关系的说明上却也承认"动静之理,未尝为一偏之说矣"。③ 这是因为"静中便有动,动中自有静",④二者相辅相依,不可厚此薄彼。在某些表达中,二程也同样用"静"字

---

① 程颢、程颐著,王孝鱼点校:《二程集》上册,第26页。
② 程颢、程颐著,王孝鱼点校:《二程集》上册,第27页。
③ 程颢、程颐著,王孝鱼点校:《二程集》上册,第76页。
④ 程颢、程颐著,王孝鱼点校:《二程集》上册,第98页。

来指代理想人格不为物迁的朴初状态：

> 圣人于忧劳中,其心则安静,安静中却有至忧。①

二程之所以没有把静与动的价值序位位置彻底调转过来,把"动"明确构建为性情论的根本,是因为在儒学传统中的"未发"和"已发"的修养问题上,他们不得不认同未发之静的先在性。当有学生问是否可以在喜怒哀乐未发之前求得"中"的状态时,程颐给出了否定的答复,因为他认为求中之思虑是"动"的范畴,已不属于未发。也就是说,在程颐看来,未发是一种不可起思的至静状态：

> 或曰:"喜怒哀乐未发之前求中,可否?"曰:"不可。既思于喜怒哀乐未发之前求之,又却是思也。既思即是已发。才发便谓之和,不可谓之中也。"②

> 曰:"(未发)谓之无物则不可,然自有知觉处。"曰:"既有知觉,却是动也,怎生言静?"③

所以,接受儒学传统中"未发""已发"有别的观念,就要承认人在存在伊始的虚静状态,把未发之"中"作为修养目标,就要在后天的活动中反求先天的真静。二程虽然不愿意强调"静"的根本地位,但也没有否认"动上求静"是性情修养的必然环节。只是修养至此环节时,已极为难言,有失毫厘谬千里之危险：

> 或曰:"莫是于动上求静否?"曰:"固是,然最难。释氏多言定,圣人便言止。且如物之好须道是好,物之恶须道是恶。物自好恶,关我这里甚事? 若说道我只是定,更无所为,然物之好恶,亦自在里。故圣人只言止。

---

① 程颢、程颐著,王孝鱼点校:《二程集》上册,第91页。
② 程颢、程颐著,王孝鱼点校:《二程集》上册,第200页。
③ 程颢、程颐著,王孝鱼点校:《二程集》上册,第201页。

所谓止，如人君止于仁，人臣止于敬之类是也。"①

或曰："先生于喜怒哀乐未发之前下动字，下静字?"曰："谓之静则可，然静中须有物始得，这里便是难处。"②

程颐在这段话中以佛教之"定"与儒学之"止"进行对比，说明人对物的反应与情感不可强行断灭。程颢为了避免异教之偏见已然在"定性说"中把"静"换成"定"，程颐却在这里表达出，似乎"定"字也容易造成误解，落入佛老，所以求未发之静是最难的修养实践。对于这个问题，程颐给出的解决办法是通过儒家传统中的持敬工夫达到静的效果，而不是直接就未发之静进行体验。这二者的重要区别在于，持敬可以针对具体的事件、容纳具体的对象，而体静则总是有一种脱离外物的危险。所以为了避免陷入佛教式的物我关系，程颐认为可以在性情修养上用"敬"字代替"静"字：

又问："敬莫是静否?"曰："才说静，便入于释氏之说也。不用静字，只用敬字。才说着静字，便是忘也。孟子曰：'必有事焉而勿正，心勿忘，勿助长也。'必有事焉，便是心勿忘；勿正，便是勿助长。"③

程颢也同样重视"敬"，并把持敬作为性情修养的根本：

子曰："语之而不惰者，其回也与!"颜子之不惰者，敬也。诚者，天之道；敬者，人事之本。敬则诚。④

相比于程颢，程颐则是更为细致地说明了持敬的内涵就是不受杂念影响，使精神保持专一。这个内涵又被他称为"主一"：

但惟是动容貌、整思虑，则自然生敬，敬只是主一也。主一，则既不之东，又不之西，如是则只是中。既不之此，又不之彼，如是则只是内。存

---

① 程颢、程颐著，王孝鱼点校：《二程集》上册，第 201 页。
② 程颢、程颐著，王孝鱼点校：《二程集》上册，第 201—202 页。
③ 程颢、程颐著，王孝鱼点校：《二程集》上册，第 189 页。
④ 程颢、程颐著，王孝鱼点校：《二程集》上册，第 127 页。

此,则自然天理明。学者须是将敬以直内,涵养此意,直内是本。①

"主一"就是专注内在精神状态的中正、单一与完整,既没有意识之间的冲突矛盾,也没有心念上的残缺游离。"主一"这种说法明确表达了即使在未发之静的状态中,人的精神也有一种意向性的彰显②,这种意向性虽然不是已发之后的情感思绪的活动,却能使精神保持在先天原有的样貌,这样本性之中本有的天理也会自然彰显。③ 对于彰显了天理之正而没有偏蔽意识的状态,程颐有时会用"虚"字来形容:④

　　"敬以直内",有主于内则虚,自然无非僻之心。如是,则安得不虚?⑤

这里的"虚"既不同于佛教的"空虚",也不似于张载的"太虚",而是主一无杂的"敬虚"。程颐以"虚"说"敬"的做法不仅是为了描述持敬于未发之中

---

① 程颢、程颐著,王孝鱼点校:《二程集》上册,第149页。

② 二程所说的敬的修养工夫并非精神功能的完全闭绝,当有学生问持敬时是否还需用意,程颐给出了肯定的答复:"问:'敬还用意否?'曰:'其始安得不用意? 若能不用意,却是都无事了。'"见程颢、程颐著,王孝鱼点校:《二程集》上册,第189页。

③ 值得注意的是,"主一"的意向性虽然不是已发的活动,但是可以通过已发的活动来潜移默化地培养,这就是引文中程颐所说的"但惟是动容貌、整思虑,则自然生敬"。这种由已发对未发的影响,又被程颐称之为"涵养":"于喜怒哀乐未发之前,更怎生求? 只平日涵养便是。涵养久,则喜怒哀乐发自中节。"见程颢、程颐著,王孝鱼点校:《二程集》上册,第201页。陈来认为"人只应在未发时涵养"。见陈来:《宋明理学》,第87页。但从程颐"平日涵养"的表述来看,涵养应该是在后天的经验生活中进行,属于已发的范畴。另外程颐认为"主一"的实现要发挥心的主定,而心的主定又往往涉及具体的事物:"人多思虑不能自宁,只是做他心主不定。要作得心主定,惟是止于事,为人君止于仁之类。"见程颢、程颐著,王孝鱼点校:《二程集》上册,第144页。所以主一的涵养不是在未发的无事无物的状态中进行,而是要在已发的活动中完成。由此也可知,程颐虽然多用"敬"概念代替"静",但持敬的工夫其实是包含未发之静和已发之动的人的全部存在状态的修养。

④ 在另一些情况下,二程会用完全相反的"实"字来形容:"吕与叔尝言,患思虑多,不能驱除。曰:'此正如破屋中御寇,东面一人来未逐得,西面又一人至矣,左右前后,驱逐不暇。盖其四面空疏,盗固易入,无缘作得主定。又如虚器入水,水自然入。若以一器实之以水,置之水中,水何能入来? 盖中有主则实,实则外患不能入,自然无事。'"见程颢、程颐著,王孝鱼点校:《二程集》上册,第8页。但从字义看,"虚"与"实"截然相反,但二程是用前者指代非僻之心的消除,用后者指代天理之正在心性中的实存,这是对理想精神状态的不同角度的描述。而且从吕大临的困惑来看,"有主则实"主要针对思虑起念之后的已发状态。而正文中所引用的"有主于内则虚"则更多偏向于未发的虚静状态。

⑤ 程颢、程颐著,王孝鱼点校:《二程集》上册,第149页。

的状态,也是为了表达以"敬"代"静"的合理性。当然这种合理性是通过赋予"虚"字新的内涵而实现的。这个新内涵便是,虚静之中亦有天理流行,心性主于是则安,失于是则乱。所以程颐特别强调,由"敬"称"虚静"则可,以"虚静"称"敬"则不可,因为前者可推明"虚静"之新义,后者反会囿于"虚静"之旧义:

> 敬则自虚静,不可把虚静唤做敬。居敬则自然行简。①

至此我们也可以看到,二程所使用的"虚静"概念虽然也是描述本性先天的状态,但这个状态已经和王弼等玄学家们所说的"虚静"有所不同,它并非是指本性自身的无形无象、不动不作,而是指本性对天理的安顿和持守。但这里似乎存在的悖论是,如果天理因其生生而属动,那么持守此动之理的本性何以为静呢? 其实在二程的思想中,"动"更多指涉的是人的思虑心念的发动,对于"生生之理"是否属动的问题,二程并没有给出明确的论述。在二程那里,"生生"最大的意义在于说明道德价值的来源和本质,但至于宇宙的生生是否意味着像人之性情一样的发动,甚至像人之形体一样的行动,则是未可论的问题。②

不过对生生之理属动还是静的存而不论并没有影响二程对虚静与仁德在本性中如何融合这一问题的解决。与周敦颐、张载不同,二程没有尝试在作为本性初始状态的虚静中直接挖掘出积极的价值,再由此价值延伸出道德属性而转通仁德。二程的做法是直接在本性中树立一个作为道德价值来源的

---

① 程颢、程颐著,王孝鱼点校:《二程集》上册,第157页。

② 这个未可论的问题后来被朱熹注意到,并继续加以讨论。朱熹的学生郑可学曾认为"太极,理也,理如何动静?"朱熹则回复说:"理有动静,故气有动静。若理无动静,则气何自而有动静乎?"见朱人求等编:《朱子全书》第23册,上海古籍出版社2010年版,第2686—2687页。不过关于朱熹所说的"理"究竟是属动还是属静,学界亦有不同看法。如冯友兰认为朱熹的"理"是无动无静的,牟宗三认为朱熹的"理"是只存有不活动的,唐君毅认为朱熹的"理"是动态的生生之理等等。相关整理论述可参见乐爱国:《朱熹的"理":"生生之理"还是"只存有而不活动"——以唐君毅、牟宗三的不同诠释为中心》,《厦门大学学报(哲学社会科学版)》2016年第1期。

"理",然后以本性容具此理的状态来重新诠释"虚静"。二程虽然没有像玄学家们那样把"虚静"视为极其重要的概念,但他们对性情论的设计仍然在相当程度上延续了玄学以来的发展逻辑,比如对情不可去的坚决、对心的能力的重视、对性的分层的强调等。而更关键的逻辑在于,二程所说的定性顺物、持敬主一的修养要求,就是在讲把驳杂累物的现实人性恢复到彰明天理的本性,而从上述二程所谓"自性之有动者谓之情"①的观念看,那个现实人性也就表现为情感欲望。所以二程的性情论的理路仍然是以本性为标的,以情感欲望为改造对象的"性其情"的逻辑。

这个逻辑其实很早就被二程确立下来。程颐年轻时便作下《颜子所好何学论》,其中明确提到了王弼的"性其情":②

> 圣人可学而至与? 曰:然。学之道如何? 曰:天地储精,得五行之秀者为人。其本也真而静,其未发也五性具焉,曰仁义礼智信。形既生矣,外物触其形而于中矣。其中动而七情出焉,曰喜怒哀惧爱恶欲。情既炽而益荡,其性凿矣。是故觉者约其情使合于中,正其心,养其性,故曰性其情。愚者则不知制之,纵其情而至于邪僻,牯其性而亡之,故曰情其性。凡学之道,正其心,养其性而已。中正而诚,则圣矣。③

其时程颐学思尚未成熟,所以在文中还看不到"理""气""敬"等自家发明的概念。但这篇谈论如何学而成圣的文章仍可视为程氏兄弟的思想大纲,因为程颐在其中仍然表达出了鲜明的问题意识。比如他说本性真静又具五德,这其实就是在建立虚静与仁德之间的融合关系;比如他讲性动而情出、情荡而性凿,其实就是在说性情的一体关联以及"性其情"的必要。特别是程颐讲到"性其情"时,还专门提到了三个需要满足的条件:约其情使合于中,正其

---

① 程颢、程颐著,王孝鱼点校:《二程集》上册,第318页。
② 朱熹曾评价说:"'性其情',乃王辅嗣语,而伊洛用之,亦曰性之理节其情,而不一之于流动之域耳。"见朱人求等编:《朱子全书》第22册,第2515—2516页。
③ 程颢、程颐著,王孝鱼点校:《二程集》上册,第577页。

心,养其性。这三点其实也分别对应着自玄学起性情论发展的三个方向——情的自然化、心的再立和性的分层。而正如本节所述,这些内容后来在二程的思想中也均有体现,只不过是围绕着他们对以"天理—人性"为中心道德形而上学的建构而展开的。二程所论及的性情修养,有概念上的新诠和思考上的深入,但就其逻辑框架而言,仍然是为了避免纵情牿性的"情其性"并达到顺情明性的"性其情"。而在此目标上,我们亦可看到玄学与理学的关联,以及理学对玄学的改变和发展。

理学在 11 世纪的出现与展开标志着中国哲学进入了一种比以往更加深入的融合状态。理学家们面对佛老大昌、道统欲坠而产生的焦虑让他们对儒学体系自身的欠缺开始了积极的反思,反思的结果便是意识到原始儒学中的天人关系不足以为心性形塑出一个清晰的先天依据,是故有必要进行关于形而上维度的新的理论创建。在本章所论及的周敦颐和本原宇宙论、张载的本体宇宙论以及二程的道德形而上学中,我们可以看到北宋初期的理学家在小心翼翼避免陷入异教的同时又对玄学以来的思想资源保持着相当程度的容纳态度。换句话说,理学家们批评佛老的立场上并未导致学术上的保守①,他们不仅不拒绝使用像"虚静"这样充满玄学色彩但早已走进中国哲学的术语,更积极地为原本处于思想世界边缘的那些概念赋予新的含义、创建新的表达,于是"太极""气""理"等概念依次问世。

当然在北宋初期的理学家那里,无论是对旧有术语的沿用,还是对新创概念的表达,其目的都是满足儒学理论自身的发展需要。在本章第一节中,我们已经看到了理学们试图在玄学家所论述的代表着自然虚静之普遍义的"理"概念中开立出道德上的意涵。这种对道德义的重视始终存在于后来周敦颐、

---

① 理学家们立场对佛教与道教的批判并没有影响他们在哲学思想上对二者的吸收,不少学者认为宋代理学是儒释道三教融合的结果。比如牟钟鉴便认为宋代理学反映出"三教之间突破了晋唐间'殊途同归'论和'同归于善'的功能求同模式,进入到理论内部的互摄互渗,形成'你中有我、我中有你'的血肉交融的格局。"见牟钟鉴:《儒道佛三教关系简明通史》,人民出版社2018 年版,第 247 页。

张载、二程的形而上学建构中,并形成了一个接续玄学的关键问题:如何在本性的虚静状态中找到道德价值的起源。

周敦颐在描述宇宙演化的过程中,以太极之无来解释本性之静,以太极之动来说明正邪善恶之来源。只不过在周敦颐那里,积极的价值来自对虚静状态的符合,虚静是道德之善的先天本原,而仁义是道德之善的现实表现。和周敦颐一样,张载也认为虚静是道德之善的根本,但是他没有把"仁"看作与虚静相分的道德的现实层面,而是认为仁德在根本上有着与虚静的同一性。这是因为仁德所在的本性便有先天与后天的区别,而这种区别的产生又是源自气化流行过程中的不同阶段——气从本体太虚到客体万物的流转引发了本性从先天到后天的过渡,仁德亦随之有了虚静与礼义的不同展现。对于张载以气化之状态来说明道德之成立的思路,二程表达了明确的反对,因为作为气的初始状态的太虚并不能在终极意义上为道德价值树立一个实在的依据。二程的思路是直就道德价值自身立言,以"生生之理"为仁德筑立一个形而上之基,并主张从此普遍理则的视域来认识仁德"万物一体"的内涵。伴随着这个认识,"虚静"也被二程诠释为对天理的安顿和持守。这种诠释使得本性的第一要义不再是由玄学所倡导的"虚静",而是直接秉承于天理的道德,"如何在本性的虚静状态中找到道德价值的起源"这一问题亦被掉转为"如何在本性的道德本质中安置虚静的状态"。由此,二程也完成了由玄学向理学的问题意识的转化。

不过这个转化并没有造成玄学与理学在逻辑上的断裂,实际上恰恰相反,二程乃至北宋初期理学家们的性理之论正是在对玄学性情论逻辑的接续与发展中实现的。通过本章的讨论可知,王弼之后性情论演进的三条主线,即"情"的自然化、"性"的分层和"心"的再立其实在早期理学的形成脉络中都有着明显的体现,比如周敦颐所讲的"五性感动"、张载所说的"情是实事""天地之性""气质之性""大其心",程颢所讲的"圣人有情""心普万物"程颐所说的"才禀于气"等,就都是对三条主线的深化发展。在这样的发展中,王弼所提出的"性其情"仍然作为理学性情论的根本框架而存在，无论北宋理学家们做出了何种理论创构，"复诚"也好，"尽性"也罢，抑或是"持敬"，其性情修养的路径设计都是从后天情感欲望的妄动中返回先天本性是其所是的本然状态中。只不过这一时期的"性其情"结构已经演化出更为复杂的内容，理学家们在"以情近性""归情于性"的路径下用"气"说明了"情"偏邪的原因，用"理"说明了"性"的价值来源，用"仁"说明性情修养的指向与结果。这些充满新意的诠解也使得宋代的性情论在保留着玄学恬静超然的气质特点的同时，亦平添了一份儒学所独有的道德理想主义，而且在理学家们的阐释发明中，性情问题的理论建构也被置于一个更加宏大复杂的形而上学的论域之中。

当程颐再次说起"性其情"时，已经距离王弼第一次提出这个命题过去了八百多年的时间。从这种充满默契和深意的呼应中，我们可以发现玄学向理学转化与演进的线索。沿着这个线索，我们亦可以看到先哲们通过对学术传统的反思、经典文本的新解、概念观点的创造、问题意识的转化、论说视域的提升而不断加深着性情论的哲学深度。这段线索的梳理与研究，也许会为我们理解中国哲学提供更多的可能，使我们不仅能知道"性其情"作为一种理论范式如何被提出、补充与丰满，更能以此知道中国哲学如何在不同的时代思潮中保持着自身的统一。

结　语

　　无解的历史的意义有很大一部分在于不同时代的人们对其进行的不同的重估与重构。当怀着更加现代的学术视角审察过去,就会发现王弼所提出的"性其情"理论以其多层次的哲学规模而具备了重要的哲学史意义。

　　这种意义主要体现在两个方面。从"性"的层面来看,王弼继承了两汉道家以"静"论性的传统,把本性规定为一种虚静无为的状态。王弼认为这种状态在人的存在之初已经存在,人性在现实中的各种关于性情的问题都是由于对这种固有状态的违背所导致的,所以他把性情论的目标设立为对本性的虚静的回归。只不过这个回归并非不是让"情"变为"性",而是要让"情"之中招致恶果的过度之欲返回到受本性影响而基本上保持着无为的自然之欲。

　　在以往的传统中,对于虚静的崇尚往往导致对于情欲的反对,但王弼并没有像两汉道家一样主张彻底地绝情去欲,而是吸收了一部分儒家的观点,把"情"限定在一个合理的范围之内,为"情"在性情修养实践中保留了存在的必要性。于是从"情"的层面来看,王弼一方面承认只有减少情的不当发动才能实现去恶的可能性,另一方面王弼又认为只有保证情的存在才能保证向本性复归的动力的存在。这个动力不是个人完成全部性情修养的能力,而是对圣人跟随与模仿的意愿。王弼认为普通人可以通过圣人的教化完成对虚静状态的回归,而圣人与普遍人之间的互动也是通过共同具有的情来实现的。

　　"圣人"概念的引入说明王弼把实现"性其情"的原因安置在个人之外,用政治哲学的视角解决了性情论的实践问题。在"性其情"的过程中,"性"是价值标准，"情"既是有待改变的对象又是改变自身的动力，圣人是性情实践的原因，同时也是社会教化起点。这便是王弼通过"性其情"这一命题所表达的独到的见解。

"性其情"的提出使得中国古代性情论的发展迈入了新的阶段。整个魏晋时代，玄学家们对于性情的讨论也基本是在"性其情"的逻辑前提下完成的。如本书所论，在嵇康、阮籍、向秀、郭象、张湛等人的玄学创见中，对本性虚静的推崇与对情欲作用的肯认似乎是当时思想世界的共识，而性情之间的互动关系也仍然一以贯之地保持着王弼所形塑的模式。但是，整个魏晋时代的性情论在细节上也具有不同于王弼的诸多展现，这些新的发展也反过来为我们提供一种视角去观察在哪些方面王弼的性情理论尚有值得补完的空间。

比如，在赋予"性"价值性的同时，"性"的现实性如何说明便成为"性其情"理论一个悬而未决的问题。换句话说，人内在的现实性无法只靠自身的情欲承担，人在现实中所表现出来的刚柔缓急也是"性"应有之内容。在王弼之前，刘劭曾在《人物志》中专就这一问题有过讨论①，把"性"的现实性内容称为"才"②。王弼对于本性的"才"方面的内容未做论述的更深层次的原因是，他没有按照两汉以来所流行的元气论观念去讲"性"的生成问题。作为本性在现实上的内容，"才"通常代表一种血气之性，这种血气之性的来源也必

---

① 牟宗三把刘劭对于才性的讨论视作魏晋时代新学术精神的起点，在某种程度上影响了整个魏晋思想的走向，他说："现在撇开'名家'或'形名学'这种名称问题不谈，单从内容方面看，从魏初才性名理，到正始（曹芳年号）王弼何晏之玄学名理，盛谈老庄，以及那个时代朝野士大夫之生活情调，与夫所以能与佛教水乳交融而吸收消化佛教之故，必有一个学术精神上的基本原理，或人之精神生活上某种精神原理，为其支持点。这个支持点，我们可以《人物志》作为了解的开端线索，再顺后来的发展，步步彰显之，厘定之，使其具体化，而观其得失、限度、以及其与各方面的关联。"见牟宗三：《才性与玄理》，第40页。

② 在王弼生活的时代，"才性"仍然是一个流行的论题，《世说新语·文学》刘孝标注引《魏志》云："会论才性同异传于世。四本者，言才性同，才性异，才性合，才性离也。尚书令傅嘏论同，中书令李丰论异，侍郎钟会论合，屯骑校尉王广论离。"见刘义庆撰，刘孝标注，朱铸禹汇校集注：《世说新语汇校集注》，第172—173页。这说明与王弼同时的士人已经注意到"才"的重要性，但对"才"与"性"的关系，即本性之现实性内容与本性的关系尚没有一致的结论。

然是某种更根本的质料性本原。在王弼对"性"的讨论中,他刻意消解了所谓的本原问题,认为"性"在时间之初便已然自足地存在,而对于《周易》和《老子》中本有的"气"概念,他也做了最低限度的处理①,并没有进一步发挥"气"的内涵,更没有把它与"性"相关联,这就直接导致王弼所说的本性只具有价值的意义,而没有实际的内容。

也正是由于这个原因,在"性其情"中,我们看不到王弼对于人何以禀性不同的说明,人在现实上的差异则被王弼归结在"情"的发动上的不同。不过在王弼之后,"性"的现实性差异问题重新回到了魏晋性情论的论述体系中。比如郭象提出了"性极"与"性分"的区分,既保留了对虚静之本性的价值的强调,又承认了个体之人性在现实中会表现出不同的状态。郭象之后,葛洪有"畅玄"之音,成玄英有"重玄"之义,二人继承了玄学之思,对"性"的分层做出了不同的思考——前者认为本性之中有"理"与"欲"的分别,后者认为本性之中有"本真"与"乖真"的区别。当然在具体论述上,二人又各有不同于郭象的地方,比如葛洪是在"性"之外确立了虚静为本的"神"作为修养目标,成玄英则是扩大了"性分"的含义而对郭象的"性各有极"略过不谈。

除了"性"的现实性问题,王弼"性其情"理论另一个有待深入讨论的,是关于"情"的运动问题。"性其情"的特点之二是王弼对情欲的相对性处理,他一方面承认情欲过度发动会使人致恶,另一方面又认为由于本性不能运动,对情欲的化减要靠情欲自身来完成。王弼认为"情"之所以能够自我归正,是因为作为"情"的内容之一的"欲"在某些情况下可以不累溺于外物而选择本性的自然状态作为自己变化的方向。但是对于欲望究竟凭借着何种意志完成这种选择,这种意志之上是否有更高级的决定因素的问题,王弼没有做出进一步

---

①　在对《老子》第十章"专气致柔"的注释中,王弼提到了"专,任也,致极也,言任自然之气。"而在对《周易》的《咸卦》的象辞"二气感应以相与"的解释中,王弼说:"二气相与,乃化生也。"从这些注释来看,他似乎承认天地之间存在着一种"自然之气",且它能够化生万物,但王弼并没有把"气"这一概念构建到自己的性情论中,也没有对"气"进行更详细的论述。楼宇烈:《王弼集校释》上册,第23页;下册,第373页。

的说明。

实际上在《老子指略》中,王弼已经注意到了作为一种意志力而控制欲望的要素是"心":"故不攻其为也,使其无心于为也;不害其欲也,使其无心于欲也,谋之于未兆,为之于未始,如斯而已矣。"①不过他没有进一步从"心"这个概念出发来说明其如何控制欲望从而决定"情"的运动指向的问题。这里一个很重要的原因在于,王弼构创性情论的终极价值是存在之初的虚静,这种虚静不可以通过经验来认识,从某种程度上来说,尽管"心"能够驱使情欲向自然的方向复归,但它本身所代表的思维与分辨的功能却和人在本性上的状态正相反对,所以在王弼看来,在回到虚静的过程中,恰恰需要"心"不发动自身的作用。换句话说,王弼对虚静状态的推崇导致其在逻辑上无法另外安置一个与虚静状态相反的"心"去决定情欲的运动,所以对于"情"如何自我化减、自我规制的模糊处理,是"性其情"结构下的必然结果。②

不过这个结果随着魏晋南北朝性情论的发展而慢慢被改变。在几乎与王弼同时的竹林名士以及与王弼家族密切相关的张湛的理论建构中,"情"概念的自然性被进一步强调。"情"的自然化似乎为情感欲望存有的正当性提供了更多积极的论据,使得"情"自我化减的必要性大大降低。但实际上,玄学家们对"情"的宣扬只是在综合儒道思想的基础上对"性其情"中所表达出的"情不可去"的观念的放大,并没有在根本上改变"情"的性质。比如嵇康认为过分地使用情欲和对情欲不加管制地顺从便不是自然,看上去更加推崇情欲的向秀也抱持着对情欲本身做出限制的态度,就连主张"肆情"的张湛其实也有着以"太虚"超越情欲的立场。换句话说,在王弼之后的玄学脉络中,"情"仍然关联着人性堕落的可能性,所以如何规制情感欲望,也仍然是一个有效的

---

① 楼宇烈:《王弼集校释》上册,第 198 页。
② 另外一个原因在于,王弼用政治上的圣人教化解决了个体去恶为善的选择问题,换句话说,即使个人的内在性中没有使其选择接近本性的意志,他仍然可以通过外在地对圣人的追随来完成性情修养。所以在王弼看来,即使没有"心"的参与,"情"也会按照正确的原则完成对本性自然状态的复归。

问题。

　　真正使这个问题获得突破性进展的，是东晋时道安、支愍度、支遁、于法开和僧肇等佛教思想家引入了佛教的心识观念，通过对"心"概念不同面向的讨论而大大增加了"心"的明觉妙用之能效。比如六家七宗在各自的学说中均强调了"心"的那种非经验、非逻辑的觉悟能力，僧肇则进一步把这种能力表述为统一动与静、物与空、真谛与俗谛的综合。在这样的论述中，"心"不再只是像王弼"以无为心"所说的那样，仅能从消极意义上通过减少自身的感知活动而达到虚静，而是能从积极意义上主动地完成从感物到证"空"的过渡，并完成对"性"与"情"的统合。所以，晋代佛教般若学对"心"概念的新论，使得"心"成了"性"与"情"的桥梁，亦为理学心性论的建构提供了重要的思路。

　　从以上的总结中可以看到，王弼所提出的"性其情"一方面形塑了一个经典的范式，使其后的性情论均是沿着妄动之"情"向虚静之"性"复归的模式而展开，另一方面又留下了理论上的敞开空间，使之后的玄学家们对本性的现实差异、情感欲望的控制要素等问题作出了更为完善的论证。"情"的自然化、"性"的分层和"心"的再立这三条线索也随之成为魏晋南北朝时期的性情论发展的核心进路以及玄学向理学转化的演进逻辑。

　　在北宋五子的理学思想中，王弼所提出的"性其情"仍然作为性情论的基本框架而存在。理学家们虽然以恢复道统为旨趣，但在哲学体系的建构上却充分吸收了传统儒学之外的尤其是玄学的观念，其中最为典型的证据便是对本性虚静的设定。比如周敦颐以太极之本无来说人性之主静，张载说性之渊源是至静无感，二程虽然对"静"字的使用比较谨慎，但仍然以"安静"来讲未发时的应然状态。以这些设定为基础，北宋理学家还提出了"复诚""尽性""持敬"等修养路径，其实质就是"性其情"所提倡的从后天情感欲望的妄动中返回先天本性是其所是的本然状态。

　　不仅如此，在"性其情"的理论结构之外，王弼之后的性情论演进的三条线索也被早期的理学家们容纳于思想的创构之中。如周敦颐所讲的"五性感动"、张载对"天地之性"与"气质之性"的区分、程颐所说的"才禀于气"就明显体现了理学家对"性"的分层做出的考量，像张载所说的"情是实事""大其心"、程颢所讲的"圣人有情""心普万物"等又分别显示出理学们对"情"包容的态度和对"心"的特殊功能的赋予。

当然，理学的性情论并非是对玄学的简单继承，从其成立之初，理学家们便清醒地意识到玄学虽然提供了足够经典的性情范式与足够丰富的性情观念，但被儒家传统所重视的仁义道德却始终没有明确地安置在"性其情"的框架之中。于是从周敦颐开始，如何在本性的虚静状态中找到道德价值的起源便成为早期理学家们独特的思想旨趣。在这个旨趣之下，宋代的儒者逐渐修正了玄学家直接以"虚静"为积极价值的做法，并引入了"仁"这一概念，对本性的存在义与道德义的关系做出了颇具创见的思考。比如周敦颐把"善"分为本原与现实两个层面，并认为前者是形而上的虚静，后者是形而下的仁义；张载认为虚静是仁性之本，礼义是仁性之用；二程则是直接在本性中树立一个作为道德价值来源的"理"，然后以本性容具此理的状态来重新诠释"虚静"。这些思考让理学家们在"性其情"的框架中完成了由玄学向理学的问题意识的转化。

而更值得注意的是，这个转化不仅意味着玄学借由理学的道德理想主义在虚静的普遍本性之中开立出仁义的意涵，同时也意味着理学借由玄学之深远奥妙为道德价值建立起更为完整清晰的终极依据。在后者的意义上，可以说北宋理学家们新建形而上学的默契正是来自玄学的启发——周敦颐以无极之太极演化出本原宇宙论；张载以"气"散为太虚、聚为万物的过程塑造了本体宇宙论；二程以天地的生生之理揭示了道德形而上学的内涵。这些内容的铺垫下，中国哲学完成了一次深度的融合与反思，理学也因之成为接续玄学且超越玄学的新的理论高峰。

当程颐再次说起"性其情"时，已经距离王弼第一次提出这个命题过去了800多年的时间。从这种充满深意的呼应中，我们可以发现玄学向理学转化与演进的脉络。沿着这个脉络,我们亦可以看到先哲们通过对学术传统的反思、经典文本的新解、概念观点的创造、问题意识的转化、论说视域的提升而不断加深着性情论的哲学深度。这段线索的梳理与研究,也许会为我们理解中国哲学提供更多的可能,使我们不仅能知道"性其情"作为一种理论范式如何被提出、补充与丰满,更能以此知道中国哲学如何在不同的时代思潮中保持着自身的统一。

参考文献

古代文献

黄寿祺、张善文撰：《周易译注》，上海古籍出版社 2004 年版。

李民、王健撰：《尚书译注》，上海古籍出版社 2004 年版。

李学勤主编：《十三经注疏·尚书正义》，北京大学出版社 1999 年版。

杨伯峻：《论语译注》，中华书局 2006 年版。

杨伯峻：《孟子译注》，中华书局 2008 年版。

杨伯峻：《列子集释》，中华书局 1979 年版。

杨伯峻：《春秋左传注》，中华书局 1995 年版。

汤漳平、王朝华译注：《老子》，中华书局 2014 年版。

方勇译注：《墨子》，中华书局 2015 年版。

方勇译注：《庄子》，中华书局 2010 年版。

方勇、李波译注：《荀子》，中华书局 2015 年版。

陈鼓应：《庄子今注今译》，中华书局 2009 年版。

高华平、王齐洲、张三夕译注：《韩非子》，中华书局 2010 年版。

石磊译注：《商君书》，中华书局 2011 年版。

黎翔凤：《管子校注》，中华书局 2004 年版。

李零：《郭店楚简校读记》，人民大学出版社 2007 年版。

杨天宇：《礼记译注》，上海古籍出版社 2004 年版。

陆玖译注:《吕氏春秋》,中华书局 2011 年版。

方向东译注:《新书》,中华书局 2012 年版。

黄省曾注、孙启治校补:《申鉴注校补》,中华书局 2012 年版。

安居香山、中村璋八:《纬书集成》,河北人民出版社 1994 年版。

苏舆撰、钟哲点校:《春秋繁露》,中华书局 1992 年版。

王利器:《新书校注》,中华书局 1986 年版。

王利器:《文子疏义》,中华书局 2000 年版。

王利器:《颜氏家训集解》,中华书局 1993 年版。

汪荣宝:《法言义疏》,中华书局 1987 年版。

黄晖:《论衡校释》,中华书局 1990 年版。

陈广忠译注:《淮南子》,中华书局 2011 年版。

黄怀信:《鹖冠子汇校集注》,中华书局 2004 年版。

许维遹注释:《韩诗外传集释》,中华书局 1980 年版。

向宗鲁:《说苑校正》,中华书局 1987 年版。

王明编:《太平经合校》,中华书局 1960 年版。

马世年译注:《潜夫论》,中华书局 2018 年版。

朱谦之:《老子校释》,中华书局 1984 年版。

王国轩、王秀梅译注:《孔子家语》,中华书局 2011 年版。

王卡点校:《老子道德经河上公章句》,中华书局 1993 年版。

严遵著、王德有点校:《老子指归》,中华书局 1994 年版。

饶宗颐:《老子想尔注校正》,上海古籍出版社 1991 年版。

郭彧:《〈京氏易传〉导读》,齐鲁书社 2002 年版。

梁满仓译注:《人物志》,中华书局 2014 年版。

楼宇烈:《王弼集校释》,中华书局 1980 年版。

戴明扬:《嵇康集校注》,中华书局 2014 年版。

陈伯君:《阮籍集脚注》,中华书局 2012 年版。

刘义庆撰,刘孝标注,朱铸禹汇校集注:《世说新语汇校集注》,上海古籍出版社 2002 年版。

严可均辑:《全后汉文》,商务印书馆 1999 年版。

严可均辑:《全三国文》,商务印书馆 1999 年版。

严可均辑:《全晋文》,商务印印书馆 1999 年版。

中华书局编辑部编:《汉魏古注十三经》下册,中华书局 1998 年版。

年郭象注、成玄英疏:《南华真经注疏》,中华书局 2011 年版。

释慧皎:《高僧传》,汤用彤校注,中华书局 1992 年版。

李霖:《道德真经取善集》,收入《续修四库全书》子部道家类,上海古籍出版社。

王明:《抱朴子内篇校释》,中华书局 1985 年版。

杜光庭:《道德真经广圣义》,凤凰出版社 2017 年版。

朱森溥:《玄珠录校释》,巴蜀书社 1989 年版。

叶贵良:《敦煌本〈太玄真一本际经〉辑校》,巴蜀书社 2010 年版。

吉藏:《百论疏序》,《中论·百论·十二门论》,上海古籍出版社 2011 年版。

僧肇著、张春波校释:《肇论校释》,中华书局 2010 年版。

僧佑:《出三藏记集》,中华书局 1995 年版。

吴受琚辑释、俞震、曾敏校补:《司马承祯集》,社会科学文献出版社 2013 年版。

虞世南:《北堂书钞》,中国书店 1989 年版。

董诰等辑:《全唐文》,上海古籍出版社 1990 年版。

刘立夫、魏建中、胡勇译注:《弘明集》,中华书局 2011 年版。

韩愈撰,马其昶校注:《韩昌黎文集校注》,上海古籍出版社 1986 年版。

韩愈著、方世举笺注、郝润华、丁俊丽整理:《韩昌黎诗集编年笺注》,中华书局 2012 年版。

李翱撰、郝润华、杜学林校注:《李翱文集校注》,中华书局 2021 年版。

欧阳修著、李逸安点校:《欧阳修全集》,中华书局 2001 年版。

庄绰、张端义:《鸡肋编·贵耳集》,上海古籍出版社 2012 年版。

周敦颐著、陈克明点校:《周敦颐集》,中华书局 2009 年版。

邵雍著、郭彧整理:《邵雍集》,中华书局 2010 年版。

张载著、章锡琛点校:《张载集》,中华书局 1978 年版。

程颢、程颐:《二程集》,中华书局 1981 年版。

朱熹撰、廖明春点校:《周易本义》,中华书局 2009 年版。

黎靖德编、王星贤点校:《朱子语类》,中华书局 1985 年版。

朱人求等编:《朱子全书》,上海古籍出版社 2010 年版。

陈荣捷:《王阳明传习录详注集解》,华东师范大学出版社 2009 年版。

黄宗羲:《宋元学案》,中华书局 1986 年版。

皮锡瑞:《经学历史》,中华书局 2008 年版。

戴震:《孟子字义疏证》,中华书局 1982 年版。

程树德:《论语集释》,中华书局 1990 年版。

邬国义、胡果文、李晓路撰:《国语译注》,上海古籍出版社 2017 年版。

司马迁:《史记》,中华书局 1959 年版。

班固:《汉书》,中华书局 1962 年版。

范晔:《后汉书》,中华书局 1965 年版。

陈寿:《三国志》,中华书局 1959 年版。

袁宏著、周天游校注:《后汉纪校注》,天津古籍出版社 1987 年版。

房玄龄:《晋书》,中华书局 1996 年版。

李延寿:《北史》,中华书局 1974 年版。

司马光:《资治通鉴》,中华书局 1956 年版。

脱脱等:《宋史》,中华书局 1985 年版。

沈约:《宋书》,中华书局 2011 年版。

今人论著

Angus Charles Graham, Appendix: the meaning of ch'ing, *in Studies in Chinese philosophy and philosophical literature*, New York: State University of New York Press, 1986

A.A.Petrov:《王弼哲学世界观的基本问题》,顾桂箐译,《文史哲》1957年第9期。

陈寅恪:《金明馆丛稿初编》,生活·读书·新知三联书店2001年版。

蔡仁厚:《宋明理学·北宋篇》,台北学生书局1977年版。

陈荣捷:《朱陆通讯详述》,载《朱子论集》,华东师范大学出版社2007年版。

陈鼓应:《道家易学建构》,商务印书馆2010年版。

陈鼓应:《老庄新论》,上海古籍出版社1992年版。

陈鼓应:《王弼体用论新诠》,《汉学研究》2004年第22卷第1期。

陈来:《古代宗教与伦理——儒家思想的根源》,生活·读书·新知三联书店1996年版。

陈来:《魏晋玄学的"有""无"范畴新探》,《哲学研究》1986年第9期。

陈来:《汉代儒学对"仁"的理解及其贡献》,《船山学刊》2014年第3期。

陈德和:《战国老学的两大主流——政治化老学与境界化老学》,《鹅湖学志》2005年第35期。

陈昭利:《周敦颐太极图来源考及其与道教之关系》,《问学集》1993年第3期。

蔡家和:《朱子与象山关于〈太极图说〉的论辩》,《朱子学刊》2015年第1期。

陈睿超:《论邵雍先天易学哲学的体用观念》,《哲学动态》2018年第6期。

崔晓姣:《何为"自然"与"自然"何为？——近年来中国哲学界关于道家"自然"观念的研究综述》,《杭州师范大学学报(社会科学版)》2020 年第 2 期。

Chad Hansen, Qing in pre-buddhist Chinese thought, in Joel Marks and Roger T. Ames(ed.), Emotions in Asian thought, New York: State University of New York Press, 1995

戴琏璋:《玄志、玄理与文化发展》,台北"中央"研究院中国文哲研究所 2002 年版。

杜维明:《杜维明文集》第五卷,武汉出版社 2002 年版。

丁为祥:《虚气相即:张载哲学体系及其定位》,人民出版社 2000 年版。

丁四新:《论郭店楚简"情"的内涵》,《现代哲学》2003 年第 4 期。

冯友兰:《中国哲学史新编》中册,人民出版社 2007 年版。

冯友兰:《中国哲学史新编》下册,人民出版社 2007 年版。

冯友兰:《中国哲学简史》,北京大学出版社 1996 年版。

冯友兰:《中国哲学史》,华东师范大学出版社 2015 年版。

冯友兰:《中国哲学史》上册,华东师范大学出版社 2015 年版。

冯友兰:《三松堂全集》第五卷《新原道》,河南人民出版社 2001 年版。

冯契:《中国古代哲学的逻辑发展》中,人民出版社 1984 年版。

方立天:《中国古代哲学问题发展史》上册,中华书局 1990 年版。

方旭东:《反原与轮回——张载对"游魂为变"的诠释及其争议》,《周易研究》2021 年第 3 期。

福井康顺等监修:《道教(第二卷)》,朱越利等校,上海古籍出版社 1992 年版。

冯达文:《王弼哲学的本体论特征》,《中山大学学报(社会科学版)》1999 年 6 期。

傅锡洪:《从"无极而太极"到"天理自然":周程授受关系》,《哲学研究》

2021 年第 5 期。

郭沫若:《金文丛考·周彝中之传统思想考》,人民出版社 1954 年版。

高亨:《周易大传今注》,齐鲁书社 1998 年版。

高尚榘:《〈周易〉"元亨利贞"歧解辨正》,《齐鲁学刊》2006 年第 3 期。

葛兆光:《屈服史及其他——六朝隋唐道教的思想史研究》,生活·读书·新知三联书店 2003 年版。

葛兆光:《中国思想史》第一卷,复旦大学出版社 2011 年版。

古正美:《天王传统与佛王传统》,台北商周出版社 2003 年版。

郭沂:《〈中庸〉成书辨证》,《孔子研究》1995 年第 4 期。

郭沂:《〈易传〉成书与性质若干观点平议》,《齐鲁学刊》1998 年第 1 期。

郭沂:《从早期〈易传〉到孔子易说》,收入《国际易学研究》第 3 辑,华夏出版社 1997 年版。

郭沂:《孟子车非孟子说》,《中国哲学史》2002 年第 3 期。

郭沂:《子思书再探讨——兼论〈大学〉作于子思》,《中国哲学史》2003 年第 4 期。

郭沂:《〈淮南子·缪称训〉所见子思〈累德篇〉考》,《孔子研究》2003 年第 6 期。

郭沂:《德欲之争——早期儒家人性论的核心问题与发展脉络》,《齐鲁学刊》2005 年第 2 期。

葛艾儒著、罗立刚译:《张载的思想(1020—1077)》,上海世纪出版股份有限中心 2010 年版。

侯外庐:《中国思想通史》,人民出版社 1998 年版。

何石彬:《老子之"道"与"有"、"无"关系新探——兼论王弼本无论对老子道本论的改造》,《哲学研究》2005 年第 7 期。

黄勇:《程颢的美德伦理学:超越理性主义与情感主义之争》,《东南大学学报(哲学社会科学版)》第 22 卷第 5 期。

哈佛燕京学社编:《儒家与自由主义——和杜维明教授的对话》,北京三联书店 2001 年版。

黑格尔:《精神现象学》,商务印书馆 1979 年版。

海德格尔著,陈嘉映、王庆节译:《存在与时间》,上海三联书店 2006 年版。

姜昆武:《诗书成词考释》,齐鲁书社 1989 年版。

金春峰:《"德"的历史考察》,《陕西师范大学学报》2007 年第 6 期。

康中乾:《魏晋玄学对老庄"道"的革新》,《中国哲学史》2015 年第 3 期。

匡钊:《心由德生——早期中国"心"观念的起源及其地位》,《中国哲学史》2020 年第 6 期。

康德:《纯粹理性批判(第二版)》,收入李秋零主编:《康德著作全集》第三卷,中国人民大学出版社 2007 年版。

刘师培撰、万仕国点校:《汉宋学术异同论》,《仪征刘申叔遗书》第 3 卷,广陵书社 2014 年版。

刘大杰:《魏晋思想论》,上海古籍出版社 1998 年版。

劳思光:《新编中国哲学史》,广西师范大学出版社 2005 年版。

李泽厚:《新版中国古代思想史论》,天津社会科学出版社 2008 年版。

李学勤:《先秦儒家研究的重大发现》,《中国哲学》第二十辑,辽宁教育出版社 1999 年版。

李学勤:《楚简〈恒先〉首章释义》,《中国哲学史》2004 年第 3 期。

李定生等脚注:《文子要诠》,复旦大学出版社 1988 年版。

李宗侗:《中国古代社会新研》,开明书店 1949 年版。

李镜池:《周易通义》,中华书局 1981 年版。

李存山:《程颐与杨时关于〈西铭〉的讨论》,《人文论丛》2017 年第 2 期。

李申:《太极图渊源辩》,《周易研究》1991 年第 1 期。

李承贵:《从"生"到"生生"——儒家"生生"之学的雏形》,《周易研究》

2020 年第 3 期。

李震:《从邵雍到朱子:'一分为二'说的演变与定型》,《中国哲学史》2021 年第 6 期。

罗宗强:《玄学与魏晋士人心态》,浙江:浙江人民出版社 1991 年版。

卢国龙:《中国重玄学——理想与现实的殊途同归》,人民中国出版社 1993 年版。

刘翔:《中国传统价值观诠释学》,生活·读书·新知三联书店 1996 年版。

乐爱国:《朱熹的"理":"所以然"还是"所当然"——以李相显、唐君毅的观点为中心》,《四川大学学报(哲学社会科学版)》2016 年第 2 期。

乐爱国:《朱熹的"理":"生生之理"还是"只存有而不活动"——以唐君毅、牟宗三的不同诠释为中心》,《厦门大学学报(哲学社会科学版)》2016 年第 1 期。

林丽真:《王弼"性其情"说析论》,收入《王叔岷先生八十寿庆论文集》,台北:大安出版社 1993 年版。

林丽真:《魏晋人论"情"的几种面向》,《"语文、性情、义理——中国文学的多层面探讨"国际学术会议论文集》1996 年 4 月。

林丽真:《张湛"贵虚"论及其与玄佛思想之交涉》,《台大中文学报》2001 年 12 月,第 61—89 页。

林乐昌:《论张载的理学纲领和气论定位》,《孔学堂》2020 年第 1 期。

柳熙星:《王弼崇本息末之本体论》,《哲学论集》第 11 辑,2005 年。

牟宗三:《智的直觉与中国哲学》,《牟宗三先生全集》第 20 卷,台北联经出版社 2003 年版。

牟宗三:《心体与性体》,《牟宗三先生全集》第 5 卷,台北联经出版社 2003 年版。

牟宗三:《才性与玄理》,广西师范大学出版社 2006 年版。

蒙文通辑校:《道书辑校十种》,巴蜀书社 2001 年版。

牟钟鉴:《儒道佛三教关系简明通史》,人民出版社 2018 年版。

Michael Slote, Moral Sentimentalism, Oxford /New York: Oxford University Press

蒙培元:《"所以然"与"所当然"如何统一——从朱子对存在与价值问题的觯决看中西哲学之异同》,《泉州师范学院学报》2005 年第 1 期。

庞万里:《二程哲学体系》,北京航空航天大学出版社 1992 年版。

彭自强:《支遁"即色"义试析》,《世界宗教研究》2000 年第 4 期。

彭耀光:《近百年来二程哲学思想异同研究述评》,《哲学动态》2007 年第 6 期。

钱穆:《中国思想史》,台湾学生书局 1985 年版。

钱穆:《庄老通辨》,生活·读书·新知三联书店 2002 年版。

钱穆:《朱子新学案》第一册,收录于《钱宾四先生全集》,台北联经出版事业股份有限中心 1998 年版。

卿希泰,唐大潮:《道教史》,江苏人民出版社 2006 年版。

任继愈:《中国哲学史》,人民出版社 2010 年版。

任继愈:《理学探源》,收录于《燕园论学集》,北京大学出版社 1984 年版。

任继愈主编:《中国道教史》,上海人民出版社 1990 年版。

任继愈:《中国佛教史》,中国社会科学出版社 1985 年版。

束景南:《太易图与太极图——周敦颐太极图渊源论》,《东南文化》1994 年第 1 期。

砂山稔:《隋唐道教思想史研究》,东京平河出版社 1990 年版。

唐君毅:《中国哲学原论——原道篇》下册,中国社会科学出版社 2006 年版。

唐君毅:《中国哲学原论·原教篇》,中国社会科学出版社 2006 年版。

唐纪宇:《不已、生生与对待——〈程氏易传〉中的天道观》,《周易研究》

269

2020 年第 2 期。

汤用彤:《魏晋玄学论稿》,人民出版社 2015 年版。

汤用彤:《理学·佛学·玄学》,北京大学出版社 1991 年版。

汤用彤:《汤用彤全集》,河北人民出版社 2000 年版。

汤一介:《郭象与魏晋玄学》,北京大学出版社 2000 年版。

汤一介:《"道始于情"的哲学诠释——五论创建中国解释学问题》《学术月刊》2001 年第 7 期。

田智忠:《从"舂陵本"〈通书〉论〈通书〉的早期流传》,《周易研究》2013 年第 1 期。

闻一多:《闻一多全集》,生活·读书·新知三联书店 1982 年版。

王葆玹:《正始玄学》,齐鲁书社 1987 年版。

王晓毅:《王弼评传》,南京大学出版社 1996 年版。

王晓毅:《黄老"因循"哲学与王弼〈周易注〉》,《周易研究》2015 年第 6 期。

王晓毅:《王弼〈论语释疑〉研究》,《齐鲁学刊》1993 年第 5 期。

王晓毅:《般若学对西晋玄学的影响》,《哲学研究》1996 年第 9 期。

吴冠宏:《王弼思想历程的探析:从圣人无情到圣人有情》,《台湾东亚文明研究学刊》2008 年第 5 卷第 1 期。

吴冠宏:《何晏"圣人无情说"试解——兼论关于王弼"圣人有情说"之争议》,台北:《台大中文学报》1997 年第 9 期。

瓦格纳:《王弼〈老子注〉研究》,杨立华译,江苏人民出版社 2009 年版。

洼德忠:《道教史》,东京山川出版社 1977 年版。

吾妻重二:《朱子学的新研究——近世士大夫思想的展开》,商务印书馆 2017 年版。

吾妻重二:《〈太极图〉之形成——围绕儒释道三教的再检讨》,载《朱子学的新研究——近世士大夫思想的展开》,第 46—68 页。

徐复观:《中国人性论史·先秦篇》,生活·读书·新知三联书店 2001 年版。

熊铁基:《秦汉新道家略论稿》,人民出版社 1984 年版。

许抗生:《魏晋玄学史》,陕西师范大学出版社 1989 年版。

徐梵澄:《老子臆解》,中华书局 1988 年版。

向世陵:《张湛的"至虚"与有无说》,《中国哲学史》2004 年第 2 期。

夏含夷:《〈周易〉"元亨利贞"新解——兼论周代习贞习惯与〈周易〉卦爻辞的形成》,《周易研究》2010 年第 5 期。

小野泽精一、福永光司、山井涌编、李庆议:《气的思想》上海人民出版社 2014 年版。

余英时:《中国知识阶层史论——古代篇》,台北联经出版社 1980 年版。

余敦康:《魏晋玄学史》,北京大学出版社 2004 年版。

余敦康:《何晏、王弼玄学新探》,方志出版社 2007 年版。

余敦康:《中国哲学论集》,辽宁大学出版社 1998 年版。

于省吾编:《甲骨文字诂林》第三册,中华书局 1996 年版。

杨国荣:《化当然为必然:朱熹思想的内在趋向》,《中山大学学报(社会科学版)》2009 年第 1 期。

杨维中:《论中国佛教的"心"、"性"概念与"心性问题"》,《宗教学研究》2002 年第 1 期。

杨儒宾、祝平次编:《儒学的气论与工夫论》,华东师范大学出版社 2008 年版。

杨泽波:《信念的还是实体的? ——儒家生生伦理学关于德性之天与仁性关系的思考》,《孔子研究》2018 年第 1 期。

杨立华:《气本与神化:张载哲学论述》,北京大学出版社 2008 年版。

杨立华:《郭象〈庄子注〉研究》,北京大学出版社 2010 年版。

杨立华:《朱子理气动静思想再探讨》,《云南大学学报:社会科学版》2015

年第 14 卷第 1 期。

杨柱才：《道学宗主——周敦颐哲学思想研究》，人民出版社 2004 年版。

叶树勋：《老子"自然"观念的三个问题》，《人文杂志》2018 年第 5 期。

朱伯崑：《易学基础教程》，九州出版社 2002 年版。

张岱年.：《论当然》，《哲学动态》1997 年第 2 期。

张丽珠：《中国哲学史三十讲》，北京师范大学出版社 2010 年版。

张杰：《先秦儒家性情思想研究》，武汉大学博士学位论文，第 41—42 页。

周学武：《平心论濂溪和二程的传承关系》，《朱子学刊》1994 年第 1 期。

周振甫：《周易译注》，中华书局 1991 年版。

周建刚：《周敦颐与邵雍思想异同辨》，《哲学研究》2017 年第 9 期。

曾春海：《王弼圣人有情无情论初探》，台北《哲学与文化》第 69 卷第九期。

朱汉民：《玄学与理学的学术思想理路研究》，台湾大学出版中心 2011 年版。

朱汉民、刘克兵：《玄学与性理之学》，《中国哲学史》2010 年第 1 期。

朱汉民：《张载究天人之际的太虚论》，《人文杂志》2020 年第 11 期。

朱汉民、李立广：《"一体"训仁与以"公"释仁：二程仁说的比较》，《湖南大学学报（社会科学版）》第 34 卷第 1 期。

朱建民：《张载思想研究》，台北文津出版社 1991 年版。

詹石窗、冯静武：《邵雍的"皇极经世"学及其历史影响》，《文史哲》2008 年第 5 期。

其他（韩国学者）

朴敬姬：《何晏·王弼"本末有无"浅析》，《中国学研究》1989 年第 6 卷。

权光镐：《王弼的内圣与外王观》，《大同哲学》2006 年。

金周昌：《王弼周易言意象体系考察》，《中国学论丛》第 16 卷 2003 年。

金是天:《〈老子〉与圣人之道——王弼老学的义理性回转》,《时代与哲学》2010 年第 21 卷 2 号。

刘东桓:《王弼的政治哲学》,《中国哲学》第 3 卷 1992 年。

李锡明:《汉代道家对〈老子〉第 42 章的理解——以〈淮南子〉的解说为中心》,《泰东古典研究》第 14 辑 1997 年。

林采佑:《王弼的易哲学研究》,延世大学博士学位论文,1996 年。

林采佑:《王弼玄学体系中的〈老子〉〈周易〉关系》,《周易研究》第 1 辑 1996 年。

林采佑:《汉代象数易学与王弼易理易学的关系——天象和人事:象数与义理的天人关系》,《周易研究》第 2 辑 1997 年。

严连锡:《对王弼易学义理特性的考察》,《泰东古典研究》第 13 辑 1996 年。

李在权:《王弼的〈老子微旨例略〉分析》,《东西哲学研究》第 44 号 2007 年 6 月。

李在权:《王弼的本末观》,《东西哲学研究》第 52 卷 2009 年。

李在权:《王弼的〈论语〉解说》,《东西哲学研究》第 36 号 2012 年 6 月。

李在权:《王弼的形名论——在哲学方法论的观点》,《东西哲学研究》第 77 号 2015 年 9 月。

李在权:《王弼哲学中终极存在的语言表现》,《儒学研究》第 34 辑,忠南大学儒学研究所 2016 年 1 月。

李元英(이원영音译):《王弼的本末概念理解》,《哲学论究》第 20 辑 1994 年。

朱光镐:《王弼的太极观》,《中国哲学》第 11 卷 2003 年。

金贤京(김현경音译):《从王弼的有无论看道德的基础》,《温知论丛》2015 年第 43 辑。

后　记

　　后记在一部学术著作中的地位十分特殊，它大概是唯一允许带着感性的情绪进行创作与讲述的环节。尽管这种情绪亦是学术史构成的必要内容，但本质上仍属于作者个人独有的生命体验。

　　这本书的写作，首先是基于对王弼"性其情"思想的考察，而之所以会对这位开启玄学之风的哲学家及其性情论产生兴趣，则是源自我个人的一段求学机缘。2016年9月，还在韩国读博士的我通过学校的项目来到台湾大学，开始了为期半年的访学。在台大的时候，我在中文系上了一门"魏晋玄学问题讨论"的课，授课的是台湾地区很早开始研究王弼并在玄学领域有诸多理论建树的林丽真教授。因为是面向硕博的课程，所以选课的人并不多，只有七个人。每次上课的时候大家随意而坐，在林丽真教授的带领下畅谈玄道，虽未达当初竹林名士之才，但亦有雅远旷达之趣。在结课之后，林丽真教授还邀请我们去了她在山中的农场，给我们看她种的菜果、养的鸡鸭，并亲手给我们做了一桌子菜。这种明志于自然的生活态度与求索于玄理的学术旨趣交相辉映，成为那门课最为难忘的一幕。

　　林丽真教授曾说自己对王弼思想的诸多问题都做了考察，唯独对一个问题，即"性其情"的内涵未及深入研究。我把这话记在心里，快离开台湾时向林丽真教授表达了自己对研究"性其情"的兴趣，她也欣然表达了肯认。回到首尔大学后，我向导师郭沂教授提出，想把博士论文的题目定为"王弼的'性其情'论研究"，其时郭沂师已从道哲学体系的构建转入更为宏阔的中国哲学

274

元问题与元结构的思考,虽然这种思考早已超越了具体哲学家的具体观念,但他还是同意了我的选题。实际上,正是由于郭沂师长期保持着哲学研究的高度原创性,他对学生的指导也总是留有充分的空间鼓励学生自由选择自己真正感兴趣的问题。当然,郭沂师也提出建议,希望我能通过"性其情"思想的研究对中国哲学乃至东亚哲学的性情论发展做出总体的把握。我当时已注意到程颐、朱熹这些理学家们对王弼"性其情"的谈论,隐隐觉得玄学与理学的性情论有一条尚待挖掘的线索,甚至在韩国和日本的古代文献中,也发现了东亚儒者对"性其情"的谈论。不过梳理魏晋到宋明乃至日韩的性情论发展史对一篇博士论文来说,体量有些过大,首尔大哲学系的其他教授也建议我把研究范围缩小,在和郭沂师商量后,我决定把研究的对象框定在魏晋时代,通过对"性其情"思想蕴含的分析,来指出整个玄学性情论的发展特征。

这篇博士论文大概写了一年多的时间,在 2018 年的时候,前后参加了五次论文答辩,韩国博士论文答辩的程序远比国内复杂,分为一次开题答辩、一次抄录答辩和三次本审。在这个过程中除了郭沂师的悉心指导外,同系的许南进教授和张元泰教授也对我的写作提出了很多建议。特别是张元泰教授,有一段时间几乎每周都要去他的办公室,在与他的讨论中,我确定了王弼是用圣人的政治实践来解决众人性情修养缺乏内在动力的问题。

2019 年,回国入职中央民族大学哲学与宗教学学院之后,我一直在思索着把博士论文中未完待续的内容做进一步深化的研究。在积累了一些阅读和思考后,我认为以"性其情"作为范式去观照理学性情论的出现与发展是可行的,于是以"性其情:玄学向理学的发展与演进"为题申报了北京社科基金青年项目。2020 年年末确认立项之后,我便开始着手本书的创作。当初的博士论文是将近 8 万字,这部书则是将近 23 万字,不仅内容上增加了原来没有涉及的理学性情论的部分,对于原来"性其情"观念在魏晋时代如何发展的论述也做了很大的改变。在博士论文中,我把王弼的性情论与其他玄学家的性情论做了比较,指出妄动之情欲向虚静之本性复归的进路是整个魏晋时代论述

"性""情"关系的基本逻辑。在本书中,我在保留这个观点的同时,又把对魏晋时代的考察从玄学扩大至三教,力图从一个更广的哲学史视域中去说明"性其情"这个观念是如何在哲学内涵上被不断完善的。2022年9月,本书的写作全部完成,在申请了结项之后,又和人民出版社签约,在武丛伟老师细致的校勘下,本书得以顺利出版。特别值得一提的是,本书的出版得到了中央民族大学"中央高校建设世界一流大学(学科)和特色发展引导专项"的资助。在刘成有院长的审定之下,本书还有幸被编列进本学院的"哲学与宗教学文库"。

本书虽然可以看作我在博士论文之后对"性其情"问题的推进研究,但其实它的问题意识已经和博士论文有了很大的区别。如果说后者聚焦的是玄学内部被忽视的性情结构论述,那么,这本书试图阐明的则是整个中国哲学的建构工作中尚未清晰的性情论发展逻辑。不可否认的是,从中国哲学作为一门学科被建制至今(当然哲学本身是不是学科、有没有领域,这仍是可以讨论的哲学元问题),前辈学人对哲学史的还原工作已经大致完成,我们对不同时代、不同思潮、不同学派、不同哲人、不同经典的各种思想观念已经有了细致的梳理与阐释。但另一方面,对这些思想观念的哲学性建构,则仍有值得努力的空间。哲学问题的追问与回答必须带有广泛已极的普遍性,这就需要哲学研究者突破"史"的时间特殊性与"人"的语言特殊性,从不断涌现的思想内容中抽离出定在的范式与秩序。

所以从哲学的角度出发,作为中国思想理论高峰的玄学与理学就不可能是独立于彼此的思想体系。本书也正是基于这种认识,试图指出玄学与理学在各异的表面下其实分有着共同的哲学问题,哲学家们所创造的不同话语,如王弼所说的"虚静"、郭象所说的"玄冥"、张载所说的"太虚"等,也在指向一种可被通约的哲学认识。而通过"性其情"发展理路的考察,我们不仅可以看到关于"人如何变好"的哲学问题在宇宙天人、道德善恶、圣凡治化等不同层面的思考下被先哲们进一步分解为"人是什么""为什么应该变好""什么是

'好'"等诸多问题,更可以看到关于"妄动的情感欲望复归虚静的本性"的哲学认识在不同的性情论体系中所保持的确定与所获得的改变。总而言之,本书希望借由"性其情"这一范式的提出,为中国哲学的研究提供一种整体视域的观照。当然,由于能力所限,本书对玄学与理学的性情论所提供的整体观照只是完成了基础逻辑框架的构建,书中对魏晋至北宋的性情思想的讨论,难免有所遗漏,不足之处,希望得到学界与读者的指正。

最后,感谢以上提到的诸位师长前辈,在他们的教诲、帮助与影响下,我明白了奔赴哲学的意义,走上了哲学研究的道路。除此之外,我还要特别感谢我的父母,他们对我无私的爱不仅是我感受世界一切美好的起点,更是我不断前进的力量源泉。这本书作为我的第一本出版著作,我希望把它献给过去十五年求索哲学的生命历程,更希望把它献给默默坚定地站在背后,永远支持我、温暖我的父母。

2022 年 9 月于京西寓所

责任编辑:武丛伟
封面设计:王欢欢

图书在版编目(CIP)数据

性其情:玄学向理学的演进与转化/李浩然 著. —北京:人民出版社,2023.6
ISBN 978－7－01－025749－5

Ⅰ.①性…　Ⅱ.①李…　Ⅲ.①玄学-研究-中国②理学-研究-中国
　Ⅳ.①B235.05②B244.05

中国国家版本馆 CIP 数据核字(2023)第 103271 号

性其情:玄学向理学的演进与转化
XINGQIQING XUANXUE XIANG LIXUE DE YANJIN YU ZHUANHUA

李浩然　著

人民出版社 出版发行
(100706　北京市东城区隆福寺街 99 号)

中煤(北京)印务有限公司印刷　新华书店经销

2023 年 6 月第 1 版　2023 年 6 月北京第 1 次印刷
开本:710 毫米×1000 毫米 1/16　印张:18.75
字数:254 千字

ISBN 978－7－01－025749－5　定价:78.00 元

邮购地址 100706　北京市东城区隆福寺街 99 号
人民东方图书销售中心　电话 (010)65250042　65289539